纵横太极

鸿图题

钟文渊 著

人民体育出版社

图书在版编目（CIP）数据

纵横太极 / 钟文渊著. -- 北京：人民体育出版社，2025. -- ISBN 978-7-5009-6581-7

Ⅰ．G852.11

中国国家版本馆 CIP 数据核字第 2025VN2431 号

北京市版权局著作权合同登记号 图字：01-2025-0201 号

纵横太极

钟文渊 著
出版发行：人民体育出版社
印　　装：北京盛通印刷股份有限公司

开　本：710×1000　16开本　　印　张：24　　字　数：363千字
版　次：2025年6月第1版　　印　次：2025年6月第1次印刷
书　号：ISBN 978-7-5009-6581-7
定　价：99.00元

版权所有·侵权必究
购买本社图书，如遇有缺损页可与发行与市场营销部联系
联系电话：（010）67151482
社　　址：北京市东城区体育馆路8号（100061）
网　　址：https://books.sports.cn/

序 一

癸卯孟冬，好友刘鸿送我钟文渊先生的《纵横太极》并邀我作序，甚是荣幸。

我打开书后，便一口气读完了《纵横太极》。说实话，我先看了目录，并有选择地看了几篇感兴趣的文章，其中，"观念第一，拳架第二，结构体第三，流动柔体第四，空境刚体第五，推手第六，散手第七"的观点让我耳目一新。其框架之系统，逻辑之严谨，内容之实用。

文渊仁兄深谙中华传统文化，力行传承太极文化，令我钦佩。他在书中讲道："任何一项技艺都有其运作原理、训练原理，尤其是运动及技击方面，更要符合运动原理、结构原理等。太极拳的训练原理是什么？学习者不可不知，我们不要小看太极拳，也不要神话太极拳，太极拳就是一种通过训练模式得到的功夫。"

太极是中华民族之宝，太极文化是两岸交流交往的公约数，太极拳不仅是体验科学，还讲求闻思修。该书称得上是太极拳习练者进入太极境界的"指月之手"。文渊仁兄在书中还强调："太极拳难学在于观念，而不在于拳术。"正确的观念就像一盏导航明灯，能引领习练者前往正确的大道、明道、正道。大道至简，大道无形，人类思维的最高境界便是简易。正所谓，道生一，一生二，二生三，三生万物。这个一就是元炁，二就是阴气和阳气，三就是和合之气。

纵横者经纬也，学习太极拳要有高度，习练太极拳要知法度，修养太极拳要有维度。

杜德平

杜德平，男，汉族，北京人。知名太极文化行者，陈式太极拳第十二代传人，陈式太极拳非物质文化遗产传承人，中国武术八段，中国武术段位制考评员、指导员，第七届北京市武术运动协会主席，世界太极拳蓝皮书专家委员会专家，北京市人民对外友好协会理事，欧洲太极文化传播中心名誉主席。

序 二

医武同异

这是一篇我读本书的心得体会。

我是一名以调整身体结构来治疗疾病的"结构治疗科医师"。结构治疗,最重要的是"手下要看见",看见患者身体结构里筋骨错乱的状态,依着手中清楚的觉受去调理患者。在调理、治疗的过程中,不管是针灸还是手法操作,医师、患者之间的主客互动,都需要对身体有很精准的掌握,因此要常常练功。练功主要是练中国武术里的内家功法,如五禽戏、太极拳、白鹤拳、八段锦之类。

练功的目的,主要是提升身体的觉知,从皮肤、肌肉,骨架的大动态,到肌肉里、肌肉间微细纤维的变化,用自己掌握的关于身体变化的知识、感受作为治疗患者的依据。至少这是我走过的路。

儿子进大学前就决定以后要走中医的路,因此在大学时代就跟着我师父学五禽戏。考上大学后在中医系就读,想改练太极拳。我一时也找不到适合的老师。刚好一位朋友寄来钟老师之前出版的四册《纵横太极》,我仔细品读,并看了钟老师的一些视频,觉得应该去亲自探访。因此报名其在台北的太极拳班,上了几次课后,就叫我儿子也来跟钟老师练习。后来因为钟老师上课的时间,我真的没有办法配合,于是离开了,但嘱咐儿子要继续跟着钟老师学习。

儿子回家时常常会跟我讨论钟老师所教的一些动作,到底为什么要这样练,该如何练好这些动作等。在讨论的过程中,我发现钟老师对身体结构的运用及理解的细腻度,远超过我之前练功所能理解的。在与儿子的交流中,我"偷师"学到很多知识,也拓宽了治疗的视野。其中最有用的是"流动"和"空"的概念,以及对"推手"的解释。

从前我对身体的理解，还停留在比较粗浅的"一动周身动"的层面。我总是把身体想成一个同心圆，由外层的皮肤到中间的肌肉，再到中心的骨架，手臂是一个同心圆，腿是一个同心圆，体腔也是一个同心圆，在练功的过程中，要让身体各个同心圆连络、贯串，同时深浅层在这个同心圆里层次之间对上。但是在儿子练的功法里，有一些动作是身体的一部分动、一部分不动的。他问我，这不是违反了我一直遵循的"一动周身动"的基本原则了吗？讨论后，我慢慢理解钟老师说的，形成和开拓身体的内部空间。一部分动而一部分不动，中间被延展出来的空间，就是身体筋膜系统被均衡、有规划、有方向性地撑开，进而成为整个身体可以被流动灌满的空间。而在动作中，虽然外形有一部分动、一部分不动，但是在微观层而言，所有的微细筋膜都是在动的。

钟老师在"听劲"部分中说道："要知推手主要是太极拳的功夫的一种练习方式，而太极拳的功夫主要来自内在空间的形成，让所有的能量在体内流转。要形成内部的空间，除了在练拳时注意虚实、流动、开合等能量外，另一种方式则需要借着对方的力量扩展自己内部的空间。"

我一直认为中医最终的治疗原则就在"生机流动"，而我从事结构治疗，也是为了在药物的化学性质调理外，创造另外一种物理性的流动。原来除了还原身体之间的轴线连贯、层次对位外，还可以创造微观组织中的额外流动空间，而太极拳推手的抗击打应该就是这样练出来（创造出来）的空间，可以无限折叠、缓冲来的。

这让我想起我泰山师父说过的一个故事。当年他和几个朋友练习跆拳道，自觉颇有功夫，于是师父与朋友去找他练了一辈子太极拳的舅舅（具体关系有些记不太清楚了）。舅舅拍着胸口说："来，踢过来试试看！"师父朋友就一个飞踢过去，舅舅既没闪也没躲，朋友踢中其胸口后，大腿就脱臼了！这个天方夜谭式的故事，是我师父亲口跟我说的。看了钟老师的书，才让我更加明白这其中可能的原因。

钟老师书中详述了在练功过程中，对于自身变化的各种细节，让我深有体会，获益很多。拳术有自卫、敌对的成分在里面，而对于"敌对"的各种描述，我完全是外行，就如雾里看花了。毕竟"医"和"武"有很根本的区别。拳术就是要"击退"对手，像"化、拿、打""听劲、借劲、拔根"等，而这些在医师的治疗中则完全不需要，只要患者摆出医师所需要的姿势即可。

另外更重要的区别在于，练功之所以可以改变结构，还基于练功时对身体的"觉知"，因着这种觉知去引导身体贯串、重组、开拓、流动。患者没有这种觉知，只能靠我们去改造、重组。而这种改造重组，跟练功时需要一个稳固的架构（钟老师书里极多描述），也不尽相同。结构还原的架构重组，必须医师费心、"费力"地去创造，但是轴线的连贯、表里层次的对位和基本原则是一样的。

因此医师对身体的掌握越清晰、细腻，所能达到的治疗深度就越深。这种治疗的细腻度，并不是单纯从文字的阅读或知识上的理解就能达到的。但是如果没有好的概念引导，没有良师在旁时时纠错，就不可能对身体有真正掌握。练功就如钟老师书里所说的，要舍习性而建立新的使用反射。所以得遇明师，是一生莫大的机缘，真为儿子感到庆幸！

林两传

林两传医师出身于中国台湾骨伤科世家，父亲是中国台湾著名骨科中医。台大中文系毕业后，进入中国医药大学就读，同时修习中西医，曾任台北病理中心病理科医师、台北市立联合医院中医院区主治医师。现为中国台湾荣春中医诊所院长、中医再教育讲师。创立"林氏结构治疗"一派伤科手法，学生遍及东亚、澳洲、北美、欧洲。不同于传统推拿及西式整脊，强调必须将人体视为完整张力连贯的结构网络系统，主张使用轻柔不费力的摆势和引导，将全身筋膜网络进行整体性的张力调控，并还原结构。

自 序

这是一本横跨二十年的书。内容包含了繁体版的《纵横太极》一至五册五本书。自2003年出版繁体版《纵横太极》首册开始，我因在教学及练拳上的感悟，每隔几年便完成一本著作。2010年出版了《纵横太极二》，2016年出版了《纵横太极三》，2020年出版了《纵横太极四》，《纵横太极五》也于2024年出版。

取名"纵横太极"意即由中定（纵）向四周（横）扩展而成一个完美的太极球体。练习太极拳，必先完整自身的太极球体才能真正入太极之门。

现在终于要和人民体育出版社合作出版简体版的《纵横太极》，以方便广大的大陆太极拳爱好者阅读，整合五本繁体版书籍，成一本简体版书出版了。简体版的书在内容及排版顺序上虽有变动，但基本内容相同。

在整本书的理论架构中，我一直强调太极拳的三个境界，就是结构格体（又称结构体）层次、流动体（柔体层次）、空体（刚体层次）。

若要合成一本书，我需稍微修正繁体版一二册的内容，使前后论述更能一致，同时尽量能保留原意。而从结构格体到流动体我知道有一个鸿沟存在，且是相当难跨越的。在"随笔"篇中有一篇文章就是写这个鸿沟的存在的。有很多太极拳的高手都停留在结构体的鸿沟前无法跨越，终生停留于结构体的层次。当然太极拳在结构体的层次中就非常好用了，可以表现出从松里练出的结构刚猛，足以对付其他武术拳种。

对于入太极之门的条件，我认为能从"周身一致"运作开始，到真正练出"掤劲"完成才是入太极之门。周身一致是指结构体完成，全身能够一同运作而不散乱。而掤劲则是在结构体完成状态下配合筋膜将结构骨架撑开到一个完美且有张力的结构体。

回想自己年少时学习太极拳的经历也是非常有趣的。四十几年前，年少气盛的我想要学少林拳。无奈当时信息封闭，无处寻师。刚好恩师就在附近教太极拳，当时就想着先学着太极拳，等以后找到少林拳老师后再改学。没想到练出了乐趣，就将太极拳一直练下来了。

初学时年少，对推手争胜非常有兴趣。推手练到了第四年是我的推手巅峰期，虽不至所向无敌，但已是胜占大多输仅少数。扬扬得意之际，一日，静思反省："难道这就是我要的太极拳吗？这四年的学习大概的推手技巧已学得差不多，再进展可能也有限了。此时推手虽赢却有用力，太极拳不是不能用力吗？此时推手虽赢却只能推手，没有把握和其他外家拳对打，太极拳难道不是武术吗？"种种的疑惑开始在心中产生。

于是我开始尝试着不用力去推手，哇！那可不得了，我连初学者都推不赢了，面对外家拳更是手冷脚冷。情况突然大逆转，我反问自己要怎么办？最后的结论是就算学不到功夫也不走回头路了。也就是说如果没法体会所谓的"不用力"的感觉，就再也不推手了。从此开始了我长达六年的黑暗期。这期间真的没办法推手，谁都可以赢我。于是下定决心只练拳健身就好，不再谈论武术功夫了。

本来觉得骄傲的功夫一下子没了，逢人也不敢说自己有练太极拳。没有了推手胜负的思维后，此时的我反而能享受练拳的乐趣。只能练拳而已了，所以就把所有时间用来仔细推敲一招一式的正确姿势，享受练拳时如流水般的感觉，有时如细水长流；有时如平静无波的湖面；有时又如海浪拍岸般汹涌；有时又如泥沼黏黏凝滞。种种感觉反反复复地出现，觉得甚是有趣。这段时间长达六年，感谢恩师在这段时间里不断地鼓励，让我没有放弃太极拳。

六年后的一日，我起床时突然好像有一个灵感闪过脑中，这时我练拳已有十年了。这个灵感很是微妙，好像是懂了某些东西的样子。从这一天起，每天都有新的体会，而胸腔骨骼也在渐渐地改变，在一个月的改变期中，胸腔变宽了，体重也由瘦弱升至标准体重。恩师对这个现象只说了一句："你要开始入门了。"

一个月的变化期过了，觉得好像懂了些东西，于是重新找人推手。这一推发现了之前所没有的感觉，真的可以不用力推手了，在对方的猛烈攻击下流动若水，完全能在对方的力量中屹立，如狂风中的柳树随风摇摆，风停随之而立。推手也不用像以前一样蹲得很低，双腿微直立就可以达到这样的效果了。但是我还是完全不能发劲。对方或许觉得我很柔而拿我没办法，而我也拿对方没办法，因为我还是不想用力去推。这时的推手大都以平和收场，对方不能对我怎样，我也不能把对方怎样，最多是对方推得满头大汗，而我仍像没事般而已。

转眼又过了几年，推手时柔化的圈越转越小，不用再大弧度地走化就可以化开对方的攻击，也发现在小圈的柔化中能给对方一种反弹力。我知道自己的太极结构体正在慢慢地形成，各种劲道渐渐都能自在使用了，也清楚了各种劲道其实只是太极球体伸缩、移动、转动所演化出来的能量释放，给个名称如掤、挤、截劲……只不过是方便记录及讲解而已，其实藉由太极球体所变化出来的劲道是无穷的。

于是开始尝试教拳，也把练拳及教学心得集结成书。而当时香港太极武术学院吴院长看到我的书，也邀请我到学院担任高级班教师，就这样开始了二十年太极拳教学生涯。

除了写书，我也致力于太极拳的教学。除了在台北、台中、台南、高雄、屏东有定期上课外，2005年应香港太极武术学院院长之邀到香港授课至今，并于2011年接任香港太极武术学院院长一职。2018年应杭州学员之邀，在杭州上课至今，并成立"杭州纵横太极学院"。这本书的出版是一个里程碑，期待能在大陆的太极拳爱好者中，种下一颗太极拳延续的种苗。想要更多了解和交流，可以搜索微信公众号"纵横太极院"。

目 录

观 念

练太极拳的选择 // 02

练太极拳的目的 // 06

太极运作原理 // 09

真正的功夫 // 14

气功和太极拳内功 // 17

内家拳和外家拳的刚与柔 // 24

松的形态 // 29

松的运作 // 33

松的觉悟 // 38

如何端正姿势 // 43

胯乃根本 // 50

空　间 // 54

有意无意是真意 // 58

常见的错误观念辨正 // 62

历　程

太极之路 // 76

开太极门之钥 // 80

太极站桩 // 84

拳架的要求 // 88

虚　实 // 93

结构规格 // 98

太极结构规格初成的同心圆球体 // 101

再谈球体结构 // 105

修炼球形格体 // 108

练出掤劲 // 113

滚动太极球体 // 119

拆解全身都是球 // 129

内部筋膜传递 // 134

开合蓄积能量 // 140

如何从拳架中凝聚能量 // 146

从基础固定球体结构到变动球体结构 // 151

修炼流动柔体 // 158

探究空境刚体 // 165

蛇鹤的太极体 // 171

纵横太极三项基本功 // 174

实 践

沾黏是推手和散手的基础 // 184

浅谈推手 // 191

推手是一个工具 // 196

推手的骨、肉、皮、毛四个层次及推手型态分析 // 200

太极拳的四正劲及四隅劲 // 210

太极拳的特殊劲及练法 // 218

合——谈太极拳相对的空及绝对的空 // 230

进入太极散手的基本条件——流动能量的使用 // 233

太极散手的基本要求 // 237

太极散手时应具备的能力 // 241

散手技巧的使用 // 245

太极散手的特殊手法 // 256

随 笔

敷 // 262

空 // 263

对 错 // 264

不动手 // 265

镜 子 // 266

有与无 // 267

健　身 // 269

"挺　立" // 271

蜕　变 // 274

默　然 // 276

抗击打能力 // 278

易筋换骨 // 280

借劲与接劲 // 282

对　抗 // 284

有为法 // 286

松与开合 // 288

松与结构 // 290

圈内打人，圈外推人 // 292

听　劲 // 294

被　动 // 296

傀儡（一）// 298

傀儡（二）// 300

松的感觉 // 302

松的陷阱 // 304

丢与顶（一）// 306

丢与顶（二）// 308

丢与顶（三）// 310

丢与顶（四）// 312

刚柔并济 // 314

再谈刚柔并济 // 316

鸿　沟 // 318

面对鸿沟 // 320

"靠"的故事 // 322

湿　疹 // 326

湿疹后续 // 331

结构、柔、柔体 // 334

化的时机 // 337

如水附形 // 339

漫谈四两拨千斤 // 341

太极拳之不用力（一）// 343

太极拳之不用力（二）// 346

人不知我，我独知人 // 349

人不知我 // 352

我独知人 // 354

一个散手的故事（一）// 356

一个散手的故事（二）// 362

观念

练太极拳的选择

有兴趣接触太极拳的人，应该都有自己的理由，或许是身体状况不好，听说太极拳对身体有益而加入练习行列；又或许是看了某部电影或小说，对太极的武术感兴趣而加入练习行列；也有可能是误打误撞、世代祖传、好奇、炫耀、莫名其妙等原因而加入练习行列。加入太极行列的理由不一而足，但既然加入太极行列了，你就应该要仔细思考一下，你要学的是怎样的太极拳？

一般来说，现在的太极拳大致分成以下几类。

（一）只练套路：强调太极拳乃养生的运动，注重呼吸、吐纳，不练推手柔柔软软以养生为主。

（二）只练推手：强调太极的武术效果，专营推手不练拳，注重强化对腰力、臂力、脚力及爆发力的练习，视套路为无用或暖身的运动，以推手求胜及比赛夺冠为最高学习目标。

（三）推手为主，套路为辅：基本上还是认定推手才能练出功夫，故平时练习仍以推手为主而辅以套路练习。

（四）套路为主，推手为辅：认为套路才是太极功夫培养的主要手段，平时练习以讲解套路的细节为主，而认为推手只是太极功夫的一种印证。

选择哪种太极拳学习模式，这取决于你想要学习什么样的太极拳。哪一种模式比较好呢？其实是因人而异。如果你年龄大了，只是想要运动、交朋友聊聊天、呼吸新鲜空气等，那第一种模式挺适合的。

如果你旨在求快速收效能扬眉，比赛得冠求名气，推遍天下展雄风，那第二种模式是很适合的，除了太极拳外，这种模式的学习者通常还要学习其他拳种的发劲来辅佐。

但如果你要学习真正的内家太极拳、太极劲，我会建议第四种模式。其实哪种模式都好，完全是依照你的期望而定。

在知识爆炸的时代，信息混杂且丰富，各种观念也逐渐在改变，没有什么是绝对的错与对。人家爱练练拳养养生，交交朋友，不想练功夫，你能管他吗？人家喜欢推手推得满场跑，斗得满身汗，一步之胜就高兴整天，一步之差就苦思数日，就是爱用力推，有碍着你吗？喜欢什么样的太极拳模式就去学吧，不用管别人的看法，更不要去批评别人的选择。

你的选择是什么？

这里做一个客观的评论，第一种模式是只练套路的太极拳，应该称为太极运动或太极操比较合适。将太极拳化为运动健身的一种也是相当好的，尤其是对老人家而言，缓和的运动不会有运动伤害，又能增加心肺的活动量，流流汗、聊聊天，非常得好。

第二种模式是只练推手，不练套路的太极拳，应该称为"推手运动"比较合适，这种运动不太适合老年人，因为其活动量相当大，也具有一定的危险性。采用这种模式的人大多混练其他拳术或根本不练太极拳，所以称为"太极推手"也不太适当，称为"推手运动"比较合适。这种推手运动也不错，因为现在到处都有推手比赛，若能得奖，则名利双收，对年轻学子更有升学上的帮助。对于年轻体壮而又有志于此者，"推手训练"是其快速获得技巧、增加经验的好方法，从一个未曾接触太极拳推手的人到能参加比赛，最多只要一年的训练就可以上场了。如果要从太极拳架入手训练，研究柔化、沾黏、听劲后再练推手，最后参加比赛那就有点缓不济急了。为了快速达到效果，直接进行推手训练就可以了。

第三种模式是以推手为主，套路为辅的太极拳，这类学习者是要练太极拳的，也主要在讨论太极的柔化、沾黏、听劲、发劲等。这种学习者应是最广泛的一群，这种模式的推手就可称为太极推手，不过他们还是认为套路不是最重要的，练拳只是一种辅助的功能。他们认为柔化、沾黏、听劲、发劲等功夫是要在推手中学习的。他们注重推手功夫，也畅言太极的各种推手方式。这种模式的学习者也可以参加比赛，不过至少要有三年以上的功力才能上场。

第四种模式是以套路为主，推手为辅的太极拳，笔者本身比较喜欢这样的学习模式。这种方式的学习是以讨论拳架为主，讨论拳架并非针对一招一式来讨论其用法而是讨论拳架的整体性。杨澄甫先生也提及："凡轻视架子者，皆未得架子之规矩精意者也。架子为最要之基础，久久练之，身体方能重如泰山，轻若鸿毛。若不练架子，虽多推手，身体仍有不稳之时，易为人所牵动。"

做哪种选择按自身需求决定，若要问意见，我建议是第四种模式。

为什么建议第四种模式呢？毕竟我们要学太极拳就要真正求其太极真义，胜负并不重要，扬名立万也不是重点，能不能真正达到养生、健身、防身、攻击的武术艺术境界才是我们要关心的重点。

所以我会建议细细地去研究太极拳架，把每一招式的动作都了解清楚（此非指研究招式的对敌用法），将招式中整体的配合情形弄清楚，招式和招式间的流动弄清楚，如此细细地练上三年就大概可以了解内部肌肉的运作模式，进一步就能放松内部的肌肉了。

前三年，适合做定步单推、定步双推、活步双推等较固定的推手方式。三年后，结构体渐渐形成，就可以用散推来磨炼太极球体滚动的规格了。估计整个太极球体的结构完成至少要有六年的时间，接着还要继续太极球体柔化的研究。

这样的训练模式在现代求速成的要求下似乎有些慢了，六年还是研究路子对了要花费的时间，如果路子跑偏了，那就不知要花多少时间了。要名、要利、要比赛不要选这种模式，真正想研究太极而不怕费心力者才适合这种模式，当然痛下苦心的练习，如果成功了，果实的甜美会让你觉得一切都是值得的。

练太极拳的目的

选择练太极拳的人，一定都对习练太极拳有所期望，不外乎是期望通过习练太极拳能带给我们健康，或能让自己拥有武术技击的能力。太极拳的养生及武术效用应是学习太极拳最重要的目的。

但事实上真能如此吗？练太极拳的人许多都会因膝伤而停止练习，而其养生的功能似乎也并不突出。通过实际观察四周练太极拳的人士，似乎太极拳带给人祛病延年的功效并不是那么理想，有时还比不上爬山及散步健行。许多骨科医生在遇到膝痛的患者时，问："是否有练太极拳？"如果答案是肯定的，则会建议患者停止练习，何以故？因为太多练太极拳者伤着了膝盖。这似乎和我们的印象差距甚远，大部分人总以为太极拳纵然练不出功夫，至少可以养生及健身，但事实却又和我们所预期的相悖。

在武术技击效果上，太极拳更是令人汗颜。看看所谓的太极推手比赛，太极拳的武术表现经常是让人失望，整个场上摔跤不像摔跤，柔道不像柔道，有点像斗牛，有点像相扑，就是不像太极散手及搏击武术印象中应有的样子。期望依着太极得到武术技击功效，似乎是缘木求鱼。

这到底是出了什么问题？太极拳一直是中国人引以为傲的武术，如今却是这般情境，其实最大的问题是出在信息的杂乱及观念的不正确。如果不能了解太极拳真正的内涵，那么在习练时就会陷入迷惘。太极拳先贤告诉我们练拳要放松，但时至今日，有人提倡练太极拳要用力，有人主张练时不用力，使用时要用力……说法不一。自古太极拳就是缓慢而稳定的练习，但就是有人主张如果想要练出武术功夫就需要练太极快拳。在太极拳中出现种种完全相反的论调，这是一种很奇怪的现象，其他武术就算是门派不同，顶多就是练法不同，体会不同，绝少出现如同太极拳这般完全相反的论调。

信息的充沛，对人们了解和认识事物无疑是有益的，但对其要进行科学的认知与分析。就太极拳而言，什么人都提出自己的论点，让太极拳的初学者无法判断真伪，于是练太极拳就变成碰运气了。找错了老师，可能练一辈子都是一场空，还带来一身的伤，这实在是相当可惜的事情。现今已经是信息时代了，练拳难道还是要靠缘分吗？因此，习练太极拳者一定要对太极的原理能充分了解，唯有建立了正确的观念后，才能依此找出自己练习的问题所在及找到内行明理的老师。

在探讨太极拳原理之前，先来谈谈我们的身体。人体由各种细胞所组成，人体细胞会不停地分裂，每次分裂，在细胞中的端粒就会短一点，直至分裂到五十次左右时，端粒因太短而无法再分裂，此时细胞就会死亡，而由我们身体组织中的干细胞不断地制造新细胞来补充。有一种病称作"早衰症"，这种病症的主要因素就是细胞端粒先天不全，比常人短很多，所以细胞分裂后极短时间就会死亡，因此患者身体在年纪很小时就早衰了。

在人们的观念中，总认为运动可以强身健体，但事实上并不一定如此，看看那些职业运动员，在高强度的训练下，身体并不会十分健康，反而加速衰老，有不少获金牌的奥运短跑运动员，年纪轻轻就猝死。为什么会如此呢？有一个实验是这样的：在大小两个空间内养果蝇，大空间果蝇运动充分，而小空间果蝇则被局限着活动，结果发现，小空间果蝇的寿命是大空间活动充分果蝇的一倍，这个实验又告诉了我们什么呢？

这些信息说明了细胞分裂的速度关系着我们的健康及寿命。快速运动将会增加细胞分裂的速度，身体为了应付快速活动所需，需加大摄氧量、消耗制造细胞的胶原蛋白及快速分裂细胞，而运动过后的细胞死亡就由干细胞快速制造细胞补充。干细胞是特殊的细胞，可以不断地分裂产生新细胞，但却没有因分裂而死亡的现象，所以在体内这些干细胞就显得相当的重要，因为它能不断地补充人体死亡的细胞。然而快速而激烈的运动容易产生自由基，自由基是让人体细胞老化的重要物质之一，过多的自由基会让我们体内的干细胞死亡，而无法再产生新的细胞。自由基的来源广泛，除人体自行产生外，也会由不当食物及环境中摄入，如烟酒及烧烤、油炸食物中的自由基量就相当的惊人。

身体自成熟后就一步步迈向老化及死亡，想推迟老化是一个极大的挑战，想推迟老化，就要了解自身行为对身体带来的影响。老祖先发明的气功及静坐之法，是相当有智慧的，在哲学思想与实际操作上，都对身体有帮助，主要是因为当进入深沉的宁静状态时，不但能开发人体的潜能，还能减缓细胞的老化及分裂，但静坐及气功是没有武术效果的。

我们想练太极拳最重要的目的，就是期望太极拳不但能为我们带来健康，还能让我们拥有强大的武术实力，否则，实在没有必要这么辛苦地练习太极拳。既然如此，那我们就必须仔细检视是否能达到如此效果了。练了太极拳后，你的身体是否更健康，或者至少疾病不再缠身？练了太极拳后，你是否有得到武术的效果，至少面对空手道及跆拳道时能否应付自如？太极拳的设计与练习是有其道理的，如果希望练太极拳能达到功效，我们首先就要先明白太极拳的原理才行。

太极运作原理

学习太极拳，需知道太极拳运作的原理，不然将无所适从。当你面对几种太极拳的论调：一个是放松；一个是要用力；一个是练力，但使用时不用力；一个是只用一点点力而不浪费力等说法，你能正确判断何者为真吗？当你面对有人主张拳架重要；有人主张拳架不重要；有人主张拳架只是养生用，功夫要另外练等观点时，你能正确判断吗？如果你能分辨出来其中的不同，那你对太极拳就已有相当的了解了，但我想大部分的人在面对这些问题时是相当困惑的，但真理只有一个，到底太极拳的真理是什么呢？

其实太极拳真正的原理十分简单，就是"松"。这似乎是老生常谈，人人都知道的道理，但也是最让人心生怀疑的道理。虽然太极先贤在拳经拳论中已明白叙述"松"的重要性，但还是有许多人对此产生疑惑。其中最多的疑惑就是这样松松软软地练，真能对抗拳击手，对抗其他强力武术的攻击吗？而在现实的状况中，的确也看到，那些好像松松软软练的太极拳者，似乎也真的无法对抗其他武术强力的攻击。有些太极拳的学习者看到这个问题时，想出了他们的解决之道，就是借用他种武术之长，融入太极之中，以加强太极拳攻击及防御的武术效果。依其所融入的拳种，太极拳演变出了多种面貌，但仔细分析起来，在这类掺杂其他武术的太极拳中，太极拳基本的精神其实已丧失，只剩太极皮相而已。

为什么太极先贤提出"松"为根本，但在现代却无法练出传说中这么无敌的功夫呢？到底问题出在哪里呢？主要的原因当然是"对松的运作不了解"之故。由于不明白"松"的状态如何在太极拳内运作，所以常常看似很松的太极拳，其实根本上还是用力的，外表松是没有用的，是要根底里就能松，但根底里能松是怎么回事呢？如何判断自己只是外表松还是根底里能松呢？种种的问题都需仔细探讨了解。

先撇开这些疑惑，首先想想老祖先的智慧。如果要养生、让身体健康，除了要减少摄入毒素外，还要涵养身体及心灵，因为精神的紧张及身体的过度劳累，也是会产生毒素的，所以要以"松"来让身体及心灵能安静下来。另外，也用"松"的方式来锻炼我们的体格，让体格能产生变化，拥有强韧的体质，进一步才能追求武术的效果。

肌肉的力量运作，会产生酸毒及自由基，而肌、筋、骨是连在一起的，人体的活动都需要肌肉的参与运作，所以很难避免这些毒素的产生，但我们可以尽量将肌肉运作所能产生的毒素降至最低。人活着就要动，活动流汗也是人体排出毒素的方式之一，但如果用肌肉力量来完成活动，那所产生的毒素与能排出的毒素相较起来可能就差不多了，也就是说，使用肌肉力量的运动所排出的毒素，可能只等于其运作时产生的毒素罢了，尚无法大量地真正排出体内的毒素。例如，许多参与激烈有氧运动的人，在大量的运动及大量流汗的运动下，这些人的身体并不见得比较健康，反而老之越速。

为什么会如此呢？这是因为进行大量而激烈的运动会急速消耗身体的能量，反而会让身体衰老。所以不是有运动就必然是好的，运动如果不正确，是会带给身体负面的效果的。相同的，武术也是如此，令人感叹的是，有许多武术是以破坏身体来达成效果的。比如，泰拳就要不断地踢树干来使小腿骨不断地破裂重生,以强化小腿的强度,并且使表皮的神经逐渐对痛感麻痹。当然这样就会有很强的抗打击及攻击的效果,但除非你是要上擂台以打斗为生,否则此种练习对人身只能是有害无益。

不只泰拳,中国的铁砂掌也有这类的练习方式,再仔细看看,有很多的拳术都有类似的情况。就算不用如此霸道之法练习,一般如果要有打击效果的武术,在肌肉的强度训练上一定是不可少的。不断的体能训练,强化肌筋,这样当然很有效果,但这就产生了一种武术上的矛盾:练习武术的目的不外乎是强身健体及具有强大的防御及攻击能力,但为了强化攻防能力所进行的训练,事实上常常是会反过来破坏我们的身体。在年轻力壮时尚无知觉,一旦上了年纪,就会感受到年轻时的训练对自己所形成的隐性伤害,正在慢慢浮现出来。所以拳谚有云:"练拳不练功,到老一场空",练武术者都知道这句话,也都想要练功以防到老一场空,但事实上,又有几人真的能逃出这个魔咒呢?

所以先贤发明了太极拳这种兼容并蓄的拳术,既能达到养生的目的,又能达到武术的效果,这是中国人的智慧结晶。为了减少能量的损耗及毒素的产生,需减少肌肉的运作强度,把整个运作的主角交给骨头,肌肉及筋膜只是配合被动地运作。这样子把全身的重量放在骨头上,就能强化骨头的坚韧度,也能避免因肌肉的过度运作而产生太多的自由基。

人体在吸收养分后,会依照人体运作的习惯而将养分做适当的分配。如网球高手的持拍手通常比另一只手大且强健;而短跑选手则会有强健的大腿;健美先生更是会有强壮有力的肌肉;而体力劳动者也依其劳动所需的肌肉,该肌肉就会特别发达。何故?人体自然分配使然,必需大量使用到的地方,人体吸收的养分必定大部分送到此地以供所需。

亲戚中有一位长者,在六十几岁时有一次滑倒,断了股骨而送医,到了医院一检查,才发现有严重的骨质疏松问题。她十分惊讶且不可置信,因为她年轻时就是怕老了骨质疏松,故天天服用自国外购回最高级的钙片来补充。她一直深信,经过这么多年的悉心照顾,她的骨质一定是相当好的,所以当医生检查出她有严重骨质疏松时,她完全无法接受。显然,这些高级的钙质并未能进入她的骨头之中，而是被排泄出去了。这好像是一个笑话，但也提醒出极重要的观念，意即我们可以补充各种养分及钙质，但这些养分可不见得会依你所愿自动前往需要之处，我们唯有引导这些养分的方向，才能充分利用这些养分。

在练习武术时，如果只注意训练强化肌肉及筋，那么，人体所吸收的养分就会来补充此处，所以通常很快地，在两三年中就见到了效果，肌肉结实而粗壮，这强壮的肌肉让练习者十分有成就感。练习这种拳术者，很快就可见到明显的效果了，认真的练习者，跆拳道踢上数年，升段数不足为奇；空手道苦练数年，劈砖斩木者不少见。这样让学习者十分的有信心。而太极拳呢？十年不出门，闷死一堆人。但说的坦白点，还是要练对了方能十年才能出门，如果还练错了，恐怕三十年都出不了门。

这样看来，还是其他拳术实用多了，练太极拳投资风险太高了。其实不然，由于太强化对肌肉的训练，导致养分往肌肉中提供，而骨头就相对被忽略了，在年轻时，骨质尚密，没有什么特别感觉，反而觉得肌肉的强化带给自己更多的运作能量。可一旦年纪大些，就会明显感受到骨质的不足，这时肌肉倒不见得有退化，但就是不太敢动了，因为内在结构的稳定度已经不足。这也就是"练拳不练功，到老一场空"之意，此功就是练骨头的强度。

练拳要能明白自己在练什么？有什么特长及缺点？不能只有死命苦练或是一厢情愿。练习武术是一种选择，当我们选择太极拳时，就要知道内在骨头强度及骨头结构才是最基础最主要训练的部位。运作松来训练骨头的强度，以达到全身结构强化，更进一步能达到易筋换骨的境地。骨头的强化过程相当缓慢，即便是小心谨慎地运作，也非有十年之功才可见其小成。如果不明白这个道理，练了几年太极看着好像没有成效，就偷偷拿其他拳术来练习，表面上美其名曰为加强太极之不足，但不知如此就会停顿了太极强化结构的进程。所以我常说，如果要如此，不如就真的完完全全地去改练其他拳术，至少在内在骨质虚弱之前，还可以扬威几年，不会最后形成内外都不足的窘境。可叹的是，这种窘境却是普遍存在的，看看现今太极拳的状况，许多推手比赛选手以摔跤、柔道、负重练习等方式来进行混合练习，在死推活摔中，也只能在自己的太极圈内显显威风，难道还真能上搏击擂台不成。昔日杨无敌之威早已不复见矣！

太极之原理，唯"松"一字，足以言明，望习者深体，勿轻忽之。

真正的功夫

何谓"功夫"？就是"长时间按照一定的规矩、方法所磨炼出来的技艺"。依这个定义可知功夫的种类有很多种，例如，网球打得技巧高超就是功夫；老者滴油可从铜钱洞中滴入而不沾洞口也是功夫；书法写到炉火纯青是功夫；木雕师傅随心所欲雕出出神入化的作品也是功夫。相同的"长时间按照一定规矩、方法，所磨炼出来的武术"也是功夫的一种。

本书所指的功夫纯粹是指"武术"方面的功夫。大家都知道武术方面的功夫就有很多种，基本上的分类是分为"外家拳"及"内家拳"。到底谁是真正的功夫，本书并不作评论，只就符合真正功夫的条件做讨论。

真正的好功夫第一要件是要具有养生的功能。如果不能养生，就算是天下第一的功夫都不能算是好功夫。现代人练习功夫的主要目的并不是除暴安良、行侠仗义，而是在求一个健康的身体。所以好的功夫要能养生。

除了基本的养生保健外，真正的好功夫第二要件是要能"易筋换骨"，也就是改变身体结构。"易筋换骨"听起来好像很玄，其实没有，本来一个好的功夫就是要能改变身体的结构。一般来说，如果学武时身体状况不好，就表示身体的整体结构不好，既然好的功夫要能强身保健，当然要改变不好的结构，使身体结构转好，这样才能达到强身保健的目的。就算是学武之时身体健康，在身体的骨骼结构上亦一定有不足之处，所以无法发挥强大的爆发力。在身体上做结构调整的结果就能强壮体格。真正的好功夫为了要能使身体发挥出强大的能量，就一定要改变身体的结构，甚至连五脏六腑都要改变，没有强健的骨骼及内脏，如何能发挥惊人的爆发力呢？而有了强健的骨骼及内脏，生命力自然旺盛。所以改变身体结构，使身体强壮、内腑健康，是真正好功夫的第二要件。

真正的好功夫第三要件是要能保护身体，保护身体是指除了比武时的防卫功能外，更重要的是当有意外重大外力冲击时，能够瞬间防卫身体，使身体受到的破坏降到最低。保护身体的功能含有保卫及修复两种意思。这种保护的功能是主动的，也就是属于反射动作及自我修护。当外力冲击身体时，身体要能自我反射而尽力避开，而形成自我保护的功能。如果不慎身体受到伤害，也能够较一般人快速地修复，使身体能尽快地复元。

真正的好功夫第四要件是锻炼强大的爆发力，这是一种能量的发挥。这种能量的爆发表现最常见的是攻击的效果，会给对方造成很大的冲击力。毕竟我们练习的是武术的功夫，武术的功夫一定要有攻击的效果。所以真正的功夫要锻炼的不只是一般单纯的攻守而已，而是要凝聚身体的能量，达到强大爆发力的攻击要求。

我们不去评论其他拳术是否符合"真正功夫"的要求，在此我们仅针对太极拳是否符合真正功夫的要求来讨论。

养生方面：太极拳的养生功能大概是所有人公认的，在运动时，体内的一切运作，如呼吸、循环、代谢等都可顺利进行着。动作柔软缓慢，使肌肉不致过度充血及过度紧张。同时在心绪安静的状态下，注意肌肉的运作，使其顺应灵活。所以新陈代谢作用可以在完满的状态下进行，使肌肉在有规律的步调中汲取营养并排去废物。

强筋壮骨方面：如果练太极拳能进入柔体的境界，则肌肉会丰盛、柔软、沉重及富有弹性，就会有所谓的"棉里藏铁"的情形，柔软如丝棉，刚强如铁针，柔中有刚、刚柔并济。此时全身的肌肉健全，生理机能强盛，身体自然健康。而真正进入太极之门时，全身的骨骼将会做一次大的调整，以便应付未来柔体及刚体的运作需求。

保卫方面：如果进入太极柔体完成的境界，就可以有保护本体的功能了。这时全身的听劲已非常成熟，手及身躯都具有很高的敏感度，刹那间便可知觉对方动作的变化或外在冲击力的方向及长短。这种敏捷的感觉是完成柔体时就会具备的，依着这种全身敏锐的感觉，能够保护本体避开外力的侵入，就算意外受伤，此时的生理机能也非常强盛，身体会有非常好的复原力。

攻击方面：如果能完成太极刚体，则本身的结构及流动已完整，此时的爆发力非常强，这是一种骨骼贯串、筋膜能量涌出的爆发力，威力非常大。

从上述的讨论中可知太极拳才是真正的功夫。但我们知道现代的太极拳也分为四种学习模式，而这四种模式中只有第三、四种才能称为太极拳。第一种太极拳只有养生的功能，称为"太极操"，而第二种只重推手，只能称为"推手运动"，和武术实在没有多大关系。

太极的真正的功夫是要时间去磨炼出来的，并非一蹴而就的。首先从"站桩"开始，一般人不太重视"站桩"，这是相当错误的观念；其次是基础功法的练习；然后是套路的修炼；最后是推手的印证。一步一个脚印必须实实在在的修炼，还要有一位明师在旁鼓励指导，没有十年功力难有所成，这样苦心坚持、耗费心血，才能让一个学习者往真正的功夫上迈进。

很多人以为功夫就是要克敌制胜、要天下无敌、要扬名立万、要名利双收，或许这是相当多人期望的"功夫"，但以这种心态去练功夫的人莫不要求速成，短视近利，哪有时间从基本功夫去练，若是有恨不得马上能学绝世神功，跃上武林盟主宝座的心态，怎能够定下心来好好从基础练起呢？他能花十年、二十年的时间去琢磨功夫吗？我想大家都很清楚。

再一次强调，真正的功夫一定要有一位明师从旁指导，拿着武林秘籍苦练绝世神功，大概只有在小说中才能看得到。找一位真正走过这条修炼之路的明师，日夜从旁叮咛、指导，你的路才不会走错，你才能向"真正的功夫"迈进。

气功和太极拳内功

也许因为小说的关系，气功和太极拳内功被联想在一起了。如果说太极拳内功让人摸不着头绪，那气功的神秘朦胧就更让许多人不知所以了。我们学习太极拳的信息海量，单就拳术而言，就已是众说纷纭，如果再加上气功，则更是如身处大雾迷茫之中。

首先来了解何谓气功。现行的气功可分成三种：第一种是公园团体等在做的某某气功，这是指身体伸展法配上一些呼吸法，属于养生操的范围，和真正道家意义上的气功是不同的；第二种是道家气功；第三种是道家炁功。其中第二、三种才是真正的道家功法。而第二种气功是意念导气的功法，属于低阶层次的道家气功，第三种炁功才是道家上乘修炼功法。

道家为"神仙之学"，主要是教导人如何从事修炼，以达到成"仙"的目的，法有两类：外金丹法、内金丹法。外金丹法以服食丹药为主；而内金丹法，则以练炁术为主。外金丹法多已失传，而今流传多以内金丹法为主。而内金丹法也有很多流派，但不管是什么派别，只是修炼法门不同，目的都是相同的，就是成"仙"。

道家的修炼功法强调"性命双修"及"内外兼养"。"性功"以明心见性、超凡入圣为主，其实就是成仙，必须自悟。而"命功"则以身体的锻炼为主，力主祛病延年、强身健体，进而脱胎换骨，甚可炼气化神、炼神还虚，其功法就是炁功及太极拳，所以命功分为静功及动功，静功依阶段有初阶气功及上乘炁功，动功则为太极拳。就渊源而言，道家的炁功和太极拳的关系或可模拟佛教禅宗和少林拳的关系。

在静功的练习上，初阶气功是处于有思绪想象、有若干目标的有为法，所以一般所谓练气是用思想意识搬运气机，追求特定现象，皆属于后天，非先天之道境；真正的上乘炁功是需进入道法自然的无为法，不造作，虚静笃极，方属金丹大道。

以道家静功而言，真正要修炼的是道家上乘炁功，而搬气导引的气功是属于有为法的低阶法门。气功和炁功二者的层次区别，就和太极拳初阶还在用意念注意拳架练法及太极进入流动体、空体层次的高低阶区别一样。所以坊间练搬气导引的气功人也多，真正修道的炁功极少。静功和动功都存在同样的问题。

唯有炁功才能和真正道家动功太极拳相提并论。所以接下来主要讨论上乘炁功和太极拳。了解了炁功，现在来看看太极拳的内功。太极拳是一种动功，属于身体内在运作修炼的功夫，这里简称为太极拳内功。

坊间各种太极拳的书中常看到这样的一句话："练太极拳是注重内功的修养"。因为武侠小说的推波助澜，有很多太极拳的练习者在练习太极拳多年后因练不出功夫，就常常会去练习搬气导引的气功功法，以为如此就可以练出太极拳的内功。许多太极拳的老师也是强调要练出太极拳的内功，一定要练气功，只要在太极圈内有数年经历者，就会知道这个情形非常普遍，事实上这是完全错误的方向。这是两个完全不同的练习。

太极拳所练的"内功"是什么？简单地说，太极内功就是太极拳的内部运作方式，这个运作方式是能够强化人体"内在功能"及爆发强大能量的功夫。仔细思考一下，人体的内在什么最重要？当然是各个内脏，因为任何一个内脏出了大问题，那人体就会受到很大的伤害，甚至丧命，所以内脏的强化相当重要。

再进一步想想，保护人体内脏的是什么？答案是"骨骼"，人体的骨骼除了支撑人体外，还负有保护内脏的重要任务。所以骨骼的强化也是相当重要的。

更精细的来说，太极内功就是一种人体内部的动态运作模式，能够达到骨骼锻炼、内脏强化及全身统合运作，进而蓄积能量及释放能量的功夫。练太极的所有动作都不能用力，要使四肢内脏松开，初时以圆球体的离心力及向心力来领导整体动作，渐渐能使身体像充满水一般地内部自然流动。所以练拳时会全身松开、顺乎自然、浑圆流利、呼吸舒顺、心中坦然、无思无虑。

由上可知，太极内功是一种锻炼骨骼和强化内脏及统合流动全身能量的功夫。人随着年龄的增长，骨骼就会越脆弱，保护本体的功能就会降低，所以老人家一不小心跌了一下就容易断骨。骨骼脆弱了，人也就虚弱了，人老了之所以活动不如年少时方便，主要就是因为骨骼变脆弱了，无法应付那么大的运动量，至于肌肉的力量并不见得减少多少，重点在于骨骼。

骨骼最难锻炼，要如何才能让骨质充盈？要如何才能让骨骼随着年龄的增长，仍维持在年轻时的状态甚至更强健？如果到了八十岁还有二三十岁的骨骼，那这个人就是老当益壮了。

当肌肉放松以骨骼来运作后，附在骨骼内外的神经丛就能不被压迫而获得最大的伸展空间，神经系统主宰人体的各种动作及各器官的活动，使身体各部分能正常工作，所以当人体的神经丛发达时，人体的各部分机能一定也会趋于活络，此时内脏部分也会日益健康。

内脏也非常重要，内脏也是很难锻炼的，让内脏的机能随时保持活泼的状态是非常难的，如果到老时的内脏机能仍像年轻人一般，你说这样的人会不会健康？会不会有活力？但内脏的强化和骨骼的锻炼是相当困难的，太极拳的内功就是直接练这两个重要又非常难练的地方，只要这两个地方强健了，又加上长期所练习的内部流动能量，就能让身体发挥出很强大的爆发力，这时所有的劲道使用起来不但轻松且威力都非常强大，这也可以说是太极内功的功能。

再进一步分析，练真正道家炁功与习练真正太极拳内功的目的不同，偏重与功效亦不同，以下分几点来说明。

其一，修习的目的：想要超凡入圣、超圣入仙的人，会直接选择丹道修法；若是想得到武术效果与身体健康，可以选择练太极拳，辅以站桩为引路，功到深入时，亦可引动身体气机，而无走火入魔之险，又有武术强壮格体之效。

其二，"命功"中的动功与静功：太极拳作为武术的一种，主要追求的是技击效果，练功以拳架为主，利用全身肌、筋、骨的放松与和谐运作，来达到按摩内脏、强化骨骼、让全身血脉流畅、进而能将体内毒素排出的效果，是由外而内的一种锻炼。以道家命功而言，太极拳是以强壮于外进而巩固内在，可以"动功"称之。丹道炁功引发内炁自运，进而对应到肉体与性格上的外显改变，故或可以"静功"称之。太极拳以骨为主，引动全身肌、筋、骨的稳定运作流动后，除了可以进一步强化内脏外，更能够产生强大的能量，并运用于技击，此项武术功用并非炁功所能生之。

其三，明师之寻访：无论是练炁功法还是太极拳，都需要明师指点，然而前提要找到合适的老师，比找太极拳明师要难。此因其运作在较深的境界里，除非已有智慧与相当体悟者，否则很难查知对方的真实状况，所以常常有内部空空却吹嘘得天花乱坠、迷惑世人之徒，而一般人又很难分辨得出来。于是乎，怪力乱神者有之，号称快速成仙成佛者有之，全凭一张嘴，只要敢吹，就会有信徒，借此谋利者，时有所闻。而武术的运作是在物理层面，没有功夫固然还是可以吹嘘，但总是眼所能见，手所能触，并非全然无所根据。

其四，练习的危险性：如前所述，练炁功法运作及境界非属物质表象，如无明眼人指导，容易从意识幻想中产生许多附会，若有出偏不易矫正者，甚至会导致精神上的疾患。而以武术目的为主的太极拳，如果没有明师指点，最多是练习没有效果，白花时间，并不会有上述的危险，最多就是膝盖练出问题来。

然而即便是有这些差异，太极拳与练炁功法终是系出同源，中心思想相同，那就是虚心观照，松静自然，功境不求自生；其锻炼重点在于舍去后天的思量、幻想与各种造作，直至纤丝不挂。修炁者若不能悟此，终不能超俗，与先天道无缘；练拳者若不能悟此，就难达太极拳之奥秘，只能在小技小术上模仿，徒伤精神。

了解了道家炁功与太极拳的差异后，接着再更进一步分析太极拳内功的内容，太极拳内功一般来说有下列功能。

养生

太极拳的养生功能是人们所公认的，因为太极拳既活动了四肢百骸，使全身的骨骼、关节都得到了锻炼，肌肉及筋也能有适当的舒张，又能增强中枢神经系统的机能，使大脑皮层保持良好的平衡状态，因而使各种生理机能活跃起来。在调整中枢神经系统活动的同时，太极拳又可以起到加强血液、淋巴循环，调节和改善心血管及呼吸功能，从而使人得到全面的保健养生的功效。

健身

太极拳内功是以内脏的强化和骨骼的锻炼为主，骨骼的健康包括骨质的坚实性及关节的活动性。所以练习太极拳有成后，基本上就会有"棉包钢"的功夫，这个"钢"就是指坚实的骨骼。

骨骼的坚实度视其所含的矿物质多少而定，骨骼的弹性则视其骨质所含的胶质而定。太极拳内功的练习可以使骨质得以渐趋坚硬，同时因新陈代谢机能的亢进，可以补充胶质，使骨骼的弹力与坚固与日俱增，而成为一个坚韧之体。

当骨骼的充实进入一个饱满的阶段，就会开始做全身骨骼结构的大转变，使本身的结构体能趋于完整，也让骨骼保护本体的功能大大加强，让身体为能发出更强大劲道的爆发力而做准备。

武术

在武术方面，包含了"防身""攻击"的功能。在"防身"方面，除了要能走化对方的攻击外，还要强化本体受攻击时能承受的强度，平时在推手、散手对打的运作时，利用走化(柔)的功夫就可以使对方的劲道化于无形，也能使用刚体开合瞬间爆炸能量应对突如其来的攻击，所以在运用中本体的承受强度就显得相当重要了。太极内功的锻炼能使骨骼强化，让我们的本体形成一个稳定的结构体，这种结构体对于外来的压力有极大的反弹力，能保护本体不受到伤害。

在"攻击"方面，各种劲道的使用都必须有一个完整的太极结构体，才能完成完整的攻击效果。太极拳内功的锻炼能使骨骼强化，让我们的本体形成一个完整的结构体，这种结构体在使用各种劲道时，都能完整而快速地配合，以产生本体希望的攻击效果。

转化

何谓"转化"，就是将太极拳所凝聚的功力运用在其他种类的运动或武术上。简单的说，就是当太极内功已有一定的水平后，骨骼结构已做过变化，就可以利用这种功力来进行其他非太极拳的运动或拳术了。

了解了太极拳内功的功能，那到底要如何练出"太极拳内功"呢？其实"太极拳架""站桩""基础功夫"就是锻炼"太极拳内功"的重要方法。

要练出太极拳内功的拳架有以下几点可供参考。

以骨为主

要从太极拳套路中练出太极拳内功，除了要依照拳经、拳论所云之重点加强练习外，这里提供一个比较单纯而可注意的练法，就是"以骨为主"。

何谓"以骨为主"，就是在练习套路基础功夫时把全身肌肉放松，初期把意念先放在骨骼练习上，以骨骼的运作为主。也就是整体的套路运作是"骨为主，肉为辅"，在练拳时肌肉和筋是完完全全不用力的，整体的运作就是骨骼在运作。也就是说，把自己想象成仅剩骨骼在练拳了，没有了肌肉的拉力，就好像傀儡木偶一般，而全身运作的动能来自两脚虚实变化及偏心轴运作和"指尖"放下所形成的离心力及向心力，由这三者所形成的动能来带动全部套路的练习。

初步的练习专注以骨骼为主的运作，这时骨骼就能在不断地磨炼中达到强化的目的，这是完整的骨骼磨炼功夫，日久功深，骨骼自然密实、骨质自然充盈。

周身一致

"周身一致"的要求也是非常重要的，简单的说，就是太极的结构规格要完整。我们在练拳时是以一个同心圆在运作，圆心在"丹田"，第一层的圆在"腰"，第二层的圆在肩胛骨，第三层的圆在"指尖"及"涌泉"，这也就是说在练拳时要腰到、肩到、手到、脚到，四者的内部运作同时到达定点，在整体的套路流动中，时时刻刻全身都要完整的配合。一般的学者很难察觉自己练拳时是否有一致，这就必须有一个明师在旁指导了。

古代的先贤们在创立太极拳时，留下了一堆拳经拳论，在之中苦口婆心地告诉我们练太极拳的要诀，其实这些要诀就是练成"太极拳内功"的重要方法，所以我们一直称太极拳为内家拳法的原因就是在此。因为我们一开始就强调直接练内功了，而不像外家拳般先练肌筋的外功，太极拳直接就放弃了肌肉的力量，直指内功心法来练习，所以称为"内家拳"。

总而言之，坊间太极某某气功属于养生操之类和太极拳内功并无关系，如果真要说有关系的是真正的道家炁功，学习者一定要特别注意。尤其是如果练习多年太极拳而无果者，要去研究的是拳架到底哪里出了问题、观念哪里出了问题、推手哪里出了问题，没有反省是否功法出了问题，反而去求一个虚无缥缈的气功，那只会更陷入一个无限迷惘的困境中。

内家拳和外家拳的刚与柔

首先，我们先了解何为内家拳及外家拳。一般来说，太极拳、形意拳、八卦掌被称为内家拳，而其他如跆拳道、少林拳、咏春拳等，被称为外家拳，但其实拳术本无内家、外家之分，任何武术练到高深处，都会含有整体性的功力，这时就无内外家之分了。

我们了解这两种拳术的差异性最主要的目的就是要让学习太极拳者知道，自己到底练的是什么？不是练了叫"太极拳"的拳术就一定是太极拳，现在有很多名为太极拳的练习者，其练习的方式，其实是外家拳的练习方法。当然并不是说外家拳的练法练不出功夫，而是用外家拳的练法练出来的功夫应属于外家的功夫，真正外家的功夫也是很厉害的，只是本质上和内家拳的功夫不同。

较令人担心的是，如果学习者将这两者混淆，则很容易练出内不内、外不外的拳术，那时将会面临外家拳功夫没有，内家拳功夫也缺乏的情形，而这种情形却是普遍存在于太极拳的练习者中。

学习武术，一定要先了解自己身体的运作规律。基本上，武术的运作主体不外乎肌、筋、骨，而表现出来的外形就是肌肉—力量、筋—劲道、骨—结构。

这三者的练习方法不同，以肌肉、筋为主的训练，是为外家拳。外家拳从外走向内，一般来说是走到了筋就是完成了。而以筋和骨为主的运作者，是为内家拳。形意拳及八卦掌，强调伸筋拉骨，强调劲力的养成，强调出拳的弹性。纯以骨为主的内家拳，则是太极拳的特点，强调结构的完成，再借由骨来训练肌肉及筋。

以内家拳而言，从筋开始，其后有两条路，一条是走向肌肉的强化就是向外家拳靠拢，一条是走向骨骼结构的强化则是真正进入内家拳领域。很多的学习者都很容易走向肌肉的强化上，所以有"形意一年打死人"的俗语，但事实上如此的练习，容易伤到自身的内脏及神经系统。何故？主要是练习时震动太大，且骨骼结构尚未能保护本体之故。所以形意拳大师尚云祥建议练形意拳者在练习时要带有"太极的含蓄"要将精、气、神都含住，其实就是建议练习形意拳者，要往骨往内练，而不是往外放。

太极拳真正最重要的原则在于以骨为主的练习，以骨为主来锻炼太极本体结构，再以骨结构的运作来训练筋及肌肉。骨头的变化相当缓慢，骨骼变化完成至少需要十年时间的训练，所以有"太极十年不出门"的俗语，这句话主要指的是，练太极达到骨骼变化完成及结构完整至少需要十年的时间。

内家拳和外家拳不论在训练上、使用上及道理上均有相当程度的不同，下面我们来分析这两者之间的异同之处。

一、基本偏重的不同：肌肉和骨头的训练方式是完全不同的，在外家拳中，整体运作是以肌肉为主，骨头是被动配合的；而在太极拳中，则以骨头的运作为主，肌肉是被动配合的。

二、用法及练法的不同：在外家拳中，练法和用法是相同的，也就是说平时怎样练，实战中就怎样使用。而内家拳则练法和用法不同，内家拳主要是练整体性的结构，练的时候都是慢慢地去练，去体会内在的变化，去调节内在的稳定，去融合整体骨骼和肌肉的能量，慢慢地练、静静地练，一旦使用在实战中，则是全部爆发出来，一瞬间能量快速炸开，而能有雷霆万钧之势。

三、空间使用上的不同：外家拳和内家拳在练习及实战时对于空间的应用也有很大的不同。外家拳的空间运用上，是以外部空间为主，什么是外部空间呢？其是指人体以外的空间。而内家拳在空间的运用上，则以内部空间为主，内部空间指的是身体内的空间。

四、中心点使用的不同：外家拳在实际运用上是以对手为打击中心，所以大都绕着对方来攻击，也就是说，在外家拳中大都是主动攻击，而且以对方为攻击的中心点，全力对着中心点打击。而内家拳则以本身丹田为中心，对方就是圆心的外圆，故主要是以逸待劳，只要旋转中心对着对手，等对手攻击入我空间内，再使用圆及球伸缩的方式来应敌。

五、肌肉训练部位上的不同：外家拳是以外部肌肉强化为主，这是一种利用拉扯重物等作为训练方法的主动强化，而强化的则是属于外部的肌肉，也就是比较表层的肌肉。内家拳则以骨骼强化及拉伸骨骼旁筋膜为主，由于肌肉筋膜是在放松状态下被骨骼拉动，而这种拉动是一种被动的强化，所强化的也是附在骨骼旁较为深层的肌肉和筋膜。

六、能量使用不同：在练习时，外家拳主要是释放出能量，不断地击打，不断地做重力训练，等做完一系列的训练后就已十分劳累，这是一种能量的释放。当然在实战中，也是如此释放，主要是让身体能在强的训练中增进更多的耐力，期望在实战中，能够持续更久的战斗力。内家拳则是以涵养能量为主，在整个练习的过程中都要十分安静、十分放松地去体会，让身体去流动，完全把能量涵养于内，所以练习时十分舒服，练完后精神十分得好。而在实战中，掌握时机在刹那间爆发惊人的能量。

七、击打和抗击打方式不同：外家拳的击打和抗击打方式，大都是以肌肉为主，以肌肉的强度来达成击打和抗击打的目的。而内家拳在击打上是以骨为主，在抗击打上则以整体性的结构为主。

了解了内外家拳的差异性，接着讨论内外家拳对于刚柔的理解。首先，先了解太极拳的刚与柔。

太极拳的"柔"就是柔体。在正确的拳架规格中，放松全身力量并细细练习而形成太极圆形球体（结构体），当这个圆形球体的规格完成时，不论推手或练拳架，结构体的变化渐渐能连绵不断，节节贯串地均匀运动，这时动作越显轻柔，圆转如意，此时"松"所表现的外显形态就是"柔"，也就是柔体。

太极的"刚"则是"柔体"大成时，进入一种轻灵的空体流动状态。当练拳刚进入一种似水般柔体流动状态，应用时弧度比较大；待浸润一段时间后，练拳进入一种空灵状态，延展伸缩开合均能如意，应用时弧度渐渐缩小，弧度大小能自在，这时开合的空境刚体就渐渐形成了，此时就具备有开合震劲的爆炸能量。所以拳论有云：极柔软然后极坚刚。

在实际的应用中，当外力进来时，"柔体"采用的方式是"走化"，将对方之力化掉或吸入本体中；而"开合空境刚体"则是如空气般敷住控制对方，或是直接截断外力还之，或以开合爆炸能量打击对方。在对方的感觉上，击入"柔体"时，会觉得力被吸入或被转化了；击入"刚体"时，会觉得力被破坏且有强大能量反弹回来了。

太极拳的"刚"与"柔"其实是一体的，不论是"刚"或是"柔"都是松体的一种表现而已，所以在应用上并不一定只限定于"以柔克刚"，"以刚克柔"也是可以的，"以柔克柔""以刚克刚"也都是可以的，纯粹是看当时接手时的情形而定。

太极拳的"刚"和外家拳的"刚"有时是很容易被混淆的。外家拳称为的"刚"，其实是属于一种力量和结构的表现。以球体来比较，外家拳的刚就好像填实的石球，而太极拳的刚则是内部充满流动空间的空心球。外家拳术讲求的"刚猛"就是一种肌肉力量和骨架所形成的结构"刚"，打起来虎虎生风。这是以肌肉力量为主所形成的硬结构，冲撞打击时也是很有威力的，一般来说，以力量练"刚猛"，三年应有小成。而太极拳的"刚"是以骨骼重量规格为基础，在肌肉筋膜完全放松下所形成的一种进入轻灵状态流动的空体，这和外家拳的刚猛的形成方式刚好完全相反，一般来说，太极拳的"刚"没有十年以上的功力是很难有所成的。

了解了太极的"刚"和外家的"刚"的不同，接着讨论两者的表现方式。

大致而言，有几个不同点。

其一，外家拳的"刚"是以肌肉力量形成的，应用时肌肉绷张得越紧密，刚体越强；太极拳的"刚"是以骨架重量为基础的，应用时肌肉放得越松，刚体越完整。

其二，外家的刚体比较容易练习，因为用力本就是人的本能。而太极的刚体较难体会，因为要完全松柔后，刚体才能出现。但在使用上，太极的刚体就显得灵活得多，当遭遇强大外力时，外家拳的刚体被破就会受到很大的伤害，而太极的刚、柔本一体，身体瞬时能化柔，卸掉大部分的外力，以保本体不受伤害。也能柔化成刚，瞬间使用刚体爆发强大破坏力。

其三，外家拳本是以防身、攻击为主要学习目标，强身、健身为次要目标；而太极拳则刚好相反，以强身、健身为主要学习目标，防身、攻击为次要目标。所以外家拳的刚猛是以攻敌防身为主轴，太极的"刚"和"柔"一样，具有养身、健身之功效。

要练出太极的刚柔，首先是要有正确的太极拳架，再者是需要有一位"明师"指点，"明师"不一定就是"名师"，而"名师"也不一定是"明师"。要找到这位"明师"，一定要本身已练出太极的刚柔者才行，因为这样才能正确地指出一条路来让练习者遵循。但一般初学者实在是很难去判断指导者的功力。这也就是练习者的机缘了，我们常说："明师难求"，就是这个道理。

接着，要常常自我反省：在练拳时是否真的放松了，有没有仍有拙力留在身上；练拳时，拳架的流动是真的顺畅，还是刻意地表现柔；基本的姿势如立身中正、重量落入涌泉、重心的移动等是否正确。如果没有"明师"指点，那就只好多下功夫去研究先哲们的拳经、拳理，尽量符合其中的要求来练拳了。

"刚柔"是太极拳表现在外的两种形态，这两种形态非有"松"不能竟其功，所以习者应放下执着，去除力量实在地去练。千万不要见到高手使出刚及柔的功夫，就急着依其外形去"依样画葫芦"，而刻意地做出刚及柔的形态。果真若如此，可想而见，就算再下三十年功夫，也是一无所得的，岂可不慎哉！

松的形态

"松"是太极拳中最重要的观念了,可以说是太极拳的灵魂所在。但"松"却很难了解。

一般人对于"松"的见解,大概是"把力量放掉,全身不留拙力"。但是这样的看法容易和"软"产生混淆,因为"软"也是"把力量放掉,全身不留拙力"。常见习太极拳者,困于"松"与"软"的不同,明知不同,但却不知何处不同。所以有必要在此做一个厘清。

一般人对于"松"与"柔"也很难做一个分辨,又或有些人认为"松"就是"柔","柔"就是"松",所以在练拳时,把拳路刻意练得很"柔",以为这就是"松"了。难道"松"就是如此吗?当然不是。"松""软""柔"之间到底真正的分别为何?真正的"松的形态"的观念如不加以建立,虽下十年太极之功,亦难真正明了何谓"松"。

一、"松"与"软"的不同

"松"与"软"当然是不同的,而最大的不同点是在于"规格",也就是"结构"。"松"是在太极的骨架结构规格上,把肌肉力量放掉,全身不留拙力。所以"松"表现在外的形体有"结构体"与"柔体"两种;而"软"则仅是把力量放掉,全身不留拙力,不具有太极的骨架结构规格。所以不论是在练拳架或是推手时,都要保持立身中正,骨架规格端正,且把力量放掉,全身不留拙力,这就是"松"。而立身歪斜,头低肩耸,仅是把力量放掉,全身不留拙力,那就是"软"了。

二、"松"与"柔"的不同

多数习太极拳者及坊间的太极拳书籍,几乎都把"松"与"柔"合为一谈了,所以随处可听到"练拳要松柔"这样的话语,仿佛"松"就是"柔","柔"就是"松"一般。其实这样的论点并不完全是对的,因为"松"是整体的内在骨骼架正、筋肉放松情形,松表现出来有柔及刚两种形态,所以"柔"只是"松"表现在外形态中的一种,"松"与"柔"并非相等。能松者,一定能柔;能柔者,不一定能松。

为什么这样说呢?那是因为若能全身放松,规格正确,则练出来的拳路自然能柔;但若只注意拳路要柔,则可能把力量藏于筋内,刻意地表现出外在的柔,那是"假柔","假柔"就不是"松"了。如果是"假柔",那练拳时好像很柔,但是一旦双方搭手要进行推手时,则藏于筋内的力量会马上发挥,而显得僵硬且用力在推了。这种"假柔"就算练得再久,也是无法放松的,只能有"自欺欺人"的效果而已。

三、"柔"与"软"的分辨

"真柔""假柔""软"三者当然也都不同,最大的不同点是:"真柔"是有完整格体的,也就是在骨骼架正、立身中正的规格下,把全身的肌肉力量放掉;而"假柔"是暗藏筋力于内,外在故作柔状;"软"则是不具完整规格,骨骼组织散乱下,仅把肌肉力量放掉的"似柔状"。所以不论在练拳或是在推手时"真柔"虽流动自如,但都能保持一定的格体不致散乱;"假柔"则多存在于比赛表演的太极操拳架中,"软"则在练拳时会东扭西扭不端正,推手时像无骨般乱动。"柔"与"软"的分别常给太极拳的练习者带来很大的困扰,导致困扰的最大原因是太极的结构规格尚未完成。只要太极的结构规格完成,则"柔"与"软"就能容易分辨了。

"松"是整体的内在情形,表现于外在的拳路上有"结构格体""柔体""空体"三种形态,太极所呈现的刚体是空体,此在前文已有说明,"柔体"是流动体也比较容易懂,但"结构格体"就容易被误解了,大多数的人很难分清楚真正太极拳用纯骨架所形成的"结构格体"和其他拳术用肌力混合骨架所形成的"力量硬体"之间的差别,因为表现在外的形态是很相似的,就是一个可对抗外力的结构,也同样要求整劲,尤其是在推手时,对方表现出来的是纯骨架的"结构格体"还是大部分使用肌力的"力量硬体",一般人是很难察觉的。所以习太极拳者要真正在意自己对于"结构格体"及"力量硬体"之间的区别是否了解,在推手时表现出来的是"结构格体"还是"力量硬体"。

总结前论,结构格体也称为结构体,那什么是"结构体"呢?"结构体"及"柔"好像是完全相反的东西,其实不然。简单的说:练拳之时用"松"将全身力量去除,以骨架端正为主,将骨架重量堆叠完整的一种体态,就是"结构体",此时举手投足就会显露出一种球形结构充实的整体运转。当太极拳的功力渐深,到达一定的程度时,会发现不论是在练拳或是推手时,慢慢会像一个内部装满水的大球,水在球内流动随意,产生一种结构体能够流动的状态,则柔体渐显，当结构球体内部流动越练越轻灵，内部传导越细腻，最后流动达到空灵状态时，则进入"空境刚体"。

所以"结构体""柔体""空体"其实是一体的，都是属于"松"的一种表现形态。不过在修炼的过程中，会先练出"结构体"进而到"柔体"到极致后才有"空境刚体"的产生。如果"结构体"和"柔体"未完成而言就有"刚体"，那这个"刚"多半是力量形成的"硬体"而不是"刚体"。

要能练到太极拳"松"的三个形态，首先是太极拳的拳架要正确。找到一位"明师"，好好把拳架研究清楚，一招一式都能清清楚楚，不可拖泥带水。招式与招式之间要能连绵不断，使整套拳练起来如水流动般稳定、静谧。

再次强调，练拳时一定要完全把力量放掉，是真正地放掉，而不是为了要显示"柔"的太极，而刻意把力量藏在筋内的那种"假柔"。这种假柔一旦碰上了太极高手，或是外家刚猛拳术，就会显得不堪一击。把力量真正地放掉，在正确的太极拳规格中进行练习，三年之中应有小成。

练拳要能真实面对自己。太极拳是很重视自我反省的功夫，推手时不用去反省他人有没有用力，要仔细地面对自己的缺点，不要自我催眠。在整个太极拳的学习道路上真正的对手只有自己，诚实地面对自己，将缺点改正，才能真正使自己往太极高手之路迈进。

最后再一次强调太极拳拳架的重要性，拳架是一切太极的基础，正确的拳架能让你的骨骼得到很好的锻炼功效，这也是锻炼太极内功的重要方法。很多人练了多年的太极拳，却以太极推手为功夫，视拳架为柔软的暖身操不太予以重视，这是相当错误的观念。不好好修炼拳架，而仅想从推手中体会松柔，那无异于缘木求鱼。真正的松，一定是要从拳架中不断地练习方可获得。

松的运作

我们知道唯有"松"才能成就太极之道，但这有点老生常谈了，看看哪一本太极书籍不是如此说的呢？大家都这样说，也都想要这样练，但还是不见成效。为什么会如此呢？主要是不明白"松"在太极拳中是如何运作的。

有一位学生下课后问我问题，以下是对谈内容：

生：老师，您觉得我现在练拳有什么地方需要改进？

师：你应该要再放松点，你的肩有点耸，背也有点弓，身体太紧张了。

生：这些我都知道，除了这些外，还有什么地方有问题呢？

师：如果知道自己的缺点，为何不去改进呢？

生：老师总是叫我放松，我也知道要放松，但如果跳过松这个缺点，我还有什么要改进的？

师：松是不能跳过的，必须面对。就好像算数学，如果加、减、乘、除都不会，每次都会算错。

生：如果忽略加、减、乘、除的基本错误，那其他算法是怎样呢？

师：如果基础上就错误，那任何的算法都是空谈。

所以"松"在太极拳中，就是一种基本的条件，我们必须实实在在地去面对。在前章也有提过松并不是软，柔也不是软，而松的形态有"结构体""柔体""空体"。

开始练太极拳后，第一个要面对的问题就是如何"松"？首先我们来了解"松的原理"。在身体的动作中，能够由脑部控制、自主用力的就是肌肉，所谓的松，其实就是把肌肉的力量放掉，将全部肌肉的重量挂在骨头上。要将肌肉挂在骨头上时，要先把骨头架子先架正，如果骨架未架正，肌肉重量一放下去，骨头就会歪了。所以在放松肌肉之前，我们先要架正自己的骨架，然后才能把肌肉的重量放在上面来训练骨头。

在之前文章中已提过，我们身体在吸收养分后，会依身体运作所需来分配养分，所以当我们把全部的重量都附在骨架上时，骨头会负担强大的重量，这时因应身体所需，养分就会进入骨质中，此时骨质会强化，整个骨架也会变化成更稳定的结构体，当太极入门有所小成时，人体骨架一定会做一次大调整，称为"易筋换骨"也不为过。

任何完整的武术对于肌、筋、骨都会做足够的强化。太极拳的方法就是将肌肉重量放在骨头上来训练。训练了骨头，要如何训练肌肉及筋呢？并不是说太极拳训练以骨为主，就会忽略肌与筋的训练。一般观念认为，如果不做负重等加强肌肉的训练，肌肉就根本无法被训练到，但太极拳刚好提出了一个相反的方法，就是放松。当肌肉重量放松地挂在骨头上，而以骨为主在运作时，借由骨向外及内的伸缩运作，会将肌及筋做最深长的拉动及收缩，此时肌与筋会放松、被动地被训练。根据科学研究，当以用力伸及缩来训练肌肉时，如健身训练，肌肉纤维会粗大，但却是短的；而放松伸展及被动缩合训练的肌肉纤维却是属长纤维，长纤维具有较强的韧性。而筋在放松下被拉长训练，也会渐渐粗壮及具有较好的弹性，但这种变化是缓慢的，远不及用力来训练而形成大块肌肉的速度。

因此，将全身的肌肉重量放在骨头上，会对骨头形成负重压力，而透过骨头重量的伸展及收合也能训练肌及筋，长期行之，是种功效强大的训练方式。并且并不是在练拳时才如此，而是日常生活中都要如此把自己放松，这种放松的态度也会进一步影响心灵，让心灵也能进入安静的状态，让身体减少能量损耗，也减少毒素产生，时日既久，身体的结构就会慢慢地改变。

所以如果真的选择练习太极拳，就必须有觉悟。试想，如果一个学习者，肌肉一下放松，一下又用力，那么肌内的纤维要形成什么形态呢？一会儿把肌肉挂在骨头上，一会儿又把力量布在肌肉上，那骨头要怎么被训练呢？各种武术都有其特长，只要有系统训练的武术都很好，也都能达到一定的效果。除了太极拳外的大多数的武术虽然外形不同，但基本上肌肉和筋的使用道理是相通的，所以可以互通及互补。如学了跆拳道，再学空手道，是可以相辅相成的，再学搏击，也能汲取更多经验，再加擒拿、摔跤、重力训练、铁砂掌……只要你有时间，都可以加进来一起练习。

但是太极拳则不行，因为太极拳的操作方式和绝大多数的拳术都不同，勉强可以加入的是八卦掌及形意拳这两个同属内家拳的拳种。但时至今日，很多八卦掌及形意拳也变形了，就像在形意大师李仲轩前辈口述的《逝去的武林》一书中也曾提到："当时武林有'练形意拳招邪'的说法，因为许多练形意拳的拳师，一上了年纪，腿脚就不好，甚至短寿，还有年轻小伙子练了几个月形意拳，身体亏损得很厉害，神经衰弱、肾虚等各种毛病都出来了。有人便以为是招邪了，但念经符咒都没用，身体仍一天天坏下去。"形意拳大师尚云祥解释道："形意拳是内家拳，练得是精气神，练功的时候应该把精气神都含住，但很多拳师都在练打人，将精气神都提起来，一发劲都发出去了，还能不短命？不明白动静有别，身体当然出毛病。"尚云祥还说："俗话说'太极十年不出门，形意一年打死人'。学形意拳的都在学打死人，最终把自己打死了。"然后他告诉李仲轩："打太极要带点形意的充沛，打形意要带点太极的含蓄。"（李仲轩口述，《逝去的武林》，93页）如果是真正内家的八卦掌及形意拳，其道理和太极拳是相通的，则可以拿来参考，可惜的是，正统的内家八卦掌及内家形意拳现在也不多见了。

练习太极拳要判断所练太极是否正确？是否放松？要自己清清楚楚地去检测。并不是外形打得很柔就是松了，因为外形的很柔是可以用肌肉来伪装的，看看舞蹈演员，跳舞时也好像柔到无骨啊！但是跳一辈子也不会有功夫，而且通常年纪不大就有很多身体的伤病了，对于身体的健康也无长期帮助。柔是可以伪装的，所以我们也都知道，在比赛场上打得最柔、最好看、得到冠军的选手，通常也只能打拳架，没有什么实质上的功夫。所以这种伪装松柔的太极拳，其对表演的效果就和舞蹈相同，练习几年内就可以打得很柔很好看，可以有比赛得冠的效果了，但离真正的太极拳却越来越远。

"松"是太极拳变化流动之根本原理。太极拳运作以虚实为主，故借易经之"太极生两仪"说法而冠名之，故曰为"太极拳"。太极拳并无神秘之处，只是一套完整的训练之法，相传自武当传出，自也符合道家运动功法之理，和佛教的少林拳，印度的瑜珈等相同，都是在心灵修炼的同时，开发出来一套帮助肉体的健康之法。

古之太极拳，一开始实为十三势长拳，从这十三势就可以变化出无穷的招式。这是因为，我们的身体就是一个太极，太极生出两仪后，逐步延伸至十三势。许多人都外求太极，殊不知，太极就是在自己体内；许多人都研究太极招式，殊不知，太极招式只是体内太极流动的某种特定形态。特定的形态并不重要，重要的是这形态之间的流动。

初始静立而生太极球体时，骨架架正，肌肉放松地挂在骨上，全身重量落于涌泉，此时太极球体尚未分出阴阳虚实，而是包含着阴阳虚实，浑然成一太极体。这时的太极球体是静止的，如要运作形成一套太极拳，则必须从太极中生出两仪。两仪即是阴阳，而在实际的操作中，阴阳即是虚实。当太极要进入两仪之时，会随着身体重量倾注于一方，而分成阴阳虚实的两仪，此时太极球体就要开始运作了。当虚实启动太极球体时，内部的虚实阴阳互动就会形成无穷变化的流动，则万物生矣！两仪的阴阳虚实流动，会产生四个正方向，是为四象，再接着加上四个斜方向，形成八卦，而这八个方位配合上实际太极的劲道是为掤、捋、挤、按四正劲及采、挒、肘、靠四隅劲。此时再加上前进、后退、左顾、右盼、中定五个移动方式，就形成了十三势。

也就是说，整个太极球体在"松"的运作下，形成虚实的交换作用来产生变化，进而生成整套的太极拳，完全不用肌肉的拉力。在整个运作中，肌肉都是完全放松地挂在骨架上，以骨为主，肌肉及筋都只是被动配合地伸及缩。要能真正体会身体重量的自然倾注，非松字不可得，而一旦虚实形成，则虚与实的流动就会带动我们太极球体进行各种运动方式而形成太极拳。

唯有"松"的运作能让太极分出阴阳，阴阳就是虚实，虚实之分则为太极拳启动运作之始。

松的觉悟

松必须觉悟，松是一种训练方式。只要开始接触太极拳，耳中大概就会常常听到"松"这个字。在前面已经讨论了松的状态及运作原理，这里讨论"松"的真正觉悟。一直谈松，可见松对太极拳有多重要。松可以说是太极拳的精髓所在。但是我们有没有仔细思考，一直谈要松，为什么要松呢？难道不能用些力吗？全身都放松了，手也放松了，都抬不起手，怎么练拳呢？松松的没有力，如何产生劲呢？种种问题时常困扰着太极拳的学习者。

现在实在很难看到太极拳散手的强大威力了，因此才让许多人不禁质疑这种"松"对太极拳训练的效果，于是就有许多的杂音出现了，以致于"松"变得有点像口号一般的存在，只是口中喊喊而已，实则心中存疑。为何如此？除了有些人不知道如何松外，还有很大部分的人是不敢真松的，何故呢？主要是因为不了解松的作用而心中害怕。

于是出现很多不同的言论：

"太极练松也要练紧"。持这种言论者，大致主张如果一味的松怎么应用在散打上呢？怎么会有爆发力呢？所以主张要放松也要练紧，在应用的时候放松后再收紧，瞬间击出，就可以达到强大的爆发力，故强调要练松也要练紧。依教师的体会不同，有人主张半松半紧，有人主张七分松三分紧，有人主张九分松一分紧……不一而足。这种说法其实是有说服力的，也合乎一般人想象中的理解，所以这种言论有不少支持者。

"松无用论"。持这种言论者，直接就否定了松，认为太极要和别的武术采用同样的训练，才能实用，所以要强化肌力、耐力等，也要做重力训练。这种言论也是有支持者的。

说明白了，这些就是对"松"有怀疑，不认为真松能有什么作用，只用理所当然的想法去想，认为真松了就软绵绵的，只有挨打的份。现在是武术融合的时代，很多人在太极中体会不出真理，就直接拿其他种类的武术来解释。看看第一种既练松也练紧、强调松紧后爆发力的说法就是如此，回头想想哪一种武术不是这样呢？西洋拳击也是这样啊！难道他们出拳都是绷紧肌肉的吗？他们也是先放松，在出拳的刹那间才紧的；跆拳道不是这样吗？空手道不是这样吗？哪一种武术不是这样呢？那如此说来，太极就和其他武术一样了，那为什么要特别学太极呢？那太极拳还自称什么内家拳而沾沾自喜呢？不可否认的是，那样的练习也是可以练出功夫的，拳击也很厉害，空手道威力也不小，所以松紧的练法是可以练出功夫，但不是练出太极拳的功夫。所以主张如此练习者其实大多时候本身就是练其他拳术，再从其他拳术进入太极后，以先前既有的武术观念，再套入太极拳中使用。

太极真松而练出真太极功夫者少，假太极之名而练出他种功夫者众，看看比赛中像摔跤的推手，看看背着重物练力量及打着沙袋的自称太极散手，这也难怪多数人只觉得太极拳是养生拳，无法应对实战的。为何如此呢？就是对"松"能练出功夫的质疑。前辈高人的无敌神拳，传到现在变成无用神拳。到底问题出在哪里？问题就出在对"松"的不了解，出在对"松"如何操作及训练的不了解。

要能觉悟一心向松，才能从"松"中练出真正的太极拳功夫，这是有一连串过程的，首先就是要先如前章所言的端正骨架姿势，如果还未端正骨架姿势就练松，十分容易受伤。而光是端正骨架姿势的观念就十分纷乱了，再加上对松的杂音，太极拳出现千奇百怪的现象就不足为奇了。

而之所以会有这些乱象，其实还有一个根本原因，就是认为推手就是太极拳的功夫。在以推手为功夫的前提往前推，就出现了尾闾前翻、凸命门；凹胸驼背当作涵胸拔背（亦作含胸拔背，见后文解释）；硬把脊椎弓成一张弓，说是身具五张弓的其中一弓，等等的奇怪姿势，就是为了方便推人。

练太极拳就必须觉悟坚持松，否则不是练出其他武术就是一事无成。在准备练拳时，首先双足平行站立，骨架姿势端正。这时候把肌肉及筋的重量放在这个骨架上。全身重量随骨架沉入涌泉穴后，开始拳架的练习。在拳架中使用松来锻炼会有下列的过程。

一是在太极起势之时，重心是在两脚涌泉穴，此时我们把全身重量注入涌泉，连手的重量也从指尖回流到肩，再一起和身体的重量放入涌泉，放到涌泉越重，手指越轻时，手就会开始轻轻地飘浮起来，随着内在的筋骨完成起势的运作。一定要注意手指的无重量感，好像在泳池中，把手放松那种被托浮起来的感觉，手的重量抽回变得越轻，越能感觉这种无重量的飘浮感。松使重量向中心沉坠，而周遭边缘尤其是皮肤及手指会呈现空灵的现象。但这时如果肌肉稍微用力，则这种空灵感会马上消失，这是太极拳让人困惑的主因，学习者必须完全专注于松，注意重量的变化，姿势一偏、力量稍出，则什么感觉都会消失。

二是注意丹田、两胯及尾闾所形成的内球。太极拳就是一个大球体，而这个大球体的动能来源就是丹田、两胯及尾闾所形成的内球。当起势结束，我们将身体重量倾注于一腿，就开始分出阴阳虚实了。利用这个虚实的能量带动内球的转动，如果转动不了，就是虚实分的不明显，偏心轴不确立之故。尽量把全身的重量倾注在一腿涌泉之上，身体端正了，重量放够了，内球就会开始滚动。

三是使用内球带动外球。当能感觉到内球的存在时，我们试着利用内球来带动外球。整个太极球体是一个同心圆，由内球滚动带动外球的运作，手不主动只是被丹田球带动运作。所谓的外球是指两肩及再更外层的指尖。内球胯带动肩再带动指尖的外圈，形成一个同步转动的球体。而外圈向下滚动时产生的能量，也能回馈给内球，从而形成一个能量交换不断滚动的球体运动。

这种同心圆球体的运动是形成太极球体时必须用心去体会的，当然如果形成太极球体后，我们会更进一步去变化这个球体，这个内容会在后续展开讨论。学习者必须去体会"太极拳是不动手"这句话，意即：太极拳的手并不是主动去操作的，而是被动运作的。如何被动运作，就如同前述，由内球带动。因为是放松被动运作，所以抬手时，会有重量感从肘处坠下，手指高度也就不会超过眉尖，自然也就沉肩坠肘了。如果手脚自己运作，不管比得多么好看多么有韵味，都是比手划脚，就跟跳舞一样，没有什么效果的。我们必须静下心来，细细地去感受内在重量流动的变化，这也是太极拳必须慢练的缘故。总是有人争论着太极拳是否要练快拳才能散手，强调如果不练快拳就无法面对散手时对手的快速出击，当然会有这种疑问的人，还是带着外家拳眼光来看太极拳，而产生对太极拳放松的疑虑，怀疑松及慢的功效。

我们必须觉悟如何真正放松自己的筋骨，让重量挂在骨头上沉坠到涌泉穴，足够的松及足够的重量沉坠，就会启动我们的内球使之开始转动进而带动外球，形成生生不息的能量转换流动。这个根本不用急，反而要静，要心很安静地去体会：一举动，周身皆轻灵，使内外球的重量流动时时保持相连不断，由内而外、由外而内，周而复始，连绵不断的感觉。慢慢地去练，去体会：动态流动中的静态，似乎静态中稳定地缓慢地动态流动。这样安静地、内视地、稳定地、缓慢地、一致地运作，反而是结构出太极球体最快的路径。

太极拳的"松"蕴含着文化哲学的内涵，充分表现出"不争"君子风度，不会躁躁而狂，只有安静反省自己，但"不争"不代表就软了，不代表就怯懦，反而是培养顶天立地大丈夫不畏惧的气度及气势。话又说回来，既然是顶天立地大丈夫，就不可弯腰驼背，要有虚灵顶劲、涵胸拔背的端正姿势。

"松"就是一种锻炼方法，就如同外家拳的力量训练一般，松也是一种训练方式，这真是我们老祖宗的智慧。因为用力量训练是直观的，练铁砂掌就天天去插绿豆，插铁砂再用药水洗；练鹰爪指力，就天天抓个装重物的坛子；练腿力就四平大马；练跆拳道就天天踢沙袋等。几乎所有的身体训练都是直观且直接的，唯有太极拳反其道而行利用松，当身体松净之时，松腰落胯之时，重量就会完全下坠，而此时的大腿又放松，则会对附在股骨旁的肌肉形成强力的拉扯状态，透过虚实的交换，重量在两腿间交互训练，这也是太极拳注重两腿间虚实变换的主因之一。全身重量在两腿之间流动者，会给大腿肌肉及腿筋形成强大的训练，久之腿就结实有弹性，而这种结实的肌肉和四平大马用力蹲出来的肌肉或是负重重量训练出来的肌肉是不同的。而身体其他部位如胸肌、背肌、肩胛骨灵活的训练等，太极拳则是利用球体运动形成的重量拉扯来运作，对这些地方的肌肉也有相当程度的训练，全身终究能依照松的练习，而让全身的肌、筋、骨得到大量的训练进而得以强化。

有许多人以为，太极拳松松柔柔地练，练出来的格体肌肉也是软绵绵的，那这就是很大的误解了，利用松练出来的肌肉是柔韧且具有十分好的弹性的，这样才能足以支持强大的爆炸力的需求。松不但是一个训练方法，也是一个散手应用的方法，这个应用之法，在后面的章节中再讨论。

走向太极的路，我们一定要有充分的觉悟，千万不要再拿其他拳术混进来用，如果要如此浪费时间，不如就去学那个武术，可能还会有所成就。当我们把姿势架正后，真正认真地去体会全身放松的运转，接着就要开始修炼我们的格体走向太极之路了。

如何端正姿势

要进入太极拳之门并不困难,首先就要端正姿势,接着就是放松去练。依此去练习,假以时日,必能有所成。关于端正姿势,在拳经拳论中有诸多的叙述,尽管如此仍有许多习练者不得要领,其最大的问题仍是姿势的不正。所以我们必须针对姿势来做一番讨论。练太极拳首重姿势,姿势不正,轻者练空拳,一事无成,重者伤膝动骨,练出一身病来。但什么是正确的姿势呢?有几个要点一定要把握好。

一、立身中正

在拳论中也称"立身中正"为"尾闾中正"。尾闾中正是一个很重要且基本的概念,但什么是尾闾中正呢?尾闾中正就是脊椎骨的末端放松自然下垂。我们试着感觉尾闾有一个重量往下坠、松下去,把脊椎略略拉直且保持弹性。

我们内在中心的球体是由丹田、两胯、尾闾组成。丹田是圆心,胯及尾闾负责球体的运转,而尾闾负责的就是球体的前滚及后滚。当尾闾前勾时,则骨盆会翻向前，而尾闾后翘时，则骨盆向后移。骨盆的前翻后移代表着体内球体的前滚及后滚，但这是动态的，是在拳架的运行中会发生的一些滚动情况。如果没有特别要求的动作，练拳时尾闾是一直要保持重量下坠的感觉。

而当我们在静立或站桩时，尾闾是保持松而下坠的状态，把脊椎稍稍拉直尤其命门是呈现略为拉直的状态，不向前凹，也不后凸，且臀部略收。而在拳架运行时，尾闾就依拳架的需求，或直坠或前滚或后滚，不一而定。切记不可把尾闾固定死，尾闾本来就是处在动态平衡的状态，是人体的避震及平衡器，也是太极球体的滚动动能之一，不可固定。

而这也是诸多争议的所在，因为有不少的太极拳学习者强调的是尾闾要维持前勾的姿势，甚至是要将尾闾前勾到和百会穴成一直线或是勾向丹田，刻意让命门凸出，把脊椎拉成一条直线。果真如此的话，骨盆将一直维持在前翻的状态而无法灵活。姑且不论此姿势的对错，就用一般眼光来判断，我们可以试试维持前勾尾闾跑看看，看看姿势有没有很怪；也可以维持前勾尾闾往前往后跳看看，就知道笨拙地前后跃会变成散手时的靶子。

再看看所有的武术不管内外家拳，再看看所有的运动员的跑跳，我们想想有哪一项运动是要一直维持勾着尾闾的吗？但就独独太极拳有这个言论，而且还有不少人奉为圭臬，认真地遵守练着，把身体练出一个奇怪的格体。将骨盆的前翻，命门外凸，刻意地拉直甚至弓起脊椎解释此为立身中正，真是失之毫厘，差之千里了。

尾闾前勾造成的骨盆前翻第一个会受害的将是我们的膝盖，骨盆前翻让胯无法落正，而身体上半身的重量就会直接压迫膝盖，造成膝伤，这应该也是为何很多练太极拳的人总是膝伤的重要原因之一。尾闾中正能让我们立身中正，是练拳最重要的观念之一，而尾闾的中正，才能让我们能够做到虚灵顶劲。

二、虚灵顶劲

在太极拳的姿势中，尾闾中正、虚灵顶劲是两个最重要的观念，很多人就是这两个没有做好，导致练了一辈子的空拳，什么都没有练出来，而且身体也没有得到健康，更不用提太极的功夫了。虚灵顶劲并不是一种劲，而是一个状态，一个身体结构伸张的状态。从涌泉穴舒张至头顶的虚灵让身体练拳时更能达到中正安舒而轻灵的状态。

一般对虚灵顶劲的感觉的解释是就好像头顶百会穴有一根头发轻轻将头拉起。这的确是虚灵顶劲的一种感觉，但却不是练出虚灵顶劲的方法。因为如果用这种头顶头发拉直头的方法去练，会使颈部反而僵硬或是身体的重心被提起。

如何做到虚灵顶劲？我们先将胸骨的上端斜向脊椎的大椎穴提上去，形成一个平台，接着将颈部安适地放在平台上，然后用后颈轻贴衣领处，此时下颌自然会内收。

此时胸骨再从顶端向着下方松下去，而大椎也顺着脊椎松下去，松到尾闾而直坠下去。尾闾一松下去落涌泉穴，当身体完全放松，骨架完全放正，身体重量落足够到涌泉穴了，则从涌泉穴会有一个上升的感觉，自脚底部延伸到脊椎上到颈部，与身体向下的重量产生上下对拉的现象，颈部就会被松松地撑起，头顶百会穴就会有一种麻胀感。此种颈部松松地被撑起而头顶略涨且虚撑向上，好像要和天接在一起的感觉，就是虚灵顶劲的状态了。

虚灵顶劲让头部起了引领作用，在拳架或站桩中，头部一直保持虚灵的状态，让身体能中正安舒，更能让拳架轻灵有度，且使气血能通畅，精神更加饱满。除了如此之外，颈部的虚松，更能使血液进入大脑而不受阻碍，更多的血液使脑部更加健康，而头部麻胀则是血液充分流入大脑时的一种感觉。

虚灵顶劲是一个骨架结构完整的表现，常见学习者不重于此，在练拳时或下巴突出或弯腰低头或颈部僵硬或摇头摆尾，如若此，则十年苦功将会是一场空。在练拳时，头部虚灵安适，有引领整个拳架的作用。

三、涵胸拔背

一般也作"含胸拔背"。由于对于文字的解释误解，这个涵胸拔背成了学习者最容易产生错误的地方。很多人含胸的姿势是两肩略向前把胸包起来，而形成凹胸的姿势；而拔背又将背部弓起，形成驼背姿势。君不见公园之中，凹胸、弯腰、驼背练太极拳者何其多。问之，答曰：此乃含胸拔背，太极拳之精要者。言者自得意着，而我们只能叹口气。

练太极拳一定要了解什么是涵胸拔背。涵胸者，让胸部能够容纳最多的氧气；拔背者，直立背部之谓。

要如何做到涵胸呢？

首先要把胸部松开，松开胸不是挺胸，而是松张开胸。

接着从胸骨的顶端顺着胸骨松下去，让胸骨的尾端直松而下。此时胸部横隔膜会下降。

然后是吸气入丹田，也就是气沉丹田，也称为腹式呼吸，此时横隔膜会再次下降，让胸部能容纳最多的氧气。

人体要有充分的氧气，氧气充分才能够带给我们能量，现代人因为生活紧张，呼吸上容易急促，而使身体无法获得充分的氧气。所以我们在练拳吸气时要松开胸部，慢慢吸气入丹田，即让横隔膜下降，此时胸部是没有起伏的，这样才能使氧气到达深层组织里。涵胸不是挺胸，挺胸会变成用胸式呼吸，虽然好像吸很大口的气，但是会因胸骨的压迫，导致无法吸取较多的空气，而吸入肺部的空气也无法久留，造成学习者练拳时胸部僵硬且呼吸急促。

什么是拔背呢？拔背是把背拉直之意，但是如果刻意地拉直，会有挺胸僵硬之感，和前面的涵胸相冲突。其实只要注意尾闾松下坠，就会产生对拉的现象，从尾闾一节一节往上推松开，背部自然松直，此为拔背。所以在做拔背之时，只要从大椎穴往下松，当松到尾闾而往下坠时，自然会有一股向上拉拔之势产生，而同时头顶松涨，似与天相接。

四、落胯

落胯也称坐胯或塌胯。胯是身体上下相接最重要的部位，如果胯坐不正，则上下分离，上身的重量无法落入涌泉，腿的能量也无法传递到手，再怎么练拳终究是不完整。在由丹田、两胯、尾闾组成的内在球体中，如果胯没有坐正，则这个太极内球体或前翻或后翘，无法正立。

首先我们要了解胯的位置在哪里，就是在股骨和髋骨交接之处，所谓胯坐正，就是上半身的重量能够直接放在股骨之上，周围的肌肉能够放松而不用力。当我们放正胯时，全身的重量就能直透而落入涌泉，身体保持松然。

要如何才能坐胯呢？本书已多有说明，这里再补充几点：

其一，首先要先松腰，感觉腰是松开的。

其二，尾闾要下坠使臀部略向下收。

其三，髋骨松正地放在股骨上，去体会髋骨及股骨附近的肌肉是否能放松，去体会身体的重量是否有直落脚底，如果感觉重量似乎没有落脚底，且是大腿或膝或小腿有用力的感觉，那就可能没有落正，需要再仔细调整。

胯的不正会让身体的重量落入膝盖，这是很严重的问题，初时可能不察觉，但随着练习日久，则膝盖十分容易磨损。膝盖磨损而产生疼痛是练太极拳十分常见的毛病。而事实上，太极拳对于腿部包括膝有强化效果，但这么多人练出膝盖病，就是轻忽了坐胯的重要性。

初学者往往不知道落胯的重要性，甚至根本不知道什么叫落胯，只是依样画葫芦地练拳，造成全身重量落在膝盖，磨上几个月就疼痛受伤了。所以在练拳之初，一定要十分注意落胯这个动作，千万不可轻视忽略。

五、沉肩坠肘

太极拳基本上是不动手的，手的动作是由胯带动的，而不是自己动的。练太极拳的另一个重点就是要避免比手划脚地练拳，我们判断一个人是否比手划脚地练空拳，就是先从沉肩坠肘来看，如果双肩不时耸起，两肘乱晃，则可判定是比手划脚的太极拳。

沉肩者，双肩松开下坠挂在身体上，下沉且不着力；坠肘者，手的重量从双肘坠落。沉肩坠肘有几个要点需注意一下：

1. 如果手指高度低于肘，则手的重量在指尖，行拳时要感觉指尖的重量。

2. 手指如果高于肘，则手的重量在肘，就是肘有一种下坠的重量感，而且要注意手指抬起的高度一般不会超过眉尖，超过了容易拉起肘的重量。

3. 大部分时候，手肘不会离肋太远，也不会紧贴着肋骨，以前的人练拳时说要腋下能含住一颗蛋，太紧会破，太开会掉，用这个来检验，其实只要沉肩及坠肘，则腋下即刚好能含住一颗蛋。

4. 可以让他人提一提你的手臂，提手腕部，就感觉手的重量从肘流下，提的人有沉重感。提肘部，则感觉重量从指尖流下，亦有沉重感。

5. 坠肘才能沉肩，所以坠肘十分重要，而且唯有坠肘了，八劲中的肘劲才能发挥威力。肘不坠，肘劲就消失了。

六、重量落涌泉

当我们从虚灵顶劲到涵胸拔背到尾闾下坠到松腰自然坐胯，此时全身重量会坠入脚底，我们要调整重量，使之落入涌泉穴中。

落入涌泉穴就是用整个身体的重量去压迫刺激涌泉穴。依照中医的说法：刺激涌泉穴的作用有治疗高血压，使肾精充足，耳聪目明，发育正常，精力充沛，腰膝壮实不软，行走有力等好处。中医认为涌泉穴是人体长寿大穴，故有此言："若要老人安，涌泉常温暖。"根据有关资料，刺激涌泉穴可以防治哮喘、腰腿酸软无力、失眠多梦、神经衰弱、头晕、头痛、高血压、耳聋、耳鸣、大便秘结等五十余种疾病，可知涌泉穴与人体生命息息相关。

而练太极拳，不论是在行拳或是站桩之时，全身重量都要放在涌泉穴上。除了刺激涌泉穴达到健身的目的外，还有武术的技击散手功夫。当我们能端正姿势把重量下沉到涌泉穴时，此时脚底松开，五指舒张，会有一种松沉下坠又充满弹性、周身轻灵的感觉。

初入太极，姿势最为重要，如果姿势产生偏差，那之后的太极路可能就坎坷难行了。任何的运动项目均是如此，姿势的准确度直接关系着你的技艺有多高的水平。太极拳也是一样，在很多的拳经拳论中已明确说明什么是正确姿势了，之所以还这么多杂音，除了是对拳论解读的误解外，还有很多是因其他外家武术的姿势混进太极拳内，让原本十分明确而清楚的太极拳基本姿势，反而变得像迷宫般难行，我辈有志于太极拳者对于姿势的要求不可不慎！把姿势端正了，接着就是放松下苦功去练习，就自然能有所成了。

胯乃根本

　　关于太极拳正确的姿势，以胯能落正为最基础且最重要的观念。对于练太极拳的人来说，相信对"松腰落胯"这个名词并不陌生，其好像变成口头禅一般。教学者口口声声要学生"松腰落胯"，学习者也默想着要"松腰落胯"，但实际走访各个练拳的地方，真正能落胯者少之又少。什么是"松腰落胯"呢？我想读者如果静下心来，合上书本，仔细静静地思考一下，就会发现对于胯的了解还是很有限。

　　在许多的教学场地，老师要求学生"松腰落胯"时，会让学生蹲低一点，强调"蹲低"才能"落胯"，但真的是如此吗？什么是落胯呢？为什么要落胯呢？如何落胯呢？外家拳有没有落胯呢？一定要落胯吗？落了胯以后呢？胯在整个拳架、推手、散手中扮演了什么角色呢？想想这些问题，你就会发现其实"胯"还真是个大学问啊！

　　从教学的经验中发现，胯虽然明明白白地就在那里，但却难懂又难练，经过不断地示范及纠正，学生还是要很长的时间才能掌握胯的要领。如果习太极拳者能掌握胯的运作原理，那我想他就已在太极的大道上迈步了。

胯的意涵到底是什么？讨论到胯，就需先了解什么是胯。从生理的角度来看，胯就是髋关节，所谓的"落胯"，就是将髋骨和股骨的连接处"放正"。什么叫"放正"呢？就是指髋骨稳定放在股骨上，而周围的肌肉能放松，不必用力去扶定髋骨。如果胯骨（即髋骨）放下后会凸出或是周围的肌肉仍要用力托住胯，则胯就是还未放正。

依照这个说法，就知道并不是要蹲低才能落胯，只要能放松地将胯放正即可，和高低无关，可以高高站着就已落胯，也能蹲着落胯，但其实要注意的是不能蹲太低，蹲太低则大腿肌肉会承受太大压力，此时不是膝盖易超过脚尖就是胯骨后弯，形成臀部后翘变形，容易造成臀部肥大。

但是有些教练怕学生臀部后翘，就又要求学员收臀，于是形成胯骨前移，练出臀部下垂之势。臀部下垂除了外形不佳外，也易让胯骨凸起及腹部肥大，所以这种要求也属偏颇。可惜的是这却是很普遍的现象，这种做法忽略了脊椎应该要形成自然人体的曲度，不应刻意压抑导致胯骨前凸或是臀部后翘。

胯要如何落正呢？胯指的是髋关节，胯骨指的是髋骨，落胯就是指髋关节能够坐正。依照上述所言，一般会误以为落胯不容易，但其实落胯并不困难，只要真能明白道理，了解胯的情况，那落胯就不难。有许多的人误以为要蹲很低才能"落胯"，才能练出功夫，于是乎就拼命蹲，练到膝盖都受伤了，还是练不出功夫，这还是不了解真正落胯的意涵。要如何才能落胯呢？有几个要点需要注意：

1. 只要放松地坐下，就好像坐高椅子般坐下。
2. 膝要对准脚尖，从侧面看成一直线是极限，膝不可超过脚尖。
3. 脊椎放松成自然曲度，就是维持人体自然的姿势。
4. 身体重量要能落入涌泉，从百会穴拉一重心线会落入两脚涌泉连线之上。
5. 尾闾不要勾，自然放松。

落胯对于整个拳架来说是相当重要的，但或许有人会有疑问，为什么一定要落胯呢？难道不落胯不行吗？实际上，胯在整个拳架之中担任着承上启下的关键性角色，其作用可分为几点说明：

其一，胯是完整球体的主角。胯承接上半身躯干及下半身的肢体，如果胯有所偏差，就会上下分离，则球体就无法成形。所以要形成太极球体，胯是相当重要的主角，可以说胯不落正而谈太极，只是空谈。

其二，胯是球体的转动主轴。要能转动太极球体，首先是从以丹田为圆心，胯为圆周的小圆来带动。基本上，丹田是不动的，就好像篮球在原地滚动时，中心点是不动的，只有四周的球面在滚动，而太极球体就是如此，丹田为圆心，但丹田是不动的，动的是胯，所以在整个拳架的练习中，手脚腰的动作都是由胯来带动的。一般来说，腰转动是平面的，而胯的转动则是立体的，两者在拳架的运作上都是相当重要的。

其三，落胯是放松的基本条件。如果胯落不正，那么整体结构就不正，为了防止跌倒，身体就需要拉住整体结构的力量，导致肌肉发力维持固定姿势，所以就是无法完全放松。胯愈不正，肌肉就愈不可能放松。

胯除了在太极拳的应用上十分重要外，对于其他拳术也相当重要，并不是只有太极拳才谈胯，几乎所有武术都很重视胯，只是在练习上和应用上各有巧妙不同而已。胯有什么应用上的重点呢？分为几点来说明，而这几点其实也通用于其他拳术：

其一，胯是大拳头。俗语说：胯是大拳头，打人全靠胯。一般来说，出拳打击，其劲来自胯，并不是手。出手打速度慢又无力，用胯来带动，攻击出去的拳沉且速度快。

其二，胯是引擎。胯是像引擎一般的动能来源，而松则是太极结构的主要条件。如果胯用得好，就能实战，并不一定要松，很多实战的技巧其实用的就是胯，胯像引擎一样能带来强大的能量。所以并不是只有太极拳才需要胯，而是所有武术都要胯，只是太极拳还特别强调要"松胯"来形成完整的结构体。简单说，全部武术都需讲究用胯，而"松胯"则是太极拳的特点。

其三，胯是转动及移动的主角。在实战中，一定有前进、后退、左顾、右盼、中定转动的需求，这是因为实战不是定步推手，移动转动是相当重要的。

而此时的运作要点就是胯,由胯来带动,而不是脚。要前进,是胯往前,脚再跟上,后、左、右等方向均同,而中定转动更是由内部的小圆来带动,也是以胯为动能来源。

如果练拳不明白胯的运作,那么整个拳架一定会散乱而不成形,胯在太极拳拳架中处于中心主宰的地位,在其他拳术中也是相当重要的。所以如果把太极拳的胯应用好,只要摆上其他拳术的样子,就可以使用出其他武术的功夫,这是太极拳兼容并蓄的特点。但其他武术就算熟悉了胯的用法,却无法用出太极拳的功夫,主要因为其他武术并没有像太极拳一样训练松透的结构体,所以无法做出太极的功夫。在这方面来说,太极确实是相当优秀的武术。

空间

任何拳术对于空间的处理都是相当重视的。一般来说空间分为外部空间与内部空间。两者以身体为界限,身体外面属于外部空间,身体内则属于内部空间。外家拳通常是以外部空间为主;内部空间的运用,则是太极拳等内家拳的特点。

对于外部空间一般人较易理解。外家拳在进行攻防时都必须和对方拉开距离,把双方空间创造出来,一方面是能有足够的空间避开对方的拳脚来做闪躲的动作;另一方面是能有空间出拳,以加速度来攻击对方。如果两个人抱在一起,除了少数如柔道等功夫者,其他大多都没有办法再做什么有效攻击,就等下一次再有空间出来时,再做攻守的运作。

高质量的攻守实战中,对于两者之间的空间掌握是相当重要的,空间掌握得好,就可以主宰整个过程甚至扭转局势,篮球比赛、足球比赛等任何具有对抗性的比赛不就是如此吗?但外部的空间是公平的呈现,所以为了抢夺先机、主宰空间,就有"先发制人""先下手为强"之说,这也是一般人最容易接受与理解的观念。但是太极拳等内家拳却强调"后发而先至""后发制人",与一般人所认知的不同,这是因为内家拳除了使用"外部空间"外,最重要的是还使用了"内部空间"。

"内部空间"的运用,在内家拳中是一个相当重要的课题,而在能使用"内部空间"之前,首先要能创造出自己的"内在空间"。到底什么是"内部空间"呢?简单的说,就是从身体丹田到指尖及脚尖的这个空间范围。但读者或许要问,任何人不是都有这个内在空间吗?任谁都有从丹田到指尖、脚尖的身体范围啊!其实并非如此,一般人虽有这个身体区域,但身体是僵硬的,是整块的,这之间就没有了空间。

举个例子来说,一个硬的石头,是占有一定的体积,但其内的空间是塞满的,我们并不能把自己的手伸入石头里面,这是由于石头没有"内部空间"。但如果是一个相同体积的水,其内部是柔软的,在外表看起来是一样大小,但其实其内部是充满空间的,当你把手伸进去时,水就会自然空出那个空间来让手进入,而手的周围被水密密地包围起来,这就是水的"内部空间"。

我们的身体也是如此,尤其是有练习外家拳抗击打方式者,为了能巩固格体的完整强大,更是把身体结成一大块,这样的做法虽然很好,但一旦受到强度大于其身体能抵抗的强度时,将会受到极大破坏性的伤害。而这个把身体结成一大块的抗击打能力就像石头一般,无非是把自己的内部塞满了,毫无空间可言,所以再和对手相抗时,就只有"外部空间"可以使用了。

像水一样充满的内部空间,就是内家拳要去研究的重要课题。如果能充分利用这种内在空间,会让对手失去距离感,当对方一拳击中时,明明是打到了,可是却是入手无物,扑了个空,而为我们所借。道家的老祖宗老子在《道德经》第十一章也说到:"三十辐,共一毂,当其无,有车之用。埏埴以为器,当其无,有器之用。凿户牖以为室,当其无,有室之用。故有之以为利,无之以为用。"其以日常事物类比空间的重要性,器物若没有空间,就无法为我们所用,武术上若没有内部的空间,就无法巧妙地运用。

了解了"内部空间"的道理,那要如何练出自己的内部空间呢?

其一，放松。松是基本的道理，硬只能结块，无法如水柔化，要把结块的硬体柔化，首先就是要感受内在的流动，重量的流动，肌肉的轻柔传递，骨骼的伸展，筋的拉伸等。想想水的状态，把自己全身都放松，感受内在肌肉、筋及骨的连结，才能细细去体会内在的流动，这时才能感觉到内部空间的流动。

其二，伸展。在练习拳架时，要把自己的内部从丹田向外推展，就好像水波一样，从内一层层推到最外表皮，在外形不动的状态下，感受内在的能量一波波地从丹田推出去，或是从涌泉穴往指尖推至极致。拳论有言："行气如九曲珠，无微不至"，陈微明先生解释道："九曲珠，言其圆活也。四肢百体无处不有圆珠，无处不是太极圈子，故力未有不能化也。"这个就是内部空间的一种状态。全身化成无数的球，塞满整个身体空间，就创造出了一个完整的"内部空间"。拳经又言："其根在脚，发于腿，主宰于腰，形于手指，由脚而腿而腰，总须完整一气"，这也是在阐述内部空间的伸展，从中心而外，从下而上伸展至极致。

其三，开合。在练习拳架时，当把重量伸展至表皮之后，接着就要收缩回丹田及涌泉，就是循着原路使伸展出去的能量再回到原处。伸展及收缩做得越完整，内部空间就能越大，变化也就能越大。

当内部空间慢慢形成了，就要了解内部空间在散手及推手中的运用方法，变化及应用可随个人与实际状况而定，此处只举几个常用的手法。

一是寸劲的形成。所谓"寸劲"就是在接近对方一寸甚至贴着对方的身体时所发的短劲。这是一般人很难了解的劲道，表面上是没有任何外部空间的，几乎是贴着对方，几乎没有外部距离，那如何加速度打人呢？其实对于练内家拳懂得运用内部空间的人来说，从丹田到对方的身体距离是很长的，足以发出强大破坏力的寸劲了。其实寸劲的形成，只是快速地使能量从丹田流动至手上而灌注在对方身上，这和使用外部空间，出拳加速打一拳是相同的意思，只是其路径在我体内，对方及旁观者无从察觉而已。

二是沾黏的形成。就好像充满水的太极球体一样，对方攻击进来时，被攻击的点自然会退开，让对方的拳脚好像进入球体内，然后从其四周包融进去，这就是沾黏之始，只要沾黏住了，就可以进而施展太极的各种功夫了。

三是截劲。截劲并不是只有太极拳才有，外家拳也有。当对方攻击过来时，在其劲道将显而未显之际，只要迎上前去，就能够截断对方的劲道。这是一种截断对方劲道的常用方法。当然外家拳使用这个方法，使用的还是外部空间，也就是迎上前去挡。这样的挡法虽有效果，但也为对方所见，所以如果对方功夫够好，就能临时改变攻击方向让我方措手不及。而太极拳的截劲是使用内部的空间，是从丹田扩张到表皮的一种张力，这时从外形是看不出来的，而一旦被打击到了，就感觉好像打到了一个大大的充满水的球体，进而被反弹出来，因为对方根本见不到我内部的扩张，所以无从反应。当然这个截劲也是"掤劲"的应用方式之一。

四是缩短外部空间，使用内部空间。当和对方对峙时，内家拳可以让两方的外部距离消失，而使两人好像黏在一起，这时一般的武术根本无从施展，但太极仍能用内部的空间继续攻击，"贴身打"是太极拳一个很重要的特色，意即太极可以"贴着对方打""黏着对方打"。

五是随意擒拿。只要对方进入我的内部，此时再以丹田为圆心，做旋转的动作，就可以达到擒拿的效果，这个擒拿是一种杠杆原理。举例来说，对方的手进入内圈，而我以丹田为圆心，定住其掌，外圈从其上臂旋转，则能形成擒拿效果。当然用法千变万化，只要对方进来，依其施力方向，瞬间滚动我们的球体切断对方的力线，就会有很好的擒拿效果。

内部空间的形成和使用在内家拳来说是相当重要的一个环节，我们甚至可以这样说，只会使用"外部空间"者练的就是外家拳，而除了外部空间外，能使用"内部空间"者练的才是内家拳。在太极拳而言，内部空间的形成是为自己创造了一个自我的空间，在这空间中，你自己就是主宰，只要对手进入这个空间，就会为我们所制。当内部空间的流动越来越完整之时，则如呼吸般的开合就自然成形，"能呼吸然后能灵活"即是此意。

有意无意是真意

"意"是一个很抽象的东西，很难让人理解，偏偏在太极拳中"意"又相当的重要。所以太极拳的"意"不知让多少人伤透了脑筋。"意"到底是什么？拳经中一直强调要"用意不用力"，但如果连"意"为何物都不清楚的话，那要如何"用意"呢？

太极的"意"到底是什么？有人说是"意念"，有人说是"想象"，有人主张是"思想"，有人说是"意识"，也有人强调说是"大脑的思维"，更有人说"意即是心"(这种说法又得讨论何谓"心"了)。大家对于"意"的见解林林总总，到底哪一个是对的呢？其实这些说法都对，只是不够完整。

虽然大家都知道"意"是非常重要的，但对于"意"又不免心存怀疑。有很多人知道"用意不用力"这句话，但会怀疑不用力如何练太极拳，所以又有新的言论强调所谓"用意不用力"就是"多用思想少用力"，这个"不用力"改成"少用力"似乎有些差异。

更有离谱者，将"用意"解释为在练拳时，一招一式之中要想象和敌人对招，强调每个招式应敌的用法。这当然是完全违反太极"用意"的观念，这种和敌人对招的"用意练拳法"，只会练出一身的僵力，是无法达到太极松柔目标的。

太极的"用意"分成三个层次，就是"专心""观照"和"神明"，对应的是"结构体""柔体""空体的心灵境界"这三个层次。

太极球体有"外三合""内三合""觉自在"三个层次。而练成太极球体的顺序为"结构体""柔体""空体的心灵境界"。这些种种描述其实都是在讲同一种领域。

"意"在三种层次上分别都占了非常重要的位置，在这三种层次上的"意"为"专心""观照""神明"。在练太极球体的外三合结构体层次上，意为"专心"；在练筋膜流动的内三合柔体层次上，意为"观照"；在空体的觉自在层次上，意为"神明"。分述如下：

一、在练太极球体的外三合结构体层次上，要专心练拳

这时练拳要集中精神，力求把动作做得最准确。因为初学太极拳时，动作不熟练，所以会相当生硬，关节的屈伸也不太灵活，练了第一式，还会忘了第二式，那要如何松柔呢？所以专心的第一步就是下功夫把动作练纯熟，同时加强基础的功夫练习，让全身筋肉、关节能比较松柔。

专心的第二步是要注意全身的整体性，把一套拳练到纯熟了，接着就要注意全身的一致性了，也就是练拳要注意"周身一致"要求。要做到这样的要求，首先要注意拳架中的一招一式和任一个动作中，头、颈、身、腰、胯、膝、肩、肘、腕、足等处的动作是否有放松且一致，所谓一致就是手、身在练习时要同时达到定点，不可有先后。在学习中不断地审视、纠正、体会，建立正确的动作规格，进而寻找动作稳定、掌握筋肉舒放的变化及拳架快慢的节奏。

在这个层次上，意念是存在的，专心地将所有太极的规格练好，这是一个相当重要的阶段，这一个阶段完成不了是难有太极功夫的。在这个层次上要达到的要求是"练拳能匀轻、节节贯串""一手一式都能上下相随"。在这个层次，

结构体的球体规格应已完成，在推手和练拳方面，就会有一种整体运作状态，有整劲、一致性，球形走化的功夫应已完整。

二、在练筋膜流动的内三合柔体层次上，要观照练拳

这个层次的"意"是一种无思无虑的状态。此时的拳架已非常纯熟，全身的一致性已完整，此时的"用意"就不是在控制动作了，而是要超脱到身体之外，让身体自己去体会拳架的流动感了。这时我们的"意"就好像自己在半空中，去看自己练拳，让身体的骨骼重量自由地去流动，没有"意"的牵绊，无自我、无敌人，就是练拳。呼吸也自然，进入一种观照修炼的阶段。

在这个阶段，身体的太极球体流动结构将趋于紧密而完整，各种劲道随之而生，应用自如。全身的身体结构也会在进入这个阶段时做一次重大的调整。这时候的拳架看起来含蓄而内敛，却又透露出无限的潜在能量，既轻灵又浑厚沉着，太极的功夫至此已大成。

三、在空体的觉自在层次上，要"意"入"神明"

太极拳进入这个层次已是"心灵修炼"的层次了。这时已无所谓太极规格了，举手投足都充满太极的意境，真正进入"有意无意是真意"的境界。这个层次就无止境了，随个人因缘而修炼，和道家、禅宗的修练有异曲同工之妙，这时的太极功夫已是出神入化的地步，根本无体，何来推手，根本无意，气劲自生。这个层次在后文探究"空境"的内容中再展开讨论。

"用意"有几个注意事项，说明如下：

其一，不要用意念去控制呼吸。在练拳时，呼吸是自然的深呼吸，请不要用意念去控制，当功力深时，呼吸是会随着拳架的律动而呈现一种稳定的规律状态，但这不是控制而得，而是自然形成的。

其二，不要用意念去假想对面有敌人。练拳是自我球体的修炼，拳架招式是在磨太极规格，所以练拳时不要想着对面有敌人，不要幻想着这一招是怎样防守、攻击的，如果这样，那练拳之时，哪有心思去体会自己内部的肌肉、筋

骨的变化呢？当然如果功力深了，这些招式是可应敌的，但这并不是用想得出来的，而是身体已练成太极体后，自然而然用出来招式的。

其三，不要用意念去把拳架刻意打得很柔。为了能符合太极的要义，常有人以为把拳打得很柔就是太极拳的功夫，其实故意打得很柔是不对的。拳架的流动是如水，要把力量真正地放掉，让身体自己去流动，这时自然能显出柔态，这是真柔，如果把力量藏在内部，故意外在打得很柔，那是假柔。"真柔"或"假柔"，一般的旁人是看不出来的(太极高手可以识出)，但是自己能够体会。问问自己的身体，不要欺骗自己。

其四，把胜负之心的意念放掉。胜负之心的意念是力量的重要来源，如果不放掉，那终其一生都不可能练成高深的太极功夫。练拳、推手本不在求胜负，胜又何欢，败又何惧，何必那么在意呢？最重要的是自己的太极规格有没有完成，自己的周身是否一致，最大的对手就是自己，不必外求。

"用意"可说是太极拳的精神指标，所以只要"用意"错了，太极拳可以说是白练了。用意的层次也有分别，如果练拳时的意念只停留在第一层次，那终身练拳的功力也只能停留在第一层。"意"是非常重要的观念，希望学习者能千万注意，以免下了十年功夫后，仍然不知太极为何物。

常见的错误观念辨正

从 2003 年写第一本书开始,我就一直强调观念的重要性,有了正确的观念,其实练习太极拳就真的没有那么困难了。但是看看周围的学习者,看看网络上的学习者,就会发现太极之路似乎又真的困难重重,许多人花了数十年功夫,得到的只是一场空,什么也没有,当初的雄心在多年磨炼后,只能淡然。所以现在太极拳似乎只被定位为养生操而非拳术了,多数人抱着希望而来,而几年后,却在心中装着满满的疑惑而离去,或是就"摆烂"当养生操来练了。这一切的一切都是因为观念错误,错误观念导致错误的学习方式,当然不可能练出什么太极拳的功夫。

那到底是什么观念出了问题,导致太极之路越走越偏呢?我们可以归纳出以下几个错误及有争议的观念。

第一个要讨论的观念,是"勾尾闾"。我前面就针对这个问题做了深入的讨论,但这里仍要提出来再谈一下,就是因为我各地教学这么多年,发现这是一个普遍性的问题,勾着尾闾练拳,整个骨盆前翻,不仅是绑死自己练不出功夫而已，更重要的是会伤到膝盖，更严重的还伤到髋关节及脊椎末端。

我有一位学生，早期在其他地方学习时十分认真，师父怎样教就怎样练，师父说要勾尾闾才能练出功夫，他就天天勾着尾闾，不仅练拳时如此，走路、日常生活都如此，结果三年练下来，什么功夫都没有练到，反而造成脊椎尾端严重变形粘黏，站或坐的时间一长，就疼痛难耐，已经严重影响日常生活作息了。来我这里学习后，虽然给了正确的姿势极力去修正之前的问题，疼痛状态有大幅改善，但脊椎尾端的粘黏仍是不易在短时间内复原，必须要不断地练习才有可能恢复。

还有一位学生也是如此，之前的师父叫他勾着尾闾还要蹲低，年轻时认真的他干脆就用这姿势蹲着读书，以为这样既可以读书又可以练功，结果三年后，功夫没有练成，却对膝关节造成了极大的损伤，复健多年后来我这里，才慢慢修正他的姿势，膝盖慢慢复原强健，虽偶有旧伤影响偏差，但总是日日好转，而且能练习他之前因伤而停下来的心中喜欢的功夫了。

实在是看了太多的例子了，只要之前接触勾尾闾概念的人，来我这里学习时，轻者身体僵硬不正，重者伤膝伤骨，不仅功夫练不出来，光是纠正这个观念及姿势就要费一番功夫了。从古籍书中，先贤只提出了尾闾中正一说，并无勾尾闾一词，但为什么到了现在勾尾闾好像变成显学？

当然勾尾闾也并非完全无用，对于长时间坐在办公室的人来说，因为脊椎命门那里容易内凹，此时勾尾闾可以改善命门长时间内凹的酸痛，但这只是针对性的练习，并非能拿来通用，更不是拿来变成功夫在练的。对于命门附近（大概是脊椎的第三～五节）内凹而已经有酸痛甚至略有椎间盘凸出者，利用勾尾闾、收丹田推动命门脊椎向外，确实有改善的效果。

勾尾闾方式的演变，越来越极端，于是又出现一个现象，就是勾尾闾要勾到与脊椎成一直线，还要背贴着墙，脊椎成一线密合墙面，不容有隙，尤其是命门处更要平直，不能让手指穿过，将此名为中正。也有强调尾闾要勾到对准百会穴者，不一而足。这是一个很奇怪却又普遍的观念，但只要用理性的思维分析，就能知道这个勾尾闾的方式是不符合人体工学的，我们是脊椎动物，脊椎的灵活度关系着人体的灵活度，脊椎的弹性也能缓冲走路奔跑时来自脚底的冲击不会传到后脑，愈是脊椎灵活的人，行动力愈是敏捷。勾着尾闾拉直脊椎连走路都困难，这是僵直性脊椎炎患者的无奈，我们正常人却模仿硬去拉直脊椎，实在匪夷所思。更匪夷所思的是，这个理论居然是在太极拳的练习里面普遍存在的观念，教学者好像是秘传一样，把这个方法当作神奇功法，等闲不肯传，非得要叩头拜师者才能被传这个神奇无敌法门。

尾闾是人体的平衡器，也主导着球体虚实变化的运作，所以要能保持轻灵活泼，自然下垂。太极生两仪，两仪是阴阳，也是虚实，虚实也是太极能量的来源之一。当我们起势做完，要分出阴阳虚实时，重心要移动到左脚了，应该怎么做呢？很多人应该是利用右脚借地力推动重心移动到左脚，但是推动本身就是一个力量，虽然力量不大，但右脚的推动就是一种用力习惯，不管是实脚推的，还是用什么作用力、反作用力推的，都是一种力。我们练拳总要时时反思是否能放松练习，拳架起动了，有虚实能量可用，身体可以放松流动，练拳不用力。但从静立太极要分出虚实前就是第一个困难点，此时我们可以试试用太极的内球体，意想着尾闾或是丹田，全身放松，感觉尾闾或丹田向左脚流动，将会发现，全身重量慢慢地就会自然分出虚实而重心落入左脚涌泉了。虚实既分，能量已蓄，太极球体因而开始运转不息。

故此可知，尾闾在整个太极球体平衡及运作中占了极重要的位置，尾闾一直都是处在放松的动平衡之中，千万不要死死地固定，尾闾勾了，骨盆前翻，胯也不正了，太极的结构也散了，而且那样做会使太极球体僵住，也会使身体变形，很容易受伤，进行散手时只会变成靶子被攻击。

缺点这么多的勾尾闾法，为什么会变成现在的主流呢？为什么会变成神秘兮兮的秘传呢？好像会了这个技巧就懂太极拳了，就马上秒变高手似的呢？我想主要的原因是，以为推手是太极拳功夫。推手只是一种训练方式，并不是太极拳的功夫，但是如果认定了推手就是太极拳的全部功夫所在，那么因应而生的偏法自然产生，勾尾闾就是由此而生的偏法。

偏法者，适应某种规则下所产生的取巧之法。在该规则下或许好用，脱离规则就一无是处了。的确，勾尾闾会使身体僵住，但他们就是要利用这种僵住，这种勾尾闾的僵住会形成一种张力，对于外力较有抵抗性，这是让学习者快速形成一种"类格体"结构而非真正的太极格体结构。因为现在太极拳就是比推手，也不需要快速移动，所以僵住自己让自己有类似太极格体的抗压性就变成一个取巧的方法了。要练成真正的太极格体，要求非常多，要松腰落胯，要中正，要虚灵顶劲，要涵胸拔背等，这些要求复杂且难理解。而勾尾闾就简单多了，就是尾闾往前勾即可，很简单地就形成了一个可以推手的结构，很快就可以应用在推手上了。但尾闾往前勾了，一定形成胸内凹、背驼的现象，这样又不符合涵胸拔背的拳论要求，于是涵胸拔背就被一些人写成含胸拔背，用以解释自己的"凹胸不正"是为含胸，就是拳论中的涵胸。而弓驼背则解释为拔背，以达到自我安慰之效。就是这种勾尾闾的概念，让我们四处可见练了多年太极拳的人，很多都有凹胸驼背凸腹的现象。

当然会勾尾闾还受到溜臀一词的影响，练拳切忌臀部后翘，勾尾闾就可以收臀，避免臀部后翘的毛病，但是用勾尾闾的方式来避免翘臀是过犹不及的，为了避免翘臀而勾尾闾反而造成臀部塌陷，非常难看。翘臀会使脊椎折迭压迫，久之易形成椎间盘的伤害，而溜臀的意思是指放松臀部顶部（脊椎后四、五节处），使臀部能顺溜下来，并不是往前勾尾闾到连臀部弧度也消失了，这些错误的产生很多都是对拳论的理解出了问题。我辈习拳者，千万要注意，太极拳就是一种人体训练方式，就像拳击也是一种训练方式，健身也是一种训练方式等，任何的人体训练方式都要符合人体工学原理，锻炼出来的身体至少要体态能够端正，弯腰、凹胸、驼背、圆大肚子这些姿态要尽量避免。

第二个要讨论的观念是提肛。许多练太极拳的人把提肛也当成秘法而不宣，好像会提肛太极功夫就可以练出来了，所以勾尾闾之时还要提肛，一直收缩着，直到练功完毕。他们认为提肛能打通任督二脉，所以有人就时时提肛。但想一想只有这些练太极拳的人才谈提肛吗？其实练气功的、练瑜珈的也都提肛。在太极拳的拳论里只看到尾闾中正一词，那为什么这么多练太极拳的人强调提肛，这应该和气功有很大的关系。提肛和放松尾闾是有相当冲突性的，毕竟所处的位置差不多，提了肛就很难保持尾闾放松中正，有人认为提了肛就能顶劲上去感受到虚灵顶劲，那更是对虚灵顶劲的误解了。提肛练拳，全身的重量就会被吊起来，很难落入涌泉。但提肛也好像是秘法一般，很多练太极拳的人都很在意地保持着，就算不练拳也时时提着。

有事实证明，太长时间的提肛反而造成肛门括约肌太紧而容易形成便秘，而且提肛真的和太极拳功夫无关，也不会因提了肛就能练出太极功夫的，更可能的是造成结构僵硬，无法内在流动，对太极拳功夫的形成有反效果。话虽如此，但提肛还是有好处的，每天练五到十分钟肛门提放运动，对于男女均有好处，但这仅是一种单纯的提放运动而非一直提着不放，更不是拳架中练习的秘法。

第三个要讨论的观念是涵胸拔背。很多人解释涵胸是胸骨有些被肋骨包含进去的感觉，我想这是有人把涵胸解释为含胸的原因。本来解释为含胸也没有不对，但是因为这个含字容易使人误解而练成了凹胸，又把凹胸牵强附会地说，这就是杨澄甫先生在"太极拳十要"中所提出的含胸，因而有许多学习者都因此练成了凹胸还自以为是。为了避免这种问题，杨式太极的前辈汪永泉先生就提出了开胸的说法。

刘金印先生所编《汪永泉授杨式太极拳语录及拳照》一书中有言："以往讲授杨式太极拳，要求'含胸拔背''沉肩坠肘'，其原意是为了把身体调正，有利于'松沉直竖、中正安舒'，后来有人理解得不正确，练成了压肩、缩背、凹胸，为了纠正这种偏向，要'开胸张肘'，胸不开，则意气得不到舒畅；肘不张，则肩不能松开，意气得不到松沉。"可见汪永泉先生也见到了这种普遍的误解而提出了看法，至于汪先生所主张的"开胸"会不会容易被误解为挺胸，则不在此讨论之列。所以我还是认为"涵胸"最能表达太极拳的原意，涵胸非含胸也不是凹胸，更不是挺胸，这个前面已有详述，这里就不再重复了。

第四个要讨论的观念是气功。受到武侠小说的影响，许多人对于气功总是充满了幻想。虽然我们已经在"气功和太极拳内功"一章讨论过了，但还是常碰到学员提到在哪里有教太极气功，哪里的老师教的太极拳有气功。造成这种混乱情况的原因，一是武侠小说的助力，二是拳经拳论中也多有提到气。这让学习者无所适从。于是乎，就有不少人在太极拳中练不出功夫时，就会自我怀疑是不是缺少了练气，于是尝试去练道家气功者不在少数，因此太极拳和气功就产生了剪不断、理还乱的关系。不少教太极拳的老师也会和学生强调练太极拳也必须做气功练习，因为气是无形无踪的，随意吹嘘，就可以把学生唬得一愣一愣的，用以掩饰其太极拳上的空虚。

其实拳经里指的气是指内部筋膜流动的状况而非气功所言之气，我们来看看《十三势行功心解》一文中的这句话："全身意在精神不在气，在气则滞，有气者无力，无气者纯刚。气如车轮，腰似车轴。"就是前面几句明明是说功夫不在气，但后面又来一句"气如车轮"，好像又是跟气有关，就是如此让人不知所从，但只要明白拳经拳论中多处提到的气，指的是内在筋膜的流动，那么一切就很清楚了。

第五个要讨论的观念是蹲低练太极拳来强化腿力。记得吴图南先生在其书中提及小时候老师让他在八仙桌下练拳之事，许多人引此以太极拳要支持低架练功力之说。但仔细想一下，八岁十岁小孩能有多高，而且古时的八仙桌其实挺高的，其所要蹲的高度并不如想象中的低，我们不能以成人身高度之。又或许来自外家拳的概念，少林武僧蹲马步的电影给人留下的印象实在根深蒂固，让人觉得这就是练腿力的基本功，所以练低架才能有功力的理论一提出来，人人接受毫不怀疑。蹲低练能不能练出腿力呢？答案是肯定的，的确蹲低练太极能强化腿力，但可惜的是这个腿力并不是太极拳要的。低架练出来的腿是属于收缩型僵硬的肌肉，这并不是太极拳需要的延展型具弹性且柔韧的肌肉。蹲得太低，必然上身要稍前倾而难以立身中正，使骨架结构无法自然架正，因此需要肌肉去拉住才不致垮散。再加上太极拳需要放松练习的要求，以致全身的重量会集中在膝盖，如果拳架又没有严格要求膝盖的状态，那么膝盖受伤已成必然，越是认真练习者，越是受伤，而事实上也的确如此，但是这种蹲低练拳架功力的观念却仍深植众多学习者的脑中。

这让练太极拳而无法散手的人找到了理由，因为很多放松练习、架子高高的人无法训练到肌肉弹性，软弱无力不堪一击，他们认为就是因为没有蹲低练腿力才无法散手的，于是有低架为功力架、高架为养生架之说。但蹲低练拳无可避免地会使大腿必须用力，这和放松练习是相抵触的，学习者必须修正这个观念，不然满头大汗地练习，以为吃得苦中苦，就能成就太极的梦想终究会是一场空。但是不蹲低练功如何练出太极拳的功力呢？太极拳的肌肉本就是被动性地延展拉长的，只要骨架架正，就能在骨架流动之中拉动强化肌肉。此时或有人疑问，那些放松练习、架子高高的人好像也没有将肌肉练出弹性啊！其最根源性的问题主要是出现在结构及拳架运作上，拳架结构的运作不正，导致肌肉因被动拉展而强化的机制无效。这才是拳架训练无用的真正原因，而非蹲高蹲低。学习者要谨记，蹲低练功是外家拳带来的观念，看似对，实则大谬，照着练，最多就是练出外家拳功夫而不是太极拳功夫。

第六个要讨论的观念是蹬腿发劲。后（实）脚蹬腿也是一个十分常见的理论，不论是在练拳架虚实交换之时，用实脚去蹬来做移动重心的动能；还是在发劲之时，用后脚蹬作为劲力的根源等，都是很多练太极拳人的基本观念。不仅如此，坊间还有许多科学解析太极劲力的书，也是图文并茂地解释如何将脚底的劲传到手上。也有解析太极劲之书，强调蹬后腿发劲的原理。科学、人体结构、肌肉运作原理，甚至学习者自身的体感，都一再解释着由后脚蹬的劲力的确比较大。在此种种合理的解释中，我们自然而然地接受了这个观念，毫不质疑。同时，拳论里还有："其根在脚，发于腿，主宰于腰，形于手指"这句话，更是大大地增强了蹬脚向大地借力的理论。上网找找发劲理论、练拳理论，随便找找太极拳提到发劲的书，"蹬脚借地力"是属于普遍且为大家所接受的理论。

对于现代人来说，作用力与反作用力的基本物理原理，大家都很清楚，借地之力来发劲想起来也理所当然且容易理解。想象一下，如果我们要推一辆静止的车子，会怎么施力呢？当然是扎下腰马，后腿蹬地，借反作用之力，借大地之力，把力传到手上，这样才能发挥最大的推力，才有可能推动车子。但在这一切看似合理的人体科学原理中，存在一个最大的问题：就是"推"。几乎所有学习者都忘了太极拳散手的功夫才是根本，推手只是一种训练方式而已，并非太极拳的功夫所在。若是以为推手就是太极拳的功夫，在以推手把人推出去为功夫的前提之下，当然作用力与反作用力就有一定的效果了。因为以推人出去为功夫的思考之下，一些变相如何推人更远更有效率的方式就会应运而生。

再退一步想想，如果一个完全没有学过太极拳的人，要去推一辆静止的车，会不会使用下腰蹬腿，借大地的反作用力来推呢？答案是肯定的。那就是说不管学不学太极拳，对于推一个东西所使用的方法是相同的，那学太极拳干什么？借大地之力的作用力与反作用力是大家天生的用力本能，根本不用学习自然就会的，那还需要五年、十年的辛苦去练吗？学太极拳后推起来就会比较有效果吗？那就错了，去健身房练习，推起来肯定比太极拳效果好很多。

这是基本的概念放错了地方，把应该散手的概念放成推手的概念，使得一切合理的人体科学理论产生了偏差，并不是这个人体科学理论不对，而是这个理论不合适太极拳使用，或许更合适器械健身、柔道、角力等。太极拳就是武术，散手应用是其根本，推手只是练习散手的一个方式，而散手发劲根源就是胯而不是腿。我们再来观察其他项目，用后腿蹬借地之力的武术有哪些？摔跤、角力、相扑等是比较需要推力的项目，而其他项目呢？搏击是用胯肩冲击来打击，鹤拳用肩胛骨等，攻击型的武术都是用胯或肩胛骨，因为打击重速度，如果还从脚底借地力上来，速度就已经太慢了，不明白这一点，练太极者上搏击场，还用着脚底借大地之力的方法，只会在场上变成靶子而已。当然上角力场还是有点用，但练太极拳是为了角力吗？

练太极拳不能用后脚蹬借地之力，我知道这是很难跨过的认知鸿沟，没有借地之力，好像身体就空了，无处发劲了，但这是必须跨过去的障碍。借地之力的习惯一定要改过来，因为还有一个极重要的原因：一旦蹬脚借地之力，则拳架的流动马上中断，能量的蓄积马上停止，得了鸡肋，失去黄金。练拳之时，重量自然落下而沉入地中，是为其根在脚。腿只是承受身体重量的支撑点，是为发于腿。而所有拳架的中心球体是在腰胯的运作，是为主宰于腰。腰胯运作的能量透过肩胛骨而传到手指尖展现出来，是为形于手指。

又或问，练拳时不蹬脚或许可以，但发劲时，不蹬脚，劲从哪里来呢？还是一样从丹田球体来，丹田球体伸缩开合才是真正太极拳发劲能量的来源。希望学习者能清楚明了，一切劲的根源都不是脚底而是腰胯的丹田，在练拳时，重心交换只能用虚实的流动来形成，如果流不动，就是哪里用力了，要放松再放松，骨架架正，胯骨（髋骨）坐正，静静等待虚实交换的流动。任何手的动作能量都来自丹田的球体，切记不要自己乱动。丹田球体的流动、滚动、伸缩才是真正太极拳能量的来源，而非蹬脚借地力而来。

第七个要讨论的观念是"拳架是无用的太极操，真正太极功夫是在推手"。拳架是太极拳的根本，太极拳的功夫也是从拳架中练出来的，如果拳架练不出功夫来，就是拳架出了问题。推手只是为了散手做准备的一种训练方式而已，是非常重要的一种练习，但不合适作为比赛之用。

第八个要讨论的观念是"慢练太极是养生拳，真正的太极功夫要练快拳"。这是一个很常见的观念，其产生多来自外家拳的观念，也来自现在太极拳无法散手。因为无法散手，很多人就去思考原因，观察到散手时速度都是很快的，而太极拳慢慢地练，一定就是造成无法散手的主因，于是这个练快拳的观念就自然成立了——"慢慢练就是养生拳，练快拳才能散手"。但是我们仔细思考一下，太极拳再怎么快练，都比不上拳击的快法，也比不上少林拳的快及虎虎生风，那是不是就是说，因为比不上其他拳种的快练法，那就注定太极拳永远比不上其他拳种了？

会有这样想法的人并没有真正理解太极拳，或是根据外家拳观念来理解太极拳。太极拳之所以慢练，是要统合全身的肌、筋、骨来做高度协调性的运作，也是为了创造最大的内部空间。如果以外部空间运作的其他拳种来看太极拳，当然是十分难理解的。因为高度的协调性运作，使我们能够随意地变化动作，因为内部空间的成立，使我们虽慢练而有极快速的反应能力。当然也不是一味刻意地慢练就可以，刻意地慢练就只是个打慢了的少林拳，所以就有些人认为"太极拳，就是打慢的少林拳"而已，这真是天大的误解。刻意打慢的拳，真是一点用处也没有，一无是处。而也因为很多人是故意练很慢的太极拳以致无用，才有快拳之说。太极拳之所以慢是在等待虚实的自然交换，等待内在自然的流动，一切都是自然运作自然慢，这样才有可能真正创造内家拳的内部空间，也才能真正蓄积能量在需要的瞬间爆发出来。说到这里，再补充一句，如果练拳还用蹬脚移动重心，导致虚实流动马上中断，就会变成一种典型的刻意慢练的太极拳，那无论如何也累积不了能量，采用这种练拳方法的人在心中就会产生是否要练快拳的念头。

太极拳的慢练是既能养生同时也能练出功夫之法，完全不需要练快拳，而且一旦练上所谓太极快拳，就变成向少林拳靠拢了，完全失去了太极拳应有的味道。太极拳要慢练，这种慢练是自然形成的，极慢到几乎静止的流动，才能产生极快极大的爆炸能量。但是刻意极慢也不对，一切都是自然，随着体内的筋膜自然地流动，自然的流动才能整合全身的动态，使自己的散手攻防之间能随心所欲，一气呵成，真正成就太极拳"无为而无所不为"之法。

第九个要讨论的观念是脚掌五趾抓地。因为太极拳歌诀有一句"五趾抓地上弯弓"，所以不少练太极拳的人就主张练拳时五趾要紧抓地面，使脚掌略微弓起似一弯弓。于是有人干脆时时抓地，就算不是在练拳时也保持五趾抓着地，五趾抓地抓久了，反而不敢放松了，放松站着心里没有踏实感。

先不论五趾抓地是否能练出太极拳的根劲，就单纯以生理现象来谈谈。记得很久以前看过一个魔术节目，一个表演者声称可以自由控制血压高低，于是他当场测了血压，休息三分钟后，他说要提升血压，再测一次，结果真的都提高了 10~15 的数值。又休息几分钟，他说现在要恢复第一次测算的正常值，再测，果然如他所言，在场的观众都非常惊讶他能控制血压的能力，当时看节目的我也颇为吃惊，第一次看到有人能控制自己血压的升降。主持人也是非常惊讶，不断追问如何做到对血压的控制呢？禁不住大家的询问，表演者说出了控制血压的秘法：五趾抓地。当第一次量血压之时，他全身放松，量得正常血压；第二次量时，他两脚五趾在鞋内紧抓地面不放，此时测的血压就上升了；过了几分钟第三次量时，他又放松了脚趾，果然就回到了正常值。这个节目让我印象深刻，于是我自己也来做实验，当五趾紧抓时，血压果然就上升了。

姑且不论是什么原因造成血压上升，可能是小腿肌肉紧绷造成血流不顺，所以心脏加压或是脚趾末梢血流被阻造成血压提升，但事实上就是会让身体的血压上升，血压的上升对于要准备战斗的状态的确有帮助，但日常练习中提升血压，其弊不可谓不小。那五趾抓了地对于功夫是否有帮助呢？或许站着可能稳定一些，但绝不利于顺应前进、后跳、左右移动的散手需求，那还是回归到以"推"为功夫观念基础才有五趾抓地的需求，但由各方面来看五趾抓地都是弊大于利的。

练太极拳五趾要自然放松，或许称为五趾爪地更为合适。五趾似爪贴地，五趾如猫掌般柔软平贴于地，保持充分的弹性才更加适当。太极拳的根，既非向下蹬形成反作用力的所谓借大地之力；亦非五趾抓地，紧抓地面形成的根；而是一个全身放松，骨架端正，重量落入涌泉所形成的自然稳定根基。

第十个要讨论的观念是"以手领身"或者"以身领手"。这也是一个具有争议性的问题，到底哪一个是对呢？引起许多人的讨论。其实两个练习方式都是对的，以身领手比较容易形成结构，而以手领身则是对于松、空比较容易体会，两者练法各有优点。

不管是以手领身或是以身领手，基本要求的都是周身一致。拳架的功夫基础在结构，在完整结构的架构上谈松、空才有意义，若无结构的基础，松、空只是一种自我感觉良好的状态，无法在实战中使用。而最容易形成结构的拳架方式是以身领手，就是一切以丹田的球体为基础，用丹田球体来带动外球，这也符合科学健身训练核心肌群的概念。中心球体稳定而强健，对于身体的挺拔强健很有帮助，而以丹田为球心的运作更能让学习者体会及掌控身体整体的运作。当内外慢慢达到一致时，内在球体的能量才能传到手上形成威力。

总的来说，以身领手的练习方法是比较容易形成完整的太极结构体的，其实很多武术都是如此，内家的形意拳更是如此。王芗斋更是体会到结构的重要，干脆舍弃形意拳的拳架，全部改成站桩的模式而创立了意拳，也就是大成拳，意拳就是几十种不同的桩功所组成的功法，其最重要的目的是从桩功中磨炼出结构。但是不是舍弃拳架只存在桩功就能比较快速训练出结构体，这仍有讨论的空间，但其为何只练习桩功的目的不言而喻。有鉴于结构体的重要，训练出完整的结构体是练太极拳的首要功课，这也就是本书为何一直强调一切以丹田球体为主轴的"以身领手"的练法。

很多拳法都是以丹田为中心，强调以胯发劲的，太极拳也是如此，这样说来太极拳也和其他拳术相同了？当然不是，虽然同样是以丹田为主，但太极拳主要是使用松柔及虚实的方式来推动拳架而非用肌肉的力量，而且最重要的是太极拳还有"以手领身"的练法。以手领身的练法，让太极的松空能更加完整，也让太极拳能更有别于其他的拳种。

以手领身练拳的前提是太极结构已经完整。有许多练太极拳的人一直强调以手领身之法，却不知结构之法，结果是练出一身自以为松空、自我感觉良好的太极拳。一旦遇到用力量的、用速度的就无法应付了。太极拳不是存在于自我感觉良好之中，而是一种实实在在的锻炼，一种有效能的锻炼。当我们的球体能够具有一致性时，才可以尝试用以手领身的方法来练习，以手领身之法来练拳，就是利用外球来带动内球，这是太极拳独特的练法。利用外球来带动内球，能够让内球更加舒展开来，更有利于掤劲的形成，也更能体会出太极拳松开及进入空的状态，让太极拳的拳架更能有流动感。

以手领身的练法最重要的观念在于"止"。用以身领手之法，内球带动外球运作，内球能扩张的范围是有限度的，只要是内球停，外球就会停止运作，这个方法相对容易让练习者明白手的位置。但是用以手领身之法，外球的手来带领内球时，手这个主角却是没有什么边界的，外球的手该摆在哪里呢？什么位置该定住才不会过头而使松变成散呢？这是一个相当重要的课题，谈以手领身而不知手脚之规矩，就是空谈空练，而事实上，这也是很常见的现象。以手领身理论上是用手的外球带动内球，当带动的内球扩张到最大时或当内球旋转停止时，外球就应该停止动作，但内球何时是扩张到最大，何时是内球旋转的终点，如果没有正确的训练是很难明了的。所以手的外球常常是过了头而形成散乱，常常此时练习者会将"散了"，错误自我感觉为"松了"。如果练以身领手的结构能够完整了，则在练习以手领身之时，对手应停止而不过头的位置都会清楚的，而只练以手领身的人，手常常都会是过了头而松懈的。

因为外家拳、搏击等都是以腰带手发力，所以很多习太极拳者就强调："以身领手就是外家拳，我们太极拳就是以手领身"，这是存在相当大误解的一种看法。太极拳也以身领手，但是太极拳的身是丹田球体并不止于腰，而且太极拳的丹田球体是依据重心移动虚实来运转而不是主动，不同于外家拳的腰发力运作，这两者是完全不同的运作模式，不是一看到用腰胯为主轴就全部归类于外家拳。

我一直强调结构的重要性，没有结构一切都是空谈，而最能形成太极拳结构的方法就是"以身领手"，学习太极拳者若未达到内球运转和外球运转一致，都应以"以身领手"为主要的练习方法，全心贯注于内球的运作状态，以期能早日感应内球的旋转、移动、开合等状态。如果内外能达一致状态了，此时可以尝试"以手领身"之法，体会内球由实转虚的松空状态，让太极拳能更进一步提升层次。这两种练法有先后的区别而无优劣之分，并不是依前所述，好像以手领身就比较高级，这点学习者一定要清楚才好。

太极拳的观念就是指引的方向，如果方向错误，那只会越走越远而徒留空叹。这也是我书里一直讨论观念的原因，太极拳并不是那么难练出成果，只要有正确的观念即可，面对任何观念都是可以分析讨论的，如果是真理绝对经得起讨论，而且依着练习，成果立现。我总是不厌其烦地一讲再讲，就是因为有太多的学习者抱着错误的观念苦练，练不出功夫来也就罢了，更严重的还会伤膝伤脊骨。故练拳不要傻傻地练，一定要确定好方向再下苦心去练习，正确的观念就是正确的方向，希望练习者在苦练之前能够先建立正确的观念。

历程

太极之路

太极拳是一门武术，和其他武术一样有一定的训练方式，加入了太极拳的行列，如果要有效地学习，我们就应该了解自己未来会走的路，设定目标，一步一步走才能有成，可惜的是这条路本来应该很明确，但到了现代，原本清晰的路线，似乎变得不容易找出来了。

武术一般来说分为内家拳及外家拳，外家拳尚力，所以外家拳彼此可以相通且兼学；内家拳尚劲，内家拳彼此可以相通；但内、外家拳却是无法相通的，主要是因为形成了不同的结构体。所谓内外兼修者，其实修的还是外家拳。如果将外家拳的方式和理解应用于内家拳，这样的内家拳其实还是外家拳。

现代的人能够获得的信息十分丰富，要学什么功夫大抵都不是问题，所学也多有参考其他武术。可以兼学的武术，互相参考是没有问题的，但如果内、外家拳的理论混合学习，就会形成问题，主要是这两种武术的基本结构概念不同。而这个现象在太极拳中更是普遍，针对练太极拳却无法散手的问题，许多学习者就期望从其他比较能散手的拳种中找到方法，所以容易去借用其他拳种的练习方法。学习是一个历程，没有对错。武术拳种是一种选择，也没有对错。但混合了其他拳种的太极拳，让太极拳的理论变得十分杂乱，让人无所适从。

太极拳是道家的功夫，主要是透过身体的锻炼修炼自己的心灵，中国的道家哲学博大精深，作为道家练体方式的太极拳，最主要的目的还是强健体魄，使我们能达到身体上无病痛而安适的状况。身体安适了，才不会干扰我们心的修炼，而使我们更能精进于心灵的宁静之中，更进一步从身体的修炼过程中，体悟心的修炼之法，两者其实是合一的，身体和心灵的锻炼目标是一致的。

那太极拳的学习之路是什么呢？我们大致分了几个重点：

（一）首先要端正骨架

端正骨架有如下几个要点：1.立身中正；2.虚灵顶劲；3.涵胸拔背；4.落胯；5.沉肩坠肘；6.重量落涌泉。

（二）要放松

将肌肉及筋挂在骨架之上。

（三）练出掤劲

掤劲是太极劲之母，掤劲形成了，太极的球体才能完成，掤劲的形成，是进入太极之门的开始。

（四）滚动、延展太极球体

滚动及延展使太极球体变形成各种状态及形成相关的内劲。

（五）伸缩开合太极球体

让太极球体变成一个会呼吸的球体。

（六）练出震劲

震劲是太极劲之父，可以强化各种劲的威力，也可以单独使用。练出震劲的爆炸能量，太极拳才可进入散手之列，从而展现其强大的威力。

（七）拆解太极球体

拆解完整的太极球体，使之成为各自独立小球。

（八）进入身体全身透空的空无状态

让身体进入一种稳定的飘荡之中，感受身体的似有若无。

（九）进入心灵的空无状态

进入心灵合于道的修行而达到全身透空无罣碍。

当然这个路程只是一个大概分类，细微之处感受因人而异，只要掤劲形成，进入太极之门，就能一直朝着目标前进。学习是有历程的，每一个步骤都很重要，一步一步前进，其实这些步骤在先贤们所留下来的资料中都有提及，只是分散各处，又用语简略，让人不知所从而已。

太极拳是一种身体训练的方式，完全符合人体的科学，是先贤们智慧的结晶，这种用自体重量来训练自己的方法，西方国家也正在流行且进入科学研究，发现有许多不可思议的效果。所以说太极拳的训练是符合人体科学的，只要能依照先贤们的理论而行，就可直入太极之门了，我们实在不用过度神话太极拳，尤其是"凌空劲"这类不合科学原理的神功。

我要强调的是，太极拳是一门锻炼自体相当科学的方式，我们完全可以依照西方科学的精神，拟定一个学习目标，画一条学习的路线走下去，自然日进有功，不必去追求神奇虚幻的东西而浪费时间。

我们要了解，修炼太极拳的目标就是"达到全身透空而无罣碍"的境界，这就是肉体的一种空的境界。而在心的修炼中，也是期望能达到心的"空无"

的境界，这两者的目标是一致的，修炼的过程也是相仿的。我辈习拳者，应有远大的目标，朝着自我修炼的方向不断迈进。

　　学习是有历程的，拳经拳论很多时候描述的不是过于简略、寥寥几句，就是描述已经完成的状态，这让学习者实在很难去体会及学习，所以期望学习者依循本书的建议，自己找出及体会一条正确的修炼之路。

开太极门之钥

不管练了多久的太极拳,只要未形成太极球体的掤劲格体,均称为"未入太极之门"。这是一个很现实的问题,可以将太极拳当作兴趣来练,可以将太极拳当健身的运动来练,可以将太极拳当社交的工具来练,但只要未形成太极的掤劲格体,就无法具有太极的散手功夫,这种情形当然是"未入太极之门"。

太极拳可以说是现代最流行的武术之一了,早上各地公园绕一圈,随处可见有人练太极拳,学习者林林总总,想要学习的人杂沓而至,但真正将其当成一辈子的功夫而苦练不辍者,以及真正走在正确太极道路上者,少之又少。为什么学了又会放弃呢?为什么总是走入歧途呢?这个问题值得我们深入思考。

有一些观念是学太极拳者必须注意的:

(一) 太极拳是一门高深的武术,除了健身的功能外,还有防身及技击的效果。有些人练一辈子太极拳,不敢推手、体会不到功夫,只好说是"练太极健身拳"。如果练了一辈子太极拳仍体会不到太极的功夫,那可以说此人的太极拳一定有某种程度的严重漏洞,这种有漏洞的太极拳其实在健身的效果上也是非常有限的。

（二）太极门派甚多，每一派都很好，能流传这么久，一定有其存在的理由，门派的观念不应太重。其实各派都有高手，并不是仅有某一派能出高手。

（三）虽然每一派都有高手，但平庸者更多。所以比选一个门派更重要的任务是找一位真正通彻太极拳的老师。

（四）"推手"不是太极拳套路的进阶，推手只是印证太极功夫的一种方法而已。如果把推手当成练太极功夫的要诀，日日苦推、夜夜苦思，那到头来，太极拳只会是一场空。

在真正练出太极功夫之前，绝不可观摩或混入其他的拳术。也就是"未入太极之门"前，不可以接触其他不同的拳术，因为如果这样，太极拳的内在心法很快会被其他拳术所入侵，练习者也就终生难在太极拳上有成就。如果真要这样，不如就改学其他拳术吧！谁也没有规定一定非练太极拳不可啊。

学太极拳有一位通彻的老师指导真的是相当重要的，那要如何判断一位老师是否为"明师"呢？杨澄甫先生说："能柔能刚能舒筋活血就对；观其两膊皮肤甚软，骨肉甚沉重就对；论使用法，能用太极方法姿势不乱，从从容容将人跌出就对。若用力乱打，虽胜为侥幸，定非真传，不足为法。"能符合杨先生所言之人，其功夫必深，必是明师。

一个好的老师或许不一定可以给你多高深的功夫，但起码不会让你走错路，且好的老师能给你一些正确的观念，免得你练错了要改更麻烦。

如何判断一个老师的水平呢？提供几点做反向思考：

（一）只重推手，不重拳架，甚至其本身都不练拳。

（二）告诉你推手才是真功夫，拳架是初级者练的。

（三）推手时教你制敌绝招，克敌阴招。

（四）只教拳架，不教推手的应用。

（五）告诉你练拳时，前面要有假想敌，用招式来应付。

（六）告诉你要放松，自己推手却很用力。

（七）告诉你太极拳在推手时用处不大，要另学别种拳来辅助。

(八) 夸张自己或太极拳有通天彻地本领, 完全不符合物理、生理结构原理。

如果你的老师有以上的任何一项情况, 我想你应该多加思考了。一直强调, 不是练了太极拳就是入了太极之门, 只要是未形成太极掤劲格体之前, 我们均称为"未入太极之门", 这和练了多久太极拳无多大关系。有人五年入门, 有人十年入门, 有人二十年入门, 有更多人终其一生都无法入门。

入太极之门很难吗? 应该不会。只要有正确的观念, 正确的拳架, 通达的老师指导及自己细心的研究、苦心的练习就应该不难; 但如果观念不正确, 不重视拳架或拳架偏差, 只重视推手胜人又无通达的老师指导, 那要入太极之门是难如登天了。

简单地说, 只要能"周身一致"就朝太极之门前进了。再明白点说, 就是手、脚、腰胯能配合一致就能正确地走向"入太极之门"的方向了。只要能周身一致, 那么太极球体的规格就初步完成了, 就是结构体完成。再继续修炼到柔体筋膜开展, 把结构体撑开饱满完整, 就能形成掤劲。所以也可以说, 太极球体的掤劲格体初成之时, 就入太极之门了。

若要学习真正的太极拳, 就要有真正的体悟:

(一) 如果整天只想要在推手上求胜负而不重视拳架的修炼, 那一辈子也难接触到真正的太极拳。

(二) 如果无法放弃用力的观念, 那永远也入不了太极之门。力量像是一个魔咒, 紧紧地缠住我们, 如果不真正地放弃而达松静的程度, 那太极之门永远不可能打开。

(三) 想要真正进入太极之门, 就要真实面对自己的情况, 不要自欺欺人, 有用力就改进, 能真松就加紧修炼。

统合上述之论, 如果要真正进入太极之门, 就要注意下列几点:

(一) 要细细地练一套太极拳, 不论哪一套太极拳都好, 在练拳时首先请注意是否全身一致, 也就是请注意手、脚、腰胯的动态是否能一致。

(二) 放掉全身之力, 让自己就好像剩下骨架在练太极拳, 肌肉及筋都不见了。

（三）去体会练拳时整体流动的感觉，举手投足时身体重量流动的感觉一定要体会出来。

（四）每一个人在要进入太极之门时，都要经历一段长长的黑暗期，这是要把内在的力量真正放弃的重要时段，千万不要退缩！坚持下去，再坚持下去！

（五）黑暗期的时间长短因人而异，真正能体会到力量不可恃者，真正觉悟放弃力量者，会比较快地度过这个黑暗期。

（六）在黑暗期不要散推手，但可以练固定式的单推及双推，也可以和你真正通晓的老师推手。

（七）真正放弃力量，练拳全身一致之际，就是结构体初成之时，也是正确地朝太极之门迈进之时。

对于真正在学习太极拳的人来说，整个学习的路程应是大致相仿的，因为太极拳的学习有一定的过程，是无法越级学习的，只是因体会的快慢不同而有不同的完成速度。对于一个初学太极拳的人来说，正确的观念是相当重要的，如果接触到的太极拳是教你如何推人求胜利，如何利用技巧去推人，甚至做重力练习，强化腰力练习等，那你就很难真正进入太极拳的领域了。

如果你是想要真正体会太极拳的奥秘，就请细细地练太极拳，依本书的指示，修炼你内在的功夫，把力量真正地放掉，达到全身一致的地步，掤劲初成之时，则太极之门自然而开。

太极站桩

大概每一种拳术都有"站桩"这个动作，可见这是一个很重要的动作姿势。当然依武术的不同，站桩就有许多种形态，仅仅太极拳就因门派的不同而有不同的姿势。各类型的站桩一定有其要追求的目的，否则傻傻地花那么多时间站在那儿干吗。

以外家拳而言，站桩要求马步要低，甚至要做到"四平大马"，其目的主要是锻炼脚肌力、张力及耐力，这样站的马步才稳，重心才稳，腿劲才会够。太极拳的站桩就没要求站这么低，难道是太极拳不重视站桩吗？还是怕学习者太累所以站这么高？

为什么站这么高？太极的站桩有什么用途？太极的站桩和外家拳的站桩有何不同？这是本篇要讨论的重点。

太极的站桩非常重要，大多数人因不明白而忽视。许多人的想法是站那么高，既不能练腿力也无法练功力，所以当太极站桩是一个入门姿势，站过就算了，大概很少人会将站桩列为每日必做的功课。太极站桩非常重要，但是如果不知其要义，那站桩的效能就会大打折扣。

简单来说，站桩是一种"立禅"，也是一个"太极静立球体"的练习。各派的太极站桩也都有不同的姿势，不同的地方大概是手的姿势，腿站的高度大致相同。一般来说，太极站桩的姿势不宜太低，从上往下看，"膝盖的铅垂线"不宜超过脚的踇指尖。这里不去评论姿势的孰优孰劣，不过本派的姿势是不错的，可供有兴趣的人参考（在本篇最后有照片可以参考）。

太极的站桩是一种静立球体的练习。我们知道，太极球体的结构规格形成是"入太极之门"的重要条件，而平时练习拳架是一种滚动及延展的球体练习，而太极站桩则是一种静立球体的练习。如果要体会到全身一致、骨骼涣散的"柔体"境界，球体静立练习和球体滚动练习是一样重要的。

太极站桩对身体的好处如下：

（一）站桩时，脚的重心落在涌泉穴，这是一个人体很重要的穴道。人身中死穴最高为头顶的百会穴，最低为脚掌中的涌泉穴。所以站桩是要先能立于死地而后生，因为此穴乃是人身气机的交集点，若时时多加压力激发则全身之气机随之兴奋自律，生气自趋盎然焕发，例如登山健行、慢跑等运动均能有激发涌泉穴之功效，但尚不及站桩自然且功效大。

（二）站桩非常枯燥和无聊，许多人站不下去是因为耐性不足，所以站桩正是一种耐心及毅力的磨炼，能够定下心来站桩，对其心灵的安静及情绪的稳定有莫大的帮助。

（三）站桩时，在稳定的状态下，呼吸能趋于自然的镇静状态，使得能有完全的呼吸调节。再加上在稳定的状态下，肌肉放松，血液能畅快地流动，因而加速人体新陈代谢，使体内毒素能快速排出体外。

（四）人体的肌肉及精神的紧张常是人体毒素的来源，免疫系统因而也会受到压抑。站桩可以使人体的生机盎然，加强免疫系统的功能，从而把人体内的毒素排出并且进一步将不健康的本体强化。

在实际的教学中，随处可见学员多年的痼疾因而得到治愈。有腰伤十多年，看遍医生无效后，站桩后而愈；有多位严重忧郁及躁郁症者，站桩后得到大幅改善；甚至有癌症患者，站桩后肿瘤由大缩至极小而获得对病情非常好的控制，这些均是实例，可见站桩对人体的健康有非常大的帮助，这也是作者大力提倡站桩的原因，本门学员视站桩为每日必修之功课。

太极站桩的进阶：

（一）初学者会觉得站桩真是一个无趣的练习，全身很难放松，一站立就很僵硬，所以初学者站桩最重要的事就是把注意力放在骨架端正上，接着想办法"把全身的肌肉放松"，在站桩时仔细地观察全身的骨架是否端正，以及肌肉是否有用力、紧绷的情形，想办法放松就是初学者最重要的课题。而这个对骨架和肌肉的时时观察是日后能够真正放松而"入太极之门"的重要原因。

（二）当肌肉能慢慢放松之时，骨骼的感觉就会慢慢出来，这时就要慢慢地感觉自己全身的肌肉都放松地挂在骨骼上，渐渐地全身就只剩下骨骼在站桩。当骨骼在站桩时，骨骼的感觉会特别地明显，尤其是各个关节处，刚开始时就好像是生锈了，转动很不灵活。

（三）当骨骼的感觉慢慢出来之时，全身重量灌注在涌泉穴的感觉也会越来越明显，灌注的重量也会越来越多。当注满时，会从涌泉穴中涌出一股清泉，经脊椎直冲百会穴，此时骨骼自然架正，神气自然充满，虚灵顶劲自成，此时也就是"入太极之门"的开始。

（四）达到涌泉穴涌出一股清泉直达百会的境界时，骨骼就会开始充盈，全身的骨架就会开始变化。这时再继续练习，慢慢地骨架的松柔会渐成密实，整体的太极结构开始凝聚，当整体骨架重新组合完成，也就是太极球体结构初成之时。而这时对太极的诸劲，如四正劲、四隅劲、特殊劲等就能体会并使用了。

前面说过站桩是一种静立球体的练习，它能达到的功效和动态的球体练习（拳架）是一样的。不过静立的球体是从内在的省视中体会功夫，而动态的球体是从外在的流动平衡中体会功夫，所以两者是从不同的方向来体会，都不可以偏废。

当所有的格体完整要进入第三层"心"的境界时，站桩的功能就比拳架要大了，这时站桩就与静坐是相同的东西，往最高层的境界迈进是要在完全松静的状态下去体悟的。

站桩时有一些事项是必须注意的：

（一）站桩不可提肛，要全身都放松。

（二）刚吃饱不要站桩，最少要相隔一至一个半小时。

（三）站桩中如果突然想如厕，就暂停一下，解决完再站，不可憋忍。

（四）对于站桩的时间，如果是要体会功夫，大约三十分钟即可；如果要治病，就要站上三十到六十分钟才行，也就是一定要站到流汗才可以。

（五）初站时如果体力不支，可以分段来站，但最好是能够一次就站足时间。

（六）站桩不是蹲马步，所以全身不可用力，腿部的力量更要放掉，不可以站得太低。

（七）站桩时脚底会非常烫，一定要忍耐，脚底的热会引发全身气机的活泼，也会让身体以大量流汗的形式来排毒，流的汗越多，所排的毒素越多，对身体非常有帮助。

（八）刚站完不可喝冰水，可以喝温开水，也不可以吹电扇、冷气。最好将身体擦干后，让汗水自然收干再做沐浴等。

（九）除了吃饱后不可站外，随时都可站桩，也随时可以停止，不会有所谓"走火入魔"的事情发生。

（十）站桩处要通风，站时不可边吹电扇、冷气边站，不可以边看电视或听音乐边站，效果会大打折扣。

（十一）呼吸自然，不可控制呼吸，只要做缓缓深吸慢呼的动作即可，不要想气贯丹田，更不要憋气想要运气大小周天，如果这样做很快就会头昏脑胀了。

站桩无论是在基础还是进阶的过程中都是非常重要的，很多人不明了它的好处而轻忽，真是非常可惜。武术最重要的就是让身体健康及防卫本体，而这些在站桩中就已具备，所以严格地说单单站桩一式就可以达到武术的要求了。

站桩是一个非常好的内省功夫，在静立的球体当中去体会全身骨骼的结构及肌肉的分布情况，这是太极结构格体形成的重要路程。所以在进入太极球体结构规格前，站桩是一个让球体结构完整的重要练习，也是进入开合刚体球体的重要方法。这么重要的练习方法，请问，你有认真且真实地下苦功了吗？

拳架的要求

太极拳的比赛形式不外乎两种，一种是比推手，另一种是比拳架。比赛拳架或是表演拳架时，会看到表演者精彩的动作，行云流水且有许多高难度的跳跃、蹲低、独立等动作，但大部分的人也知道这与实战所认知的功夫不同，即便是获得拳架冠军的选手，上了搏击场，也可能不堪一击。于是乎，有人就将现在太极拳分为"美姿太极"和"实用太极"。

讲求美姿太极者，在太极的动作中融合了体操、舞蹈等，让整个拳架看起来十分美观，这种表演方式在拳架比赛上最具优势，但实用性极低。例如，其中一个典型动作是腾空翻身后踢再单脚着地，蹲低另一脚平伸，这种在实战上没有实用价值、几乎是自找死路的打法，却是美姿太极得分的重点。

当然有许多的太极拳练习者知道这种问题的存在，所以又发展出了一种以实战为名的太极型式。实战型式的太极拳，对于拳架并不太重视，主要训练是以推手为主，辅以摔跤手法，而散手则取法现行搏击的训练方式，强调技巧也重视力量的巧用，有些团体还会加上重量及体力训练。

除了以上两种最常见系统化的太极训练模式外，在公园内也有不少高谈阔论太极内涵及太极手法，并且使用一些太极物理原理来讲解的太极老手。全国各大公园内，总是可以见到一两个这样的太极团体，但这种团体还是以社交为活动目的的居多，比拳架美观可能不如美姿太极，比推手散手可能也不是系统训练出来的选手的对手。

其实除了美姿太极外，一般习者对拳架的重视性已大不如前。以前我们常听到古时老前辈们一天练二三十趟拳，天未亮即起身摸着黑练拳，如果一趟拳以十分钟计，二十趟拳就要连续打二百分钟（三小时二十分钟），而且是终年不断。现代的学习者扪心自问，一天有连续打上十趟拳以上吗？下不了这个苦心，当然会觉得拳架的功能不彰，好像和功夫没有什么关系。

对于武术，现在人的需求和古代完全不同了，功夫的实际用处并不大，真有功夫的人还必须有好的涵养，不跟别人动手，不然随时可能吃上伤害、防卫过当的官司。正因如此，所以死心眼在角落踏实苦练两三小时拳架的人少之又少，而在公园里轻松打套拳后，闲聊摸摸手的人多。随着生活的快节奏化，现在人干什么都要讲效率，所以苦心练拳十年磨一剑的人少之又少，而借着外来辅助训练，快速练实战功夫的人多。

如此说来，好像拳架并不是很重要，其实不然。真正的太极功夫还是要从拳架中求得。所谓的实战型太极，其实是混合了外家拳的训练方法而成，可以练出功夫，但能有多少是属于纯粹太极的功力实在令人质疑。

每个人的价值观跟想要的东西不一样，就算是练太极拳，也不一定是每个人都要下苦功练出太极的内家功夫。追求肢体高难度美感的好看拳架，能比赛得奖也很好；练习混合搏击手法、摔跤手法让自己能有好的外家功夫也很好；借着太极聊天交朋友，轻松打发时间也很好，但如果你想练出太极拳的内家功夫，那非得在拳架上好好下苦功不可。

一套拳架要能练出功夫来，有一定的要求。有许多人练了很多年的太极拳，终究无法练出功夫，其根本在于拳架。

那要什么样的拳架才能练出功夫呢？以下五点原则是必备的。

一、正确性

练的太极拳要正确才能有效果。如果花了大把的时间练了不正确的拳是达不到效果的，所以练拳首先要能将自己的拳打正确，以下几点教你检视自己拳架是否正确。

1. 身形要中正：也就是"守中"。立身中正是指能顶天立地而不歪斜，不要弯腰、凹胸、弓背，膝不能过脚尖等，基本上就是要符合"涵胸拔背""立身中正"的原则。

2. 要能松腰落胯：腰要能松，腰松则能旋转自如，腰不松则臀易翘起，整个脊椎会不正；胯要能落，落胯就如坐高椅般，身体直直地坐下，腰部要能放松，不能太紧。

3. 拳架虚实要分清：虚实是动能的来源，虚实不分则动能不生，拳架将无法放松地启动，所以一定要明确地分出虚实。

4. 拳架的定位要完整准确：例如沉肩坠肘，膝不过脚尖，架式的定式一定要完整且正确，至于如何达到正确，则必须让老师来实际指正细节才行。

二、整体性

拳架的另一个要件是拳架的整体性，简单说就是以腰胯为主角带动手脚的运作。有几个要点需注意：

1. 以丹田为圆心的球体运作：这是一个球体整体性的运作，运作时以丹田为圆心，指尖为球的外缘，整体性地转动。

2. 上下相随，内外相合：以胯为中间接合处，上下要能一致地运作，内外也要能一致性地配合。

3. 全身一动无有不动，一静无有不静：郑曼青先生曾说"手非手，全身是手"意即在此。手不能自己动，要配合着全身一起动。只要丹田一动，全身就一起启动，一旦静下来，全身就停止，保持在一个球体完整的姿势中。不能有手自己动、脚自己动这种分离的现象。

三、流动性

在整个拳架中要流动若水，不只在一招之中要像水一般流动，在招式与招式之间也要如此。在此亦有几个要点要注意：

1. 利用偏心轴能量，完全放松地自然转动及流动：也就是利用圆球的离心力和向心力的能量来运作太极球体。

2. 流动若水，相连不断：一旦开始滚动，就连绵不绝，直至势终；此式止，就是另一式的始，相连无所终断。

3. 一举动，周身俱要轻灵，尤须贯串：重量是下沉的，但运作中的重量则带有惯性方向而非只有下沉。以汽车作比喻，静止时重量是下沉的，但一旦行驶，动能就会分成向下及向前。太极球体一旦开始滚动，背脊及全身筋膜开始驱动运作，则除了骨架向下的重量外，就是筋膜缠绕着球体的动能。所以拳架一旦启动，下沉的骨架重量，会被围绕着本体周身的筋膜，以流动的方式带动而不停地运作着，此时重量感会消失，身体会觉得轻灵。

四、由内部为主来引动

拳架的运作以丹田为圆心，由内在"丹田为圆心，胯为圆周"的内在球体，带动整体"丹田为圆心，指尖为外圆"的外在球体来运作。

五、专注及诚敬

演练拳架时，精神上必须专注，心灵上必须静寂诚敬，有点像工匠在工作，拿出工具时，对工具虔诚尊敬的态度一般。拳架是一个工具，一个磨炼及锻炼我们身体及心灵的工具，我们将内心完全平静下来，无丝毫的轻藐虚伪，恭恭敬敬、诚诚恳恳地练习。

在真正下苦心练拳之前，先要确定好自己的拳架是否正确，如果能符合上述要求，则应不会偏差太远，如果自己无法确认，则必须找一位老师学习。杨澄甫先生曾说过："凡轻视架子者，皆未得架子之规矩精意者也。架子为最要之基础，久久练之，身体方能重如泰山，轻若鸿毛！若不练架子，虽多推手，身体仍有不稳之时，易为人所牵动。"练拳架最难度过的是沉闷及枯寂，我们必须要在练拳架之中找寻出兴趣及乐趣，才能长久坚持地练习，只要能专心于拳架的练习，时日既久，一定能形成坚实而强大的格体。

虚实

在太极拳中,虚实是很重要的观念,也是组成太极拳的重要元素。如前所言:太极生两仪,两仪就是阴阳,而阴阳应用在太极之中就是虚实。虚实变换产生能量,这是带动拳架运作的能量之一,所以可以说整个太极拳就是在虚实的变化中形成的。

杨澄甫先生的"太极拳术十要"中第四要是"分虚实",其解释:"太极拳术以分虚实为第一义。如全身皆坐于右腿,则右腿为实,左腿为虚。全身坐于左腿,则左腿为实,右腿为虚。虚实能分,而后转动轻灵,毫不费力。如不能分,则迈步重滞,自立不稳,而易为人所牵动。"(陈微明《太极拳讲义答问合编》)。相传在太极祖师张三丰所书《太极拳论》最后一段中亦有说明:"虚实宜分清楚,一处自有一处虚实,处处总有此一虚实,周身节节贯串,无令丝毫间断耳。"放在最后一段当然有总结作用及最重要之意。

虚实当然非常重要,但表面上看起来好像也不是很难懂,就是虚与实啊!有什么难的呢?虚就是空无,实就是实在,好像也不是很难理解。但到底如何具体在太极拳的拳架、推手、散手之中运用虚实？虚实在太极球体中的表现如何？太极拳的虚实和外家拳的虚实有无不同？细想之下，就可以知道虚实的问题的确值得深思。

在太极拳中，虚实有以下三项重要的含义：

一、实是稳定，虚是变化。

在整个太极拳中，"实"所代表的是一种稳定的情况，当我们把重心正确放入实之中时则能确认偏心轴，此时虚就能自由变化，实是太极拳之根，而虚则是枝叶。但这是由一招一式而言，如果是以整套太极拳来说，虚实是不断变换的，右实左虚的下一步可能就是右虚左实，虚实不断变化的能量，产生了太极。

二、以虚实交换来产生流动的动能。

在不断的虚实变换中，重心不断在两者之间移动，这时会产生移动的动能。练拳时，并不需要使用意念去支配身体，而是要去感觉身体的虚实变化，移动快与慢都可以，而更重要的是要对内在有深度觉察。所以要慢慢去练拳，去体会虚实之间的变化，借这个移动所产生的能量形成偏心轴，依此偏心轴产生的离心向心的能量来运作拳架，这个虚实变化形成了太极球体转动的根本，也是进一步伸缩球体的基础。在整个拳架之中，招式的定式并不是最重要的，更重要的是这虚实之间的变换。

三、以虚来练实。

太极拳除了练出骨骼的强化外，肌筋也能强化，这有赖于虚对实的锻炼。当把实全部放在一边时，全身的重量对于实边的骨骼有很大的训练作用，且虚边的运作对于实边将产生牵引的力量，实边的肌筋就会以被动方式拉长及拉紧，而形成另一个强化的训练。此时要特别注意，实边的肌筋必须放松以产生被动拉长及拉紧的强化练习，如果实边的肌筋主动去用力拉动虚边，就又变成一般外家拳的练习方式了，效果完全不同。这两者外形上看起来很像，但内在完全不同，练习者需注意体察其中的差别。简单来说，就是以"虚"边来加重"实"边的训练。而虚实是不断变化的，左练右，右练左，不断变化产生，形成了完整的骨骼、肌、筋整体的训练，以这种方式练出来的骨骼十分密实，肌肉非常有弹性，筋也十分强韧。

在整个太极拳的虚实运作之中，需注意以下三个练习重点：

一、架正骨骼。

注意虚实，首先要端正格体，就是要架正骨骼。要做到骨骼的架正，最困难的地方在胯。胯落正，上下才能相合成一体，这时膝才不会受到上身的压迫。一般来说如果胯落不正，则上身的重量承受点将落于膝或臀，会造成若干副作用。

二、放松。

骨骼架正时，要使全身重量完全落入涌泉，这时肌肉及筋才能放松地挂在骨上；如果骨架不正，则肌肉及筋一定要拉住格体，避免倾倒，这时就难免要用力了。我们要把自己肌肉放松地挂在骨架之上，就好像三尺罗衣挂于树干之上。

三、去掉控制的意念。

意念常常是力量的根源，所以要除去外在想控制身体运作的意念，要真正让身体去觉知，让重量在两脚涌泉中自然变换移动。当重量落在实脚，另一脚为虚脚，当要由实流到虚时，要让重量自然去移动，需将心完全放松静下，不去做任何控制，静静地去深入体会如何不用力而能移动重量。

虚实的变换在推手之中是很常用的手法，大致介绍几种用法：

一、虚实变换，引劲落空。

在推手的应用上，常以实来和对方接触，让对方误以为已经抓对我方重心，进而发劲，在对方发劲的同时，实变虚，方能引劲落空，这种就是用似实而虚之法来让对方产生错觉。是故拳论有言：左重则左虚，右重则右杳。如果以清楚的虚和对方接触，对方感受不到实体，是不会发劲的，所以要引劲落空必须以实接手，变虚引之。

二、似虚似实，虚实合一，合住对方。

在和对方接手时，如果想要黏住对方，则必须虚实不断地变换。对方若想以虚退避，则我以实敷之；若对方以实欲相抗，则我以虚引之。依对方虚实而不断变换自己的虚实以合之，则能达到粘合控制之效。

三、以虚控制对方，以实击之。

如欲发劲将对方击出，则必须先用实来引出对方的力量后以控制对方，而如要发劲则是击打对方有力量点。在虚实的不断变换之中，对方一定想要抵抗或是转化，只要此种意念开始产生，则身体的力量必油然而生，则我可击打此处。当然要如何能引出对方的力量，则需要多多练习才能体会，并无定法。

虚实在散手上的运用也有几个要点：

一、散手中以虚击之。

虚实的应用，在散手上和推手上并不相同。在推手时，虚是引；而在散手时，虚则是击打的主轴。在太极散手时，我们将重心放在实上，而以虚的能量流动去击打。虚的漂浮似乎没有重量，但质量仍然存在，虚无着力，故能有快速且质量大的能量去击打对方。又因为是虚，就算是被挡住了，也能以对方的接触点为中心，继续流动进去攻击。即使是被对方抓住了，也不会因重心不稳而反被制。

二、虚实合体，以实示之，以虚引入，虚就是实，实就是虚。

其实太极的虚实是随时变换的，在碰触的当时就可以做交换，让对手无法捉摸我们的虚实情况。有时让对方看是实，结果对方攻进来时就变虚而落空了；有时看是虚，在碰触那一刻就变实，将全身重量灌注在对方身上，以获得强大的攻击能力。虚实的交换，取决于内在流动的变换，而非外在的表象，所以对手是完全无法得知的。而虚实的内在变化，也是形成太极拳寸劲，甚至不用寸，贴身就打的重要依据。

三、内外虚实互换，形成伸缩球体。

虚实并非只有左右重心交换，也可以内外交换，形成伸缩球体，左右加内外的变化可将虚实应用到变幻莫测的情况，更让对手不知所从。

太极拳的虚实和外家拳的虚实有所不同，主要有以下三点。

一、外家拳的虚实常用在实战之中，太极拳则还用在拳架之中。

外家拳的虚实是一种战法，太极拳除了是一种战法外，还是一种练法。在散手的交流中，外家拳是虚晃实击，这是一种作战的方法。外家拳是以虚拟对敌来做虚实交换的训练，而平时训练则以体能、耐力、爆发力等为主要训练方法。在太极拳等内家拳中，虚实除了作为应敌的方法与战术外，更重要的是应用在拳架训练之中，使用虚所引的重量来训练本体，而不需借用如打击沙包、击破砖块等外物外力来训练，这是太极拳一个很重要的特色。

二、外家拳虚实分离，太极拳则虚实合一。

一般来说，外家拳的虚实是分离的，也就是不论如何虚虚实实，如左实右就虚，左虚右就实，很难在出虚拳时，突然变成实拳。常看到擂台上的人，一只手伸出去拨，另一只手一定收在身体上，等待机会一击而出，这是常用的招式。伸出去的手是虚，后手为实，虚引实击。但太极拳则是虚实合一，在散手时，虚实是随时变换的，就算在同一只手也可能分出虚实，很多时候以接触点为虚，击打点为实。当一拳出去，被格挡时，格挡接触点瞬间变虚，而改以肘或肩为实击打对方。这亦是太极拳的一个特点，虚实合一，虚实也是随时改变的。

三、外家拳虚晃实击，太极拳则以虚击之。

如果不讨论得太复杂，单纯以攻击手法来分析，则外家拳是以虚手晃诱敌，实手趁隙攻击为主，而太极拳则是以实手为根基，以虚手来攻击为主。这也涉及攻击本质的不同，外家拳是以力量为主，攻击以肌肉的强力收放拉扯为主，所以收合肌肉为实，拉开和对方的距离，来强化攻击的重量及效率；而太极拳则以内部空间的应用为攻击为主轴，所以反而要放松变成虚实变化，虚实的变化以近战为主，在和对手的接触中，用虚实的变换，一方面控制对方，另一方面用内部空间将骨头重量在身体内部利用开合快速传导来打击。

虚实是一门很深的学问，此处虽极欲详加叙明，但因其变化万端，实难一一明言，依上述所言重点，习者深入揣摩练习，定能对虚实之奥妙有所掌握。而虚实虽同为内家拳及外家拳所重视，但应用方式则完全不同。

结构规格

任何一种技艺或运动都有一定的结构规格（以下简称规格），也就是一种"动作的固定模式"。例如打网球，各种身形、步伐、击球等，都有一定的方式。当模式(规格)越熟悉，运作起来就越自在，那也就越能放松了。

太极拳也是如此。太极拳的拳架、基础功夫及推手就是在锻炼一种太极球体结构模式，而这个模式，我们称为太极拳的结构规格。

任何一种技艺或运动，都要通过正确的练习方式，再加上不断的练习才能形成一定的规格，通过这种规格的运作，我们就能将技艺或运动表现得更好。规格越完整，越细腻，则表现出来的技艺或运动就越完美。

就太极拳而言，要形成"太极的运作规格"，一定要有正确的太极拳架、深厚的基础功夫及正确的太极拳观念，再加上不断的练习才能形成。所以有些人强调只有推手才能练出功夫，而认为太极基础功夫、太极拳架无用，或者只是把太极拳架当作是一种暖身的运动，这种观念真是错得离谱。

一般来说武术的规格形成分为三种方式：第一种是纯力量硬体形成的规格；

第二种是肌力混骨架形成的规格；第三种是纯骨架松体形成的规格。第一种和第二种主要是以肌力为主轴，以混合了多少比例的骨架来决定硬体的程度，所以仍归类为力量硬体结构范围。大部分人都知道形成规格对武艺的重要性，在求好心切及求速成的思维下，很容易利用以肌力为主的硬体来形成规格。因为力量是为我们平日使用的习性，所以利用力量来形成规格比较容易，也易理解。但是以肌力为主形成的规格在使用时会耗费大量的力气，所以无法持久。故其缺陷是变化性不足及容易被对方破散整个格体。且在太极推手表现时，就常可以看见柔化得少而常有用力地猛推情形，这种以肌力为主所形成的太极格体规格是片断不完整的。

当然就算是用以肌力为主形成的规格，也是有一定的威力的，只要能形成一定的结构规格就会有一定的效果。但以力量为主形成的规格和太极的道理已经不同了，就只能利用大力去胜人，无助于自己内在功力的提升。而所谓松紧合练者，就是典型肌力混骨架的规格，并非松体的规格。一般来说，只要半年的时间，大概以肌力为主的规格就可以练成了，就可以推得满场跑了，这种推手其实和外家拳是比较相似的。

第三种规格是利用纯骨架松体所形成的。这刚好和力量的规格相反，必须把全身的力量放掉，放松肌肉及筋的拉力，完全"用意"来体会骨骼重量来运作，只要能形成"骨骼重量的松体规格"，在推手时对方会觉得你的手很沉，而这个"沉"又不是力量所形成的，而是骨骼重量。形成"松体的规格"，全身就像"棉里包钢"一般。因为松体并不是为我们使用的习性，所以利用骨骼重量来形成规格比较不容易练成，但若能形成松体的规格，会发现在使用时能轻松自在。松体形成的规格有变化性大、不容易被破散的优点。表现在太极的推手上，就可以看见两人在推手时的重量如水流动般在两人之间流动，只有这种松体所形成的太极格体规格才能达到完整的太极规格境界。

一般学习太极拳者，一是因为力量容易体会及练习；二是因为好胜心使然，期望在短期内就能收效，而容易流于使用肌力为主的硬体规格。虽说口中一直喊着要松，但一搭上手就"全力"以赴，这种就是以肌力为主的硬体规格。我们要深切地知道：力量的硬体规格是不可靠的，且有一定的极限。当利用三年的时间完成力量的硬体规格后，再往后的二十年还要更进一步就很难了，充其量只是技巧纯熟些，功力再进步也有限了。

如要在太极拳上有一定的成就，那么"松体结构规格"的锻炼是不可或缺的。要如何练成松体的规格呢？

（1）要有正确的拳架：拳架的招式连接处、细微处都要注意，千万不可有大概及差不多就好的观念，一招一式都要探究清楚。

（2）要放松：全身的肌肉及筋都要放松，举手投足都是骨骼的重量流动，不用肌肉及筋的拉力。

（3）骨骼要架正：形成一个端正的骨架来练拳。说明白些，就是把自己当成只剩下骨架在练拳，肌肉和筋都不见了，而带动整体拳架运作的是虚实、流动、偏心轴转动及指尖重量流动而形成的离心及向心力。以如此的方式，细细地练上三年，那么骨架格体重量的结构规格应可初成。

练太极拳是一种反求诸己的功夫。有没有放松，自己最清楚；是"硬体的规格"还是"松体的规格"，自己也是最清楚。若是想要练成上乘的太极武术，就要常自我反省。如果形成的是力量的硬体规格，就要想办法回归正途；如果形成的是松体的规格，那么就要更用心地锻炼，让这个松体规格更加地明显及细腻。

坦率地说，练太极拳却沉溺于力量的规格而乐此不疲者，我想他们不如去改练外家拳，或许会更有成就些。练太极拳却沉溺于力量的规格之中，简直就是在浪费生命。

太极结构规格初成的同心圆球体

前文已有明述"结构规格"的重要性，如果太极的结构规格不完整，那将形成一个破碎的太极体，这种破碎的太极体不但没有发劲的功能（只能用力猛推），甚至连防身的功能也是缺乏的。破碎的太极规格源自破碎的太极拳架，这种破碎的太极拳架能达到的养身、健身功能也是相当有限的。所谓的破碎太极拳架并非指练不完一套太极拳，而是指在各招式的演练及拳架的连接上产生问题的太极拳架。

对于初学太极拳的人来说，并不适合去深究一招一式的用法，而应着重于招式的稳定度及整套拳的流畅度。因为初学太极拳的重点并非是在一招一式的对敌应对，而是要练出一种太极的格体，如果太极的结构规格练不出来，那研究再多的招式都是空谈。

如上章所述，太极拳是松体的规格，是纯骨架形成的重量规格。此时在练拳架时会有一致性的运作，一致性就好像球体滚动一样，一动就全部同方向运动，称为太极球体运作，也称为太极同心圆运作。若是在练太极拳而未形成太极球体整体性运作规格之前,我们称为"未走向正确太极之门的路上"。很多人练了一辈子太极拳,不但未进入太极之门,连朝正确太极之门的路都没有找到,那很有可能根本就是朝着太极之门相反的方向在走。这些人越练会越迷惘,对太极拳产生更大的怀疑。当夜深人静之时扪心自问,很容易产生疑惑:"太极拳能有外家拳一样的攻击效果吗?为什么说要放松但在推手时还是用力拼斗呢?推手之时一定要出其不意的发劲才能将对方推出吗?当外家拳的拳快速击过来时,能用太极的功夫来应付吗?"有这些困惑,就是因为未形成太极拳同心圆球体规格的缘故。

那怎样才能形成太极拳同心圆球体规格呢?当手、脚、肩胛骨、腰胯能配合一致时就是太极球体规格的初成,也就是走在正确太极之门的道路上了,从这里深入才能真正窥及太极之堂奥。手、脚、肩胛骨、腰胯有没有配合一致?有没有形成太极拳同心圆球体规格?自己是最清楚的,真实地面对自己的状况是非常重要的,没有必要去自欺欺人,如果还没有形成太极拳同心圆球体规格,就要想办法去研究改进。不要以为太极拳练久了自然能形成太极拳同心圆球体规格,有太多人练了三四十年的太极拳,仍在太极门外徘徊,不得其门而入。如果没有正确的观念、正确的拳路、通达的老师指导及自己细心的研究、苦心的练习,那三四十年进不了太极之门也是很正常的。

再说明一次,什么是太极拳同心圆球体规格呢?简单来说,手、脚、肩胛骨、腰胯配合一致后所形成的太极拳同心圆球体规格就是"一个以丹田为中心的同心圆球体"。以丹田为中心,腰胯为第一层的圆球,肩胛骨为第二层的外圆,手、脚为第三层的外圆。以一个大家比较通用的名词来说,"同心圆"规格就是"周身一致"的规格。这个同心圆球体的规格不论在拳套上或是推手运用上甚至在散打运用上都是不能改变的。

同心圆球体的规格表现在拳架上,首先要达到的就是手、脚、肩胛骨、腰胯要能一致。一般人练太极拳常有的毛病就是这几个地方不能一致。所谓一致就是腰胯到达时,肩胛骨及手就要同时到达,腰胯转动的弧度较小,肩胛骨及手转动的弧度较大,但不管弧度的大小,每一招式都要同时达到定点。在每一个招式上，全身一致的要求是一定需要时时注意并且做到的。有时候在练习时很难发觉自己是否一致，这时就需要一位明师从旁指导纠正。

此运作也称为手、身合一，所以手不可以乱动，手的动态必须是由腰胯来引动。故有"手非手，全身是手"的说法。知道了手、脚、肩胛骨、腰胯的动态要一致的重要性，在练拳时就要时时提醒自己，细细地练习，一招一式都要推究清楚。初学者可以练慢些，仔细思考手、腰胯等的动态是否一致。这样细细地练上三年，则整体的配合应能有一个雏形了，这也就是太极拳同心圆球体规格的初成。如果没有通过如此细细地研究，只是依样画葫芦地打一套太极拳，就算太极拳打得好像很柔，就算外表好像很松，就算练上三十年也是没有用的，因为"失之毫厘、差之千里"矣！

在细细研究拳套三年，太极拳同心圆球体规格初成之时，就可以进阶到用推手来磨炼自己了。练拳时手、脚、肩胛骨、腰胯已能配合了，就可以利用推手时的外力来训练自己，使自己在外在的压力下，本身的太极拳同心圆球体规格也能不散乱。对方力量大能不被破碎而散乱；对方速度快能不被破碎而散乱；对方出其不意地攻击也能不被破碎而散乱，那此时太极拳同心圆球体规格可以说有小成了。

再强调一次，太极的规格必须经由正确的太极拳架来练成，推手只是一种磨炼的方式。如果不细练拳架而只是练推手，那所形成的规格多半是力量撑出来的硬规格并非太极的规格了。

太极规格的第一阶段是手、脚、肩胛骨、腰胯能配合一致，称为"外三合"，这是往太极之门正确路上前进的开始。能达到这个水平，练拳及推手大致能稳定而不散乱了。这时沾、黏、听劲也有一定的水平了，转腰走化、转动自如是这一个层次的特点。但要表现太极的刚体、能发劲却又显得不足了，所以这时称为走在正确的太极路上了。

太极规格的第二个阶段是肌、筋、骨能配合一致，称为"内三合"。当外形已经一致，就要注意内部的筋、骨互相牵引、借骨骼重力运作形成的伸展状态。这时的太极球体是一个会延展伸缩的球体。伸缩自如、全身内外配合一致，达到拳经所指"能呼吸然后能灵活"的这个境界及层次，而到此时太极拳同心圆球体规格可以说是完整了。达到这个境界，太极劲的收发应能自如了。而这时外力的攻击已很难攻破太极球体的自我防护体了。当筋膜拉拔骨架形成完美有张力的结构时则形成掤劲，此时则正式登堂入室进入太极之门了。

太极规格的第三个阶段是精、气、神能配合一致，这既是一个"觉"的层次，也是真正意义上的空境刚体层次，此时的太极已归趋于无形，开合自如。太极拳同心圆球体规格内缩到最后就只剩丹田的一个点，而后这个点也消失了，进入全身透空的状态，也就进入了太极的心静神明境界，这是一个"心"的自我修炼阶段，无师无法了。能达这个阶段，就能自自在在地生活而心无挂碍，更进一步能超脱生死之门。

练太极拳并非要练天下无敌的功夫，这只是人生修炼的一种方式而已，只是如果达到了这些层次，自然会形成所谓的武术、功夫的存在，但这并不是修炼的目的。求"心的自在""生死的超脱"才是重点。

一般来说，在进入太极之门时，肉体的骨架规格就会自行调整成一个完整的架构，也就是所谓的脱胎换骨。所以练太极拳者的一生中会经历体格、骨架大变动的过程。常常看见许多习太极拳者"不重拳架，只在推手求功夫""不重修炼，只要推人求胜利"，让我心中实在有很多的感慨。

再谈球体结构

练拳的基本条件是要"全身一致",何谓"全身一致",就是"一动无有不动,一静无有不静",也就是全身一起运作之意。要全身一起运作,需要有主宰,这个主宰就是丹田位置。以丹田为圆心,两胯为圆周的内球,带动全身一起运作,就会形成一个有如球体的整体性运作。再以这个基本的球体形态为基础,更进一步地运作及变化将形成各种不同的球体形态。

所谓"球体结构",并不是指全身的外形要像一颗球的样子,而是指全身的运作要像球一样的运作。也就是说,如果以丹田为中心、胯为圆周的这个小圆转动时,外圆的肩胛骨及手指等也要转相同的弧度。所有的转动以内在小圆为主轴,外在的圆是以丹田为主、肩胛骨及指尖为圆周的大圈,外在的圆跟着主轴运作。而最重要的是在整个转动的配合中,肩与胯转动角度要一致,肘与膝要能合,手与脚要能合,此为内家拳六合中的"外三合"。

对于太极球体的运作,我们做以下的说明:

第一,运作动能的来源:球体结构的运作,刚开始的动能来自虚实,虚实形成偏心轴的确立，再加上立身中正的中轴形成转动，当偏心轴开始转动时会带动胯，胯动则内部小圈开始运转，进而能带动外部的大圈。一旦运作开来，外部的大圈从最外缘的手指重量开始也会随之产生转动的离心力及向心力，而这又是流回内部小圈而带动小圈的动能。所以由内而外、由外而内动能互相交流，形成一致而稳定的流动，整个球体的自然运作依此而生，完全不需要力量。

第二，在静立的太极球体时：必须立身中正，安舒自然，全身像是充满了水的大球一样。立身中正要注意的是头顶悬，头顶悬就是虚灵顶劲之意，而所谓的"虚灵顶劲"，就是将头自然放松地放置于大椎之上，此时有似自涌泉而上头顶百会穴的直拔之势。保持虚灵顶劲之势，立身才能中正，这就好像文章的提纲挈领一般，端正了头部，其他放松自然就能中正。安舒自然则是自然舒适而不紧张，也就是放松的感觉，就好像全身充满了水，松而沉而满盈。

第三，由内部而透外地传递能量：球体的运作有一定的范围，一般来说，指尖、膝和脚尖成一平面是极限的所在。也就是当我们跨出脚时，膝不可过脚尖，而掌做按出或是挤出等的动作时，其指尖亦不可超过脚尖，这就是一个极限的范围。指尖、膝和脚尖这一平面，就是太极球体之圈内球体的最大范围。而把两脚掌小指连线当直径划一个圆，依这个圆直桶而上头顶，形成包住身体的圆柱体，这个圆柱体就是本体太极圈，练拳的举手投足都不可以出此圈，且手指几乎都是触着圈的弧线而走。除了少数动作如野马分鬃等，指尖不要超过脚尖太多，到手腕和脚尖成一垂直线就是其极限了。

在运作整个太极球体之时，在每个定式（招式）时，还要能将球体张开。所谓张开并不是指尖再伸出去，而是膨胀开来，好像从丹田或是涌泉推出一股能量，透过水体的传递，一波波地传到皮表及指尖，好像全身都膨胀起来一样，但外形却完全看不出来。这是一种内劲传递的练习，当传递的速度越来越完整及快速时，我们的身体碰到对方，就可以外形完全不动，但从内部产生强大能量把对方击出，这是太极拳一个很重要的特点。

第四，由外而内地凝结刚体：在球体滚动之时，借着外球的向心力，我们可以把球体凝聚起来，收缩到丹田之中，外形则是尽量地缩小。其实所有球体在滚动时都是舒张及收缩交替着进行，舒张时，伸展至极致，把能量传递到皮表；收缩时，把所有能量回收至丹田。一套拳架就像会呼吸的球体一般，伸展及收缩着，这样才能练出如呼吸的太极体，才能练出极柔软且极坚刚之体。收缩之时不要用力，只要去体会舒张之后的自然收缩，内在骨骼也会因此产生堆叠之效，并不是只有意念要缩小，而是外形好像真的缩小了。

第五，分散出多个球体：当球体的运转能如意，伸及缩都能掌握时，就能将球体拆开成许多小球，理论上是要拆成无数小球，但实际上，我们会将各个关节部分都变成球。在"十三势行功心解"中有"行气如九曲球，无微不至"，也就是各个关节部位都自成一个球体，此时的运作既能形成一个大球体，也能随时形成内部各个小球体自行运转。太极拳有"挨着哪里，打哪里"的说法，就是碰到哪个地方，直接就打哪个地方，以该碰触点自成小球快速回击，而不用再绕回到丹田运转再做反应了。

在太极球体完成之后，要继续试着将此球体内部拆开，变成许多的小球体，虽然小球体可以自行运作，但也和大球息息相关，分则全身内部充满小球，合则成一个松透自然的大球。

第六，全身透空般的球体：当全身运作自如，完全感受内在的重量流动时，也要能和外在的空间、空气融合，好像完全合成一气，外在空气的流动也能合入本体的运转之中，接着是本体好像融入空气之中，就好像全身透空了一般的自然，完全地沉浸在内在与外在的交融之中。这时原本充满水的大球体变成了充满气的大球体，轻盈而自然，舒适而自在。

太极球体是一种太极拳完整的结构体，初学者并不一定能马上做到上述所叙的情况，上述只是一个渐进的层次。初学太极者，一定要先将自己的外三合做好，也就是"手、脚、肩胛骨、腰胯"能配合一致，也就是"肩与胯能合、肘与膝能合、手与脚能合"，一定先要能把这三合做好，才能谈到球体形成之事。而要能三合，则必须全身放松，以丹田为中心的整体性运作，长期坚持操练后，就能逐渐体会到各个层次了。

修炼球形格体

当我们已经知道何谓"正确姿势"及利用松体来锻炼自己了,现在就要进一步修炼我们的格体,以期能早日体会掤劲而入太极之门。修炼的法门,拳经拳论就说得十分多了,下面我们把其中重要的方法进行讨论,希望学习者都能掌握正确的修炼方法。

我们练拳要注意虚实间的流动,虚实就是阴阳,虚实分清楚是最重要的,虚实分清了,才能谈要注意的各种细节。虚实除了重量在两脚的虚实交换外,能量也在体内各处流动,形成虚实。

现在准备练拳,放松直立,这是太极起势。起势并没有分左右重量,此时的重量是在体内流动的。当我们把全身重量灌注到两脚涌泉时,全身呈空灵状,此时双手好像没有了重量,因为重量全部都注入在涌泉了,手没有了重量就会轻轻地飘浮起来完成起势。在整个拳架中双手都是松松的,整个身体好像空灵一般随着能量而流动,"一举动,周身皆轻灵"就是这个意思。我们要静静地去体会从丹田内在涌起的能量流动,带动整个拳架。

拳架中带着开合，当能量的流动把全身及双手张开到达内部最开时，接下去自然全身包含双手会往丹田收合，只要静静地去体会就好。太极拳的拳架是自己练出来的，我们尽量不要用力量去控制，只要守着意念，让这个流动在一定的轨道中运行即可。真正要练出太极拳的功夫，唯有静心体会，体会内在的流动呈现在外在是什么样的情况，体会当能量流动到四周时的"开"，接着从四周流回丹田的"合"，这是十分重要的体会。

太极操和太极拳最大的分别就是在此，没有人会认为自己所练的拳是太极操，也没有人会只想练好看而没有实用的太极操，但事实上大部分人练起来还是太极操。如何才能避免这样的问题产生呢？同样的一招，甚至打到外形看起来也没有什么差别了，又该怎么分出是太极操还是太极拳呢？重点就在是内在的自然流动还是肌肉的控制。这个只有自己最清楚，就是松松柔柔地举一只手，是用肌肉去举的还是从丹田流出的能量去举的，外形可能看不出来，但自己一定知道。我们总是知道美姿太极除了好看，是没有什么作用的，只因美姿太极是用肌肉去控制这种松柔，所以我们才会说是"假的"，假的还有人去练就是因为想速成。要做到这种呈现的外在松柔之感，使用肌肉控制只要一年的练习就很好了，但从丹田流动出来再带动手脚最后呈现自然的松柔要十年以上的功力。如果要去比赛美姿太极，这样当然缓不济急，看那些美姿太极的比赛，只要筋骨柔软些，大概训练两年就可以有好成绩了。不过也就停在这里了，因为肌肉控制形成的美姿既无养生效果，也无武术效果。

当然每个人有自己的选择，如果你想要真正练出太极拳的功夫，一定要从内在去寻找。我们的确是要感受那份轻灵，但这个不是用肌肉去控制出来的。当我们在起势站定后，就要试着将全身的重量注入涌泉，全身都是空灵的，有一种要融在空气中的感觉。

如何才能体验到这种感觉呢？重点在虚实。拳架中虚实既在于两脚之间是重量的流动，也在于丹田和四周之间是能量的流动。我们先来了解两脚之间的虚实，两脚之间的虚实主要是用于移动。当起势结束，重量开始在两脚间流动而分出虚实，此时要特别注意的是不可以"蹬"，从左脚实右脚虚，要从左流到右时，感觉并不是左脚的重量推过去，而是让右脚虚空，尤其是膝盖放松，感觉好像是右脚的虚空把左脚的重量吸过来一样。利用"虚吸实"的感觉可以避免实腿用力去推。就好像猫走路一样，而"猫步"就是特别练习这种移动的步伐，任何一次的移动，从实到虚都是用流动的，水从高处往低处流，能流动就是因为底处的虚空。脚完全不要用力，只是静静地去体会流动之间虚实变换的感觉。

虚实流动在丹田及四周主要就是用于拳架的流动了。丹田实则四周虚，当能量从丹田扩散至四周时，则四周变实，丹田为虚，此时又会从四周自然流回丹田内球之中。自然流动能让身体产生一种连绵不断之感，运劲如抽丝般，就好像拉着一条丝一般轻轻牵引着全身筋膜。这种含有能量的筋膜流动，拳经拳论上总是喜欢用"气"来描述，因为无形无体，就是一种流动的感觉，用"气"来描述也无不可，只是要切记不可与呼吸的"气"及气功的"炁"混在一起。因为受制于气功的影响比较容易搞混，我比较倾向于用流动的能量来形容。了解了这个，再来看王宗岳先生的《十三势行功心解》的第一句就容易明白了。"以心行气，务令沉着，乃能收敛入骨。以气运身，务令顺遂，乃能便利从心"，就是指"以意念引导这个能量的流动，必须沉静稳定，才能收敛在骨头深层，筋膜内传递。用这个流动的能量带动整个身体的运作，一定要连绵不断，才能运转自在如意"。王宗岳先生提的就是这种具有能量的虚实流动，这个能量的流动是在丹田和四周做着虚实交换的。

丹田流动到四周，可以是转动而出，可以是松张而出，可以是拧转而出，完全视拳架招式而定。但不论何种流动，主要是附在骨头之上的深层筋膜传递，肌肉完全不要用力，能量流动顺贴骨头而出，回流亦同。要特别注意的是能量的流动不能断裂，要"运劲如抽丝"一样轻柔但连绵不断。"意气须换得灵，乃有圆活之趣，所谓变化虚实也"，也就是指这种能量内外的流动要能交换得灵巧，这时就能得到圆满灵活意境，这就是球体内外虚实的变化。"行气如九曲珠，无微不至"让这个能量的流动能贯穿全身，到达每一个细微处。

当然端正姿势还是最根本的，这时候一定要保持顶头悬，要"立身中正安舒",这样能量才能流动到四周而慢慢形成掤劲,以"支撑八面"。《十三势行功心解》的"又曰"也说明着能量流动的细节:"先在心,后在身,腹松静,气敛入骨髓。神舒体静,刻刻在心。切记一动无有不动,一静无有不静。牵动往来,气贴背,敛入脊骨。内固精神,外示安逸。迈步如猫步,运劲如抽丝。全身意在精神,不在气,在气则滞。有气者无力,无气者纯刚。气若车轮,腰若车轴也。"这是指"先让心宁静安适,才能注意身体的变化。从丹田松开,把能量顺着骨头中心流动而出。此时显现的精神安舒,身体静静地流动,时时刻刻要注意心念的专注。要记得这种流动是全身的,一启动则全身扩张流动而开,全身张开之后又全身一致静静地收合。这种开合牵动能量的流动,使收合时的胸腹都好像贴入背脊,全身好像合成一体了。虽然丹田内在灵动地开合,但显示在外球的是舒适安静。移动要注意虚实交换如猫迈步般,练拳流动要连绵而不断如抽丝般。全身的意念要专注于这种能量的流动,而不是注意在呼吸的气,注意了呼吸,身体的运转就会停止。注意了呼吸的气,则能量消散而无法凝聚。不是呼吸的气,是能量的流动才能将太极球体锻炼出纯刚坚韧之体。这种流动的能量布满全身,就好像车轮一样转动自如,而丹田就好像这个车轮的中心车轴一般"。

《十三势行功心解》又说:"收即是放,放即是收,断而复连。往复须有折迭,进退须有转换。极柔软然后极坚刚,能呼吸然后能灵活。气以直养而无害,劲以曲蓄而有余。心为令,气为旗,腰为纛。先求开展,后求紧凑,方为缜密也。"白话的解释就是"开就是合,合就是开,开合一体而不断连。能量的内外流动交换时有折迭滚动的现象,移动时虚实要有转换,这样将格体流动到极度柔软的状态时,内部空间便十分广大了,此时就会显现出强韧的刚体弹性。能做到球体的开合就好像呼吸一般自然,那么球体就能灵活应用变化了。流动的能量直接扩散开来不会影响格体的完整,而球体内在的曲折空间能够完整地将发劲的能量容纳在内而不会破散。意念是发动的根源,流动能量扩满四周由意念驱动着,而这个完整球体又以丹田为主宰。练拳要先求流动能量能扩散四周无微不至,接着要收回丹田,由丹田内部做细微运转的控制,这样练拳才能更趋向于完整而无缺漏。"

拳论一再说明着如何注意全身的流动变化，但其实重点就是虚实而已。所以太极拳论的最后总结就是"虚实宜分清，一处自有一处虚实，处处总此一虚实。周身节节贯串，无令丝毫间断耳"。前辈先人们苦口婆心地一再叮咛着我们如何练才能进入太极之门，当我们能量的流动能完整充满格体四周，开合如一自然时，则掤劲之势自成，则太极之门自此而开。

练出掤劲

　　掤劲的形成，代表着太极球体已完备，此时就是正式进入太极之门了。我们练太极拳的第一个目标就是练出掤劲，所以我们需要了解何谓掤劲及如何练出掤劲，以期进入太极之门。

　　太极拳八法秘诀："掤劲义何解，如水负舟行，先实丹田气，次要顶头悬，全体弹簧力，开合一定间，任有千斤重，飘浮亦不难"，简单地说，初期掤劲形成时，身体就是一个充满水似的大球，由尾闾拉一条中轴到顶门，形成顶头悬，而后从丹田扩散到四周，形成一个充满弹簧力的大水球，球体伸缩之间，任人巨力施来，对方也会被拔根而起，使其巨力也无从施展。

　　古书拳论对于掤劲说得很清楚了，我们只要依法练习即可，掤劲是自然形成的一种球体张力，而不是用力去掤起。掤劲也是一种保护本体的劲，是不具备攻击力的。出拳击到有掤劲的人身上，被反弹出去并不是本体用掤劲去弹出人，而是就像我们击一个有弹性的大球，被球体张力结构自然弹出一样，球并没有主动意识去弹出人，而是击人者自己的力量将其弹出的。

常见有人将手撑开，将接触者弹出，这样的状况并非掤劲而是结构弹力，如果是用骨架结构弹力那还是属真太极的方式，也还符合太极应用之法。但大部分人其实呈现的是肌肉力量和骨架所组成的肌力混骨架的弹力，这并不是太极拳要的弹力了。而不管是纯骨架弹力还是肌力混骨架弹力均非掤劲，如此使用均是对掤劲有偏差理解之故。真正的掤劲是自然形成张力的，并不是刻意去撑开的，而且最重要的是张开主要是在整个身躯的四周，而非双手而已。学习者一定要能注意，如果为了有掤劲而刻意去撑开双手，那样就很难真正练出掤劲了。

掤劲是入太极之门最重要的标准，所以有人甚至称太极拳是"掤劲拳"，可见掤劲的重要性。但事实上，掤劲只是入太极之门的根基，还不是太极拳的全部，称太极拳为掤劲拳有点太过了，不过也足以彰显掤劲的重要性了。掤劲十分重要，大部分人一辈子入不了太极之门就是无法明确知道什么是掤劲。最常见就是如上述的人，撑臂为圆自称为有掤劲，或是弓背成圆称为有掤劲，或是用力绷紧身躯弹人出去称为有掤劲等，这些都不是真的掤劲。具有掤劲者，站着不动就有掤劲了，举手投足就有掤劲了。

为何站着就有掤劲呢？什么叫做举手投足就有掤劲呢？当掤劲形成时，会有一个特点，就是完美结构。掤劲完成后，就算随意抬手，此时所摆的姿势都会展现一种"势"，而这个"势"包含了完整的攻守，包含了太极拳所有的要求如沉肩坠肘、松腰落胯、气沉丹田等，完整得让对手找不到可进攻的破绽。如若对方勉强攻击，则太极掤劲能"因敌变化示神奇"，瞬间的攻守就击倒对方了，这种强大的攻守能力也是太极拳在古时被称为神拳的原因。当然也不只有太极拳有掤劲，这种完美的结构体也存在于其他内家拳中，形意拳尚云祥大师，在学拳之时，其他人在练拳，他就一人静静地站桩，站上三年所有同学都不是他的对手，站上十年，则拳艺大成。站桩当然很好，但能站出大师级的功夫，就是因为他在站桩中体会出完整的结构体，结构体完整了，举手投足就是功夫了，这个完整具有张力的结构体在太极拳中称为"掤劲"。

曾几何时，被称为神拳的太极拳，到现在变成不堪一击了，只能躲在太极拳的框框内整天大谈推手,而无法散手。为什么现在真正想练纯正太极拳的人只推手,这里面最重要的原因就是对"掤劲"理解的欠缺。因为天天谈论着想如何发人丈外,就进而会发展出一些特殊的技巧,专门针对推手而来,而不从内在盈满能量着手,当然最后只能推手而无法真正锻炼出太极拳神奇的散手功夫。

整天研究着如何发人丈外,自然会发展出许多特别的绝招,如勾起尾闾、弓起命门及后背形成一张弓,状似人虾,不但能承受较强的压力,并且能发出类似弓虾弹跳的劲。这种人体脊椎弓起再弹直的确可以发出比用手强大很多的劲道,发人丈外不足为奇,这让很多人如获至宝,以至于推手之时,喜欢发出脊椎弹直之劲,发人丈外,天天乐此不疲研究的人成堆,而擅于此技者,常也自得不已,可能也被人追捧为大师。当然每个人都有自己的选择,天天推手嘻嘻哈哈也是很好的,但是有志于太极拳武术者应该仔细思考这种单纯的、向前弹直的劲就是值得花一辈子学习的东西吗?这种对身体健康没有帮助且可能伤到膝盖及脊椎的动作就是你要的东西吗?可一旦弓起你的身体,就代表离太极之路越来越远了。

为何弓起身体就会离太极愈来愈远呢?因为一旦弓起身体,则中定就消失了。前面说过掤劲就是一个太极拳的完美结构体,弓起身体结构体就被破坏了,所以掤劲就难成了。掤劲的球体结构有纵轴及横轴(纵横太极意即于此),而要练出太极拳掤劲的第一步就是要先确认好纵轴,纵轴一定要确认好才能张开横轴成球体。"中定"就是纵轴。

如要练出掤劲,下面有几个步骤:

第一,要尾闾中正至虚灵顶劲拉出中定的中轴。在端正姿势一文中已清晰说明,尾闾要松垂而下,会稍稍拉直脊椎,松垂的重量一旦出来,会有一节一节向上推的能量直上脑顶,这就是虚灵顶劲,形成上下对拉的状态,而此时虚灵顶劲自然形成。从尾闾直上百会的就是中轴,中轴始终维持垂坠于地面,整个骨架稳定而放松地直立就是中定。这个中轴一定要拉到自然且稳定,时时保持着,虚灵顶劲的中轴最重要,中轴不出,则掤劲无法成形。这也是我一直苦口婆心地一说再说的原因，因为实在有太多人凹着胸以为是涵胸、弓着背以为是拔背、勾着尾闾打太极拳，举目就见，好像变成主流了，但是身形一屈，就朝太极相反方向而去，远离真太极了。

第二，要松虚丹田，让能量慢慢盈充四周。当我们的中轴能够中正时，就要试着在站桩或是练拳时去感觉丹田的虚空而膨胀，慢慢地涨至身体的边缘。这个是横轴，在练拳的每一个招式结束的定式时，特别地去感受这种膨胀感。

第三，肌肉中的筋膜处处稍稍拧转。当膨胀的感觉慢慢地推到了身体及手脚的边缘时，表皮会有胀满感，内在各部的筋膜会有轻微地拧转的感觉。我们去观察气球的膨胀，其在渐渐胀满时，表面会有张力的感觉，但我们的人体毕竟不是气球，要表现出这种张力，就是在肌肉的筋膜上做一些松张拧转的变化，这样能够完成掤劲的张力。根据现代医学解剖研究，肌肉筋膜的拧转，能够大幅强化人体结构，而我们古老的先贤在几百年前就提出了这样的见解和练习方法。

第四，完成掤劲。当掤劲完成时，身体的体质也会有大幅改变，也就是会有脱胎换骨的现象，此时不论是静立或是举手投足都会有圆满的感觉。掤劲完成时，自己是清楚的，不需要去刻意表现或询问别人。

对于这样的修炼过程在王宗岳先生的《十三势行功歌诀》中也有明确的说明。歌诀如下：

十三总势莫轻视，命意源头在腰隙。
变转虚实须留意，气遍身躯不稍滞。
静中触动动犹静，因敌变化示神奇。
势势存心揆用意，得来不觉费功夫。
刻刻留心在腰间，腹内松净气腾然。
尾闾中正神贯顶，满身轻利顶头悬。
仔细留心向推求，屈伸开合听自由。
入门引路须口授，功夫无息法自修。

若言体用何为准？意气君来骨肉臣。

详推用意终何在，益寿延年不老春。

歌兮歌兮百四十，字字真切义无遗。

若不向此推求去，枉费功夫贻叹息。

我们略做一个白话的翻译：

太极十三势掤、捋、挤、按、采、挒、肘、靠，前进、后退、左顾、右盼、中定不要轻视，全部能量来自腰隙的两胯和丹田所组成的球体。

要注意拳架中虚实的变化，内在的流动能量遍满全身不会稍有停止。

练拳要缓慢，在拳架的内在宁静中既要呈现缓慢稳定的流动，也要练到在缓慢的流动中透出宁静。这样锻炼出来的格体，在实际应用时，就能依敌人的攻击，发挥快速且神奇强大的能量。

每一个招式所展现的"势"都要用心去体会，把含有掤劲的意之势表现出来，这样功夫就会自然形成，不会觉得困难。

时时刻刻要注意丹田的这个内球，丹田要松净，好像有一股能量向四周扩散出去一样。

尾闾自然垂坠，会一节节推脊椎骨而上，有一股能量会直冲头顶，自然形成中定，此时配合丹田能量扩至身躯四周，会觉得全身松静、安舒、自在、圆满地张开，而头就被松松地撑起于颈上，这时候就完成了掤劲。

一定要仔细向这条路去推究探求，掤劲形成后，再进一步收合伸展球体或是张开收缩球体就能依个人体会再精进而行了。

在完成掤劲前，也就是在进入太极之门前，一定要有明师引路及亲口传授。进入太极之门后，功夫就没有一个固定模式了，此时就可以离开老师，依自己的体格及体会自行修炼，来完成自己的太极体。

如果要问完成的太极体应用的准则是什么？只要意念一动，就能驱动全身骨肉瞬间完成完美且强大的攻守，会有强大的破坏力。

但仔细推敲，练太极拳的目的根本就不在于功夫的强大，而是在于太极体完成后就能够健康、延长寿命且减缓身体老化。

这首一百多字的歌诀，字字都是真切的提醒，歌诀中的含义已经完整没有遗漏了。

如果不向这个方向去推敲研究太极拳，那么只是空费时间而最终徒留下叹息而已。

掤劲完成之后，当招式流动结束，进入定式时，会自然展现出一种完整的势。有掤劲及没有掤劲的练习者摆同一式，其味道就是不同，虽然样子很像，但神气就是不同。内家拳讲求"神气"，这个神气就是"势"，也就是太极拳的掤劲。只要掤劲完成，随意摆一个姿势就会有一种势。我们可以多多去揣摩一些已故著名大师的拳照，体会其中所含的势，对自己也会有所帮助。

《十三势行功歌诀》中已经详述了我们练拳的路，我们只要依循着这个方法去练习就能有所成。在入太极之门前，我们要专心一致地调整我们的姿势及体会松，这样专心练习，五到十年就应有所感觉了。当掤劲完成后，格体将会进一步变化，此时太极球体完整，就要进一步修炼这个格体，要将这个充满水的大球体慢慢变成充满空气的球体。一般时候，我们会先去滚动及延展这个太极球体。

滚动太极球体

练出掤劲后，代表格体已经完整而不散乱，此时练拳的感觉会明显不同，我们要再进一步内观，体会内在的变化而陆续去感受其他劲的运转方式。在未入太极之门前，虽然也是一样练拳，但全身的统合性尚未完全，所以难免有散乱的状况，运转之中不免产生断裂，无法连绵而不断。掤劲既成，球体圆满，则运转可如意，我们就要再进一步让球体能自行运转。

要做到球体的自转，要注意的就是"分虚实"。虚实就是阴阳，像水库的水，从高处流到低处，就可以发电一样，从实腿流到虚腿会有能量产生，我们可以利用这个能量来带动丹田及胯的这个内球。当我们放松身体，将重量全部注于实腿之时，自然能带动内球向虚腿方向旋转，内球能量能带动肩、手的外球运转，而外球运转能量也能依离心力及向心力而流回丹田的内球，这就是内外一致，也就是内外相合。整个拳架松松柔柔但内气腾然而张，自在地流动及滚动。在这时候我们也会尝试体会及发展出几种劲及身法。

一、将劲

这是球体向下斜转模式。主要的方法就是利用对方的力而引劲落空，当对方力量来时，推动我的手或是胸，我则双手相接其手及肩，顺其之势，引其力顺着我的内球斜滚动的切线而出，对方应会斜摔出去。当然依我们内球体滚动角度不同而有不同的结果，如果内球平转，则对方只会沿切线被带出去。角度不同就会有不同效果，一般我们会用向下斜转方式，则对方施力愈大，就会被摔出后侧更远。将劲的用法有几个注意点：

（1）以掤劲相接，引对方力来时，我外球瞬间消失，只剩内球，外球的手沾黏对方之施力点，引进其全身力到内球之上，让对手就好像自己推动我的内球般，我们只控制被推动的内球是做后斜转方向即可。

（2）注意双手是沾黏住对方的施力点，其施力点可能在上臂，可能在肩，可能在肘，要能感应出来而沾黏而引之。不可用力拉，用力拉会产生抗力，变成拉扯，效果极差。沾黏者，要让手似乎含有黏性般。

（3）内球要完整且松净，越是松净，越难被察觉，滚动也越灵巧，瞬间的摔落容易受伤，使用时务必存意。

二、挤劲

挤劲的劲源主要来自内球的胯，挤是内球压迫形成爆发能量，传至肩再传至手而宣泄出去。挤劲瞬发就似箭般具有穿透性，如果控制速度慢一些，就不会这么尖锐而会具有弹性。为何叫"挤"劲，就是好像把内球能量挤出来而发出的。弹性愈大的球，受到压迫时，如果有一个宣泄口，就会把全部能量从这个宣泄口喷出，此时爆发的能量十分惊人。挤劲的使用也有几个特点：

（1）在使用挤劲时，会略旋内球，使左胯略高于右胯，再利用高低落差能量，带动左胯合上右胯，此时右胯保持不动，如果动了，就变成转腰了，就不是挤了。右胯不动，左胯落下合上，形成一种压迫。

（2）这个压迫能量传到肩，肩及胯是同心圆，要同步运作，胯挤压的能量传到肩，肩也同步形成挤压将能量传到掌。

（3）挤劲的外形是左掌根对齐右掌中线合之，刚好左掌心放在右掌根上。当从胯到肩的能量传至合掌时，整个手臂要做一个拧转而合的动作，使能量能更完整且集中地传至掌而发出。

（4）依照传递的速度来决定是要将对方挤弹出去还是用挤劲直接穿透对方。虽然说得很慢，但实际操作速度十分快，胯一合，挤劲就要一连串穿透出去了。挤劲似箭，使用要十分小心，通常会放慢速度，半挤半推地使用着。

（5）使用挤劲时的右手主要功能在于破对方格体而侵入，破体侵入不难，右手松然似水，轻沾即顺对方的力量流进去了。破体侵入合即出，要注意下手的轻重，同好切磋，并非杀敌，心存善念，其乐融融。

三、按劲

"按劲"非"推人劲"，"推人劲"这里简称"推劲"，这两者主要是在能量来源、传递模式及速度上有不同。"推劲"劲长，一般劲源来自脚底、脊椎。"推劲"来自脚底者，主要是受了《太极拳论》里面"其根在脚，发于腿，主宰于腰，形于手指"一句所影响，其实这句话主要用于内在能量的流动，但却常被推劲者拿来作为主要的理论依据。

本来"推劲"并不属于散手发劲八劲之列，但随着时代的演变，太极散手不见了，只剩推人，此时"推劲"就变成现在只会太极推手的主流了，几乎所有的学习者是以此劲为主要的学习目标。在此我们对流行的"推劲"进行分析和了解，"推劲"主要是研究如何借"地根力"来到腿到腰到脊椎而形于手去推人或是脊椎利用快速伸缩运作，借地根反作力而为。关于此劲，有几个展示的方式：

（1）利用"其根在脚，发于腿，主宰于腰，形于手指"的地根力发劲，此劲特点是劲源长。劲源长容易发人丈外，但要注意劲的传递不能有断裂，维持松柔的弹性，从脚底到腿到腰到脊椎而形于手，要变成一个大弹簧般，发人就像弹簧般弹人出去，被发的人也不会痛，轻飘飘地就飞出丈外。切不可用力，用力则劲断，只剩手力，效果很差。

（2）此种利用地根力的"推劲"虽然可发人丈远但劲长，如果面对听劲能力不错者，这么长的劲，就容易被察觉而走化了，或是半途就截断这个劲了，所以使用必于得机得势之时。初时轻柔相触，松柔走化，趁势流入对方中心才可以施于此劲，不然不是效果不好，就是反为对方所借力，造成败势。

（3）"推劲"的劲源如果能来自脊椎效果会更好。能利用脊椎发劲效果好是因为传递距离短了一半，发劲速度快及被对方识破的机率低。而脊椎发劲又大约分两种，一种是勾着尾闾，弓起脊椎，利用脊椎被压迫而弹直时的弹力而发劲；另一种是利用脊椎的涨缩来发劲。第一种是现在很流行的方法，也是一种取巧的脊椎发劲法，所以很多人练拳都勾着尾闾，弓着脊椎，其目的无非就是想要使用脊椎弹直来发劲，以期早日练出"推劲"的功夫。但这种练法会让身体变形，形成弯腰驼背，虽然也颇有威力，但适用范围太窄，也无法进一步演化成散手，而且对身体也不好，我们认为得不偿失。但缺点这么多，为何还是会有大部分人用这种脊椎发劲法呢？最重要的原因应该就是施用此法无需等掤劲完成，只要学会这个劲路的连贯就可以使用了，再加些力也行，加些外家拳手法也行，对于急于表现太极拳功力者，是相当取巧而能用的推人法，而且这些人大部分也不是要追寻什么太极功夫，只要能在一个场子争得些面子就行。第二种是利用脊椎的涨缩所发的劲，此劲有速度快且力量强的特点，而且此劲需要保持尾闾中正，头顶悬等太极拳要求的端正姿势，利用脊椎的涨缩及地根的反作用力，发挥出力量更强且速度更快的"推劲"，但这个就需要掤劲的基础了。如果喜欢研究推劲，应该要朝这个方向去研究才好。当体会越深，技巧越纯熟，可以由此进入散手的一法。利用脊椎涨缩一弹，人就如虎豹射出，势如猛虎下山，用于散手有虎豹之势。

虽然第一种勾尾闾形成的"推劲"是大多数人所用，但却不是正途，第二种用脊椎涨缩的"推劲"才值得研究及使用，但无论如何，这两者所发的就是推人的劲，都不是按劲。在这里特别去讨论推劲，除了这种"推劲"发人丈外的功夫颇有太极味道外，主要还是现在举目所见的同好，皆以研究此劲为主要目标，此"推劲"发得好者，也被一致认为是太极高手。但举目都是推人劲，好像太极拳的功夫就只会推人一般，但这也是太极拳为人质疑能否散手的原因了。相信很多人都听过外家拳的质疑："被太极发出十次也没什么事的，但只要结实打中对手一拳，就赢了。"我辈学习者，切不可只把眼光放在推劲上，而忘了太极拳是具有强大爆发力及势如破竹的散手功夫的，研究太极拳永远有最高远的目标引领着我们前进。所以了解"推劲"后就要去研究何谓按劲，了解两者有何不同。

什么是"按劲"呢？按劲是一种从内球到外球的涨缩能量运作，是一个充满弹性的球体膨胀的劲。球体膨胀和上面所提推劲的脊椎涨缩，虽然都十分有弹性，但圆形膨胀弹性和弹簧的直线弹性还是不同的。按劲有一些注意要点：

（1）掤劲一定要先完成。当球体完成，内外球体流动如一，此时练习从内球膨胀至外球，就好像内球涨大而产生压迫内在空间，使能量先传到肩再传到手，从掌按出。

（2）肘要接着内球，就好像感觉肘和胯虚空地接在一起般，此时肩、肘要松，要坠，要略合。尤其是肘不可太开，不然不但接不上胯，而且如果肘太开，一旦按到对方时，容易球体自行破裂。

（3）双手一分掌，翻掌当胸就按去，从内球推送出来的能量瞬间传到掌上，能量透出去，有极大的杀伤力。可以平胸而按，也可以再向下滚动而按。按劲高手因为怕伤到对方，所以当按的速度放慢些时，穿透性就没有这么强，会似有弹性的球一般，把对方弹出去，看起来和"推劲"效果相似，这也是一般人误会按劲就是"推劲"的原因。

（4）按劲是球体运作，球体滚动方式一变，按劲即可变化成他劲，其变化多端令人难以捉摸，劲的使用不易让对手觉察。

"推劲"和按劲外形似乎相似，但内在实在有很大的差异性，学习者除了二劲都要研究外，也要能分出其内在的不同。近年来，因为"推劲"的主流加之推手比赛的助澜，让许多学习者以为推人就是太极拳功夫的全部，很多人更是借用摔跤手法、柔道手法、外家擒拿手法，还有重力训练、腰力训练等混入推手比赛之中，好像只要推赢、摔赢了就是对的太极拳了。如此种种乱象，让学习者更难清楚什么是正确太极拳之路了。

四、采劲

采劲是球体向下旋转的运作，把对方的力引入地下，使其自摔。就好像人推大球而球被引向地下一样。采分大采和小采，大采对应的是整体性的大球运转，小采对应的是内球的运转。分别说明如下：

（1）大采使用的是整体大球。如海底针一招，对方劲来，我似被推动而急退，然后顺势牵引其劲而沿着大球的切线下滚，使对方摔落于脚底。

（2）小采使用的是内球，旋转速度快。对方劲来，引其劲至内球，瞬间滚动内球而采落，使用身体的重量及内球快速滚动，可对对方颈部产生冲击。

五、挒劲

挒劲是一个斜转的球，是一种切割的劲。球体的斜转分为大球体斜转及内球斜转。先贤对于挒劲的解释："旋转如飞轮。投物于其上，脱然掷寻丈。急流成漩涡，卷浪若螺纹。落叶坠其上，倏尔便沉沦。"所以快速旋转是挒劲的特点。挒劲有几点说明：

（1）"旋转如飞轮。投物于其上，脱然掷寻丈"指的是大球体斜转。大球体的旋转以斜飞式为代表，面对来势，沉身欺入，手插对方腋下，使用内球斜转，有拧转螺旋斜上之势，和捋的方向刚好相反，使对方沿着大球体的切线向斜上抛出。因为要沉身欺入，所以面对来势不可退，反而进步，松柔伸缩球体，出其不意，才能将球体合上对方，再借对方之力之势，斜转内球，拧转螺旋而上，可以将对方顺势抛在空中而跌出。

（2）挒劲的另一个用法就是内球的快速旋转。我们想象一下果汁机内刃的旋转，轴心马达高速旋转，配上刀刃，可以产生强大的切割力。所以松松定住上臂，手掌略张，两手呈平行，以掌根到肘的前臂当刀刃，利用内球体的快速旋转产生切割劲。内球挒劲有几点需注意：

首先，掤劲一定要有，不然快速切割时球体无法维持。

其次，手要保持平行且相应的状况，不可散乱，最好始终维持坠肘的肩宽距离，此时只要旋转内球引动外刃的切割，连绵不断，就能产生强大的破坏力，既可切开对方的劲，使其劲无法施展，也可切开对方的格体，使对方的格体破裂而伤。捌劲的使用更要小心才行。

最后，注意双刃不可有意念，只要认真保持好其双刃格体即可。全部动能都是内球快速转动而完成，双手乱动不但效能极低，且破绽百出，易为人所制。

六、肘劲

肘劲当然是用肘击，所有的武术几乎都有肘击这个法门，泰拳更是此中翘楚。我们去观察所有拳术使用肘的方法，绝大部分是加大肩或是腰的转动幅度，创造攻击的距离，以期加强攻击效果，泰拳更是利用跳跃方式来强化肘击的效果。所以几乎所有的武术要用肘击一定要开肩，让肩的旋转幅度加大再配合腰转就能有强大的攻击效果，这是非常正确且有效的方法，只要击中对手，几乎是一击必倒。这种攻击虽然十分凶猛，但实际使用上却不易击中对手，主要是因为施展的幅度过大，对方也容易察觉而闪避。

相较于其他拳术的肘击方式，太极拳的肘却是用刺的。太极拳的肘使用的是像短刃一般的刺法，先将胯和肩合，再从胯发劲直传至肩，再从肩延展出去，从肘刺出。因为劲走体内，外形根本无法察觉，所以接手肘尖一对上对方，发劲延展体内劲路，肘尖就像短刃般刺入对方体内，其势凶猛而无形，有很强的杀伤力，故在使用时千万要十分小心。练太极拳者应内心平和，切忌暴戾，否则功夫亦难高深。肘劲有几个重点：

（1）只有球体内部松然，劲路的传递才能完整。

（2）想象球成锥，锥尖就是肘尖，全身能量由此尖流出。

（3）外球空然，接手要轻，将对方之力和体内劲路一起流到肘尖而刺出。

（4）肘尖是虚空无定向的，是立体的，随对方之力而成形，就好像被对方之力压迫成形的，尖成形即刺出，一刺必中。

练习肘劲,可在推手时练习,不过推手之时,外球就不能空然,而是要有掤劲张开,和对方接手之时,利用胯传肩再从肘尖对胸虚刺而出,会产生一种弹力将对手弹开,可以练习肘劲又不会伤及对方。

七、靠劲

靠劲用肩或是肩胛骨靠。靠不是用力撞,靠是一种能量的传递。我们有看过一种玩具,一排吊铁球,提高一边的球后放下,则落下的撞击力会传递到另一边的球,使之弹起,而循环不止。这就是一种能量传递的玩具,靠劲就是如此的能量的传递。这里有几个要点注意:

(1) 球体的格体要能完成,也就是掤劲要完成,不然一靠就自行破体了,掤劲未完成时的靠多半是用肩力去撞的,效果不好且易为人所借力而被摔出。

(2) 劲路的流动要平稳而顺,不能中途顿挫。如铁球的吊绳般,当铁球落下时提供毫无阻力的重力流动,我们体内重心移动时,不能有僵硬感而产生阻力,将完整的球体配合身体重量加速传递到对方身上而将对方击出。

(3) 使用靠时,肩不可超出脚尖。所以为强化效果,有时可以将前脚尖插入对方裆下,后脚横向成丁字形,这样可以让格体稳定些,但其实如果格体已相当完整也可不必一定如此。

(4) 可以加上震劲,在靠的同时产生一种冲击效果,能大幅强化靠劲的效果。

靠劲虽为八极拳所擅长,但太极拳的靠劲也不遑多让,八极拳为了练靠劲,天天要去靠树,去撞墙,来强化格体的坚韧度,但毕竟是外力,练时要非常小心,否则容易伤到自己。而太极拳强化格体使用的是掤劲的完成及内球的震劲来靠,不需要辛苦练习撞击外物,就能达到靠劲的强大效果,又具有养生的功能,不必担心受伤。

当掤劲完成时,代表内外球体已经完整,再练习球体的旋转模式,则可以产生上述的诸劲,且依自行的体会再利用球体的运作还能有各种劲的产生,此处再略提一二,讨论一般能有的劲,至于各人特殊体会,就无法一一列举了。

提劲：提劲就是拔对方的根使之浮起的劲，明确地来说提劲不是一种发劲，而是一种格体的对抗，接手就将对方的根拔起，只要掤劲完成就能够感觉到，接手略转则提拔对方之根。提劲是其他所有劲的前提，发劲之前必先拔对方的根才施为，方为得机得势。如果两人掤劲均已完整而搭手，则能运转如意，如两个大球滚动，对练起来也是心旷神怡，只要一方稍顿，根即拔起而出。此种沾黏如意推手才能练出太极拳的功夫，而不是硬推硬拉。

截劲：这也是掤劲完成时会有的保护劲。掤劲完成，球体圆满如意且具有极好的弹性，能将攻击的力量反弹而出，使本体的抗击打能力大幅提升。截劲在很多拳术上都会使用到，对于对手的出击，在力劲到达本体之前，就先行截断，使其攻击失效，截劲的使用，一般是使用双手伸出截断。太极拳也是如此，差别在于外家拳使用力及速度来作截断，而太极拳则是松柔掤开双手，使用松柔掤弹截断。这种松柔掤开并非只有抬手而已，而是从丹田的内球一层层地涨开，到体表再到双手而具有掤弹的截劲。

和其他拳种不同的是，太极拳的截劲不止于手，还有身体的截劲。当内球一层层涨开到体表时，能将外力松柔弹开而截断，但从外形看起来好像根本没有动，就有截劲的弹力，显示出太极拳的抗击打能力，但其实本体并不是没有动，只是内球膨胀到体表外人看不出来罢了。而这种膨胀的保护劲，是只要掤劲完成后就会自然运作的。太极球体松柔走化本就不易被击倒，就算被击倒，仍有掤劲所化的截劲保护着本体。

初级摔法：球体完成后，也有摔法的形成，但球体的摔法并不是摔跤或是柔道的摔法，反而是比较接近合气道的摔法。相传合气道祖到大陆学过太极拳，猜测他是混合了太极拳的圆形运作及其本身所学的柔术而形成现今的合气道。但是合气道并没有形成太极球体的方法，所以他们用圆形转身步法取代了太极内球体的运作。当然这种圆形步法的摔法效能不高，所以合气道的演武也易为人所诟病为套招。虽然如此，仍有参考的意义，当合气道的步法愈来愈熟练，圆形运动愈来愈自然，则他们也会由利用步法的摔法而进入利用身体球体的摔法。能这样做的合气道在其内就是高手了，而这个身体球体的摔法和太极掤劲刚完成时的球体摔法就相似了。太极球体的摔法比较自由，随意而为，只要合上了，就转体而摔，纯粹是对球体的旋转的感悟而形成的摔法。而合气道终身只研究圆形球体的摔法，自然发展出许多适用的摔法。所以对太极球体的摔法有兴趣者，太极球体初级摔法可以参考合气道中高阶的球体摔法。只要是球形转动就有各种变化，参考所得再结合自己的各劲旋转法，以外球整体旋转就可以综合变化出自己的摔法而不必拘泥于合气道的摔法之中。

　　掤劲完成了，滚动太极球体而得到各种运用及变化，这些都是入门后的初阶使用。我们一定要细细地去体会，球体运转熟练了，接着要延展我们的球体，使之拉长变形，既能更进一步地去修炼这个球体，又能变化出不同的劲来。传递内在能量是接着要修炼的主轴。

拆解全身都是球

当我们的球体完整后，我们就要试着拆解这个球体，拳论有云："行气如九曲珠，无微不至。"这里九曲珠指的是身体无处不有圆球，行拳务使圆球能节节贯串，连成一气。但无处不有圆球是指拆解的后段，在初期首先我们会先拆成六个基本的球体，就是丹田内球，两胯各成一球，整个胸是一个球，两个肩胛骨又各成一个球。这几个圆球既能独立滚动，也能互相连贯。

太极拳无处不圆，圆中有圆，一套拳由无数的圆所组成。但谈全身都是圆球之前，一定要先完成最基本的一个完整结构球，也就是掤劲的完成。切忌好高骛远，一个球都尚未清楚，就大谈全身是球，如此最后只得一个散乱体而已，使全身是球流于空谈。全身是球必须透过一连串的练习才行。

在初期练拳之时，通常我们会把各个关节当成一个球，行拳之时，要注意这些球之间的流动，保持节节贯串。但这只是初级尚未入门时的状况，因为只要球体结构完成，这些关节的球就自然节节贯串了，根本无须特别去注意。贯串这些关节球体本来就是完成球体结构前的基本条件，而这里所要谈的并非如此基础的关节串联，而是更深一步地拆解已经完成的结构球体。

如何拆解球体，分几点说明：

（1）先拆成六球。前面已说明，我们先拆成"丹田内球，两胯也各成一球，整个胸是一个球，两个肩胛骨又各成一个球"，且这几个球要能独力运作。单独动左肩之时，其他几球的肌肉不可被拉扯到，单独动一胯时，也是如此，就好像各球是独立体一般。如能先拆解出这六个球，运用上就变化多端了。

（2）拆解各球的方式，在拳架中都有包含，只是此时，我们要更完整要求各球的独立性，各自运作不互相牵连。就像木偶，各个地方都是拆开的，拉这绳才动这腿，其他地方不动。又好像跳机械舞，关节都是拆离的，可以分段动作，当然我们不需要去跳这种舞，但拆解的状况就差不多是这样，全身好像散了般却又细细连贯着。

（3）全身拆散，但仍有中轴。没有中轴就垮了，就好像木偶般，需要有一个中线吊着，四肢各部才能拆解各自运作，机械舞也是，仍有中轴的存在。中轴为本后，想象全身各部分都拆解了，想象全身都化成一颗一颗独立的球，力量推进来，就是接触点那个地方的球滚动化解即可，其他地方不动，力量再大些，就是附近的几颗球动即可化解，其他地方的球体则都不动。

（4）这些球都是和本体大球一样，松松散散又各自含有掤劲。轻轻触摸会发现个别独立的转动，而这种独立的运作并不是刻意用力的。想象你把手放入球池，就接触到的那几颗球在动，而球也是被动的，你力量压下去才开始动，而我们体内拆解的球体，要灵巧到只有羽毛的重量就要开始转动了。局部的动，一球无法走化才带动另一球转动，而球也可能不只是转，只是向内溃散才转而走，避开力量。

（5）当球体拆解到十分细小程度，全身好像由各自独立的细微球体组成，在结构体内有无数细微的球，好像互不相关又息息相关，此时就开始进入一种虚空及全身透空的感觉。

拆解我们的结构体后，我们可以有以下的应用：

（1）化劲：化劲不是劲，而是一种状态。化劲在所有的阶段都有不同层次的化劲。初学者，遇力而来，或硬拨而化，或退步转化等，虽也称化劲，但实非化劲。待掤劲完成后，依靠球体的灵巧转动，就可以做到初阶的化劲了，但相较于其所形成的诸劲，化劲效果尚不明显突出。而这里拆解结构后的化劲，就是真正的化劲了，真正的化劲是一种随意而化、无意而化的状态，应用极广。

我们想象自己体内充满着各自独立之球，就会明白"往复须有折迭"之意，因为力量进入，会碰到层层折迭的内球，而陷入无可自拔之地。但内球并没有要化，只是顺其势，自然引其路，直到其势背力尽。无意化而化，自然而化，是真化也。化劲不是只有一味地化，化之而得势，则亦可发。内球愈小，则化劲愈细致，化圈愈小，奥妙变化无穷。所有的球均是松柔而内含掤劲，触之松柔若无物，但实则内含坚刚，此坚刚乃掤劲的自然弹性，全身虽拆解似乎散了，但内含的掤劲仍是完整存在，只是细球太多，他人只以为散而感受不到内在的掤弹之劲了。而在所有球体的中心就是丹田，连内球也要拆解。全身的拆解其意无穷，功夫十分玄深奥妙，已达随心所欲的地步，这是要进一步达神明之域的"全身透空"必经之路。以下对于化劲再做一些说明：

①"无意而化"主要在于散。所有的内球呈现松散似乎各自独立状态，则对方之力就会在被接触的各球之间转化吸收，自然消失。全身处于舒散、松散、扩散的状态。

②全身的内球各自松散，不代表就是散乱，我们在格体尚未建立，掤劲未完成之前不可谈散，不可谈体内拆成多个内球，否则格体会变成软绵绵的蠕虫体。

③化劲不只是化，化中也在吸收对方的能量，以为我用。要用就将能量还给对方，不用则散入体内而无形。

④拳论有云："往复须有折迭"。指的是在练拳时，要注意内部虚实变换及关节的折迭。而对于此化劲而言，就是指的接触点内球的滚动，有折迭虚实变换之意。

（2）抗击打：抗击打的能力，在掤劲完成之时，可以使用截劲，将对方之力在将发未发之际而弹回去，让对方有打不进去而被反弹之感。而在拆散球体的抗击打中，则是将对方的力吸入体内，层层传递以致无形，好像被打了，却是把力散到各处了，把冲击点的受力降到最低。俄罗斯军用格斗术 SYSTEMA，就是利用了这种方式来抗击打，这让 SYSTEMA 格斗术显得与一般武术不同，而特别有太极拳的味道。俄国和中国北方相接，武术上的交流一定是有的，也许他们是吸收了太极拳这种特别的抗击打法而衍生出来这种特别的武术。我们在散手一章内，会好好讨论这种武术和太极拳散手的异同。在抗击打方面，也分几点说明：

①想象一下，用棉布装一大袋的细保丽龙球，你的拳头打在袋子上的感觉，袋子是陷下去了，但你的力量也被吸收，抖一下袋子就恢复原状。太极拳拆解后的抗击打就是这种情形，利用松散吸收了冲击力。

②这种吸收的力量在体内，是可以反击给对手的。

③如果身体内的球愈细、连结松却又紧实时，对方刚接触到我们似羽毛之力时，我们就可以开始传导其力了，对方会觉得好像打在无实体的东西上一样。

④虽然被打似乎凹陷了，但只有那个部分凹陷，我们本体仍不能失其中轴，不是被打得弯腰抱肚子样，就是在打击点附近陷入，其他地方仍保持不动。

（3）随意打：人体因为有关节，所以攻击的角度是有限度的。而这里所谓的随意打，是指攻击的角度可随意。什么意思呢？因为体内已经化成很多的球，就好像有很多关节一样，所以攻击时，手可以从一些意想不到而奇怪的角度进入。从什么角度进入呢？就是从对方防守的空隙进入，对方在防守时，也习惯于人体的结构，会防守理论上会被攻击的地方，对于一些空隙就不会防守，而拆解后的太极体就可以从这些意想不到的角度展开攻击。

随意打的练习，也分几点说明：

①随意打可以借用对方的能量，当对方打进来时，将对方的力量透过球体一个个传到手上，再以奇怪的角度回击。

②所谓奇怪的角度是指这种角度是不好发力的，打击效果很差。例如，一般攻击的手是直线或是弧线打击，手臂处于扭曲折弯的状态则无法发劲，但化劲的打法就是从扭曲的手臂中，透过内球的传递而发劲打人，做到想打就打而

无阻碍的程度。

③随意打的方式因为等同于有多关节在手里，虽然方便了角度的扭转攻击，却不方便劲力的传递，所以随意打的方法只能用冲击劲，使用冲击劲才能有够强的打击效果。在俄罗斯军用格斗术 SYSTEMA 中也看到了这种打击法的应用。

（4）高阶擒拿：擒拿法到了化劲，也到了随心所欲的程度了，全身都是球了，那和对手相接，对手碰我哪里，就可以用那里的球去摔了，最多再推进一层球一起运作而摔。只要粘连对方，不让对方脱离，让对方能顺着这个接触的小球而摔。身体的动作越来越小，碰到就合一而摔，并没有要做什么特别动作了。全身似松似软，静静而立，接手就随意而摔。高阶的随意摔也是合气道一生追寻的目标，但因为修炼方法的关系，他们能练到中阶的呼吸摔就已经难上加难。

太极拳的功夫练到化劲就算完备了。我们要清楚化劲的境界并不是单纯地要化对方的劲，化对方的力，最重要的是"要化掉自己有形之体"，让自己能进入无形之体进而全身透空的存在。进入化劲就是一条长长的路了，因为体内的球体永远都有更细致的微小球可以去追寻，而身体也越是自在、越是随意，看起来越是平常而毫无气势可言。当我们体会到身体的轻灵自在无为，就越会潜入心灵的修炼，对于要比武胜负，或是毫无意义的大师名气，就一点都不会在意了。

内部筋膜传递

能量的传递是太极拳一个重要的课题,"其根在脚,发于腿,主宰于腰,形于手指"其主要是指练习内在劲路的延展及螺旋传递。我们尝试着把自己的太极球体拉长而成为一条线运作,而内在延展走的是拧转螺旋传递的方式。试着把内劲从脚底或是丹田传到指尖,内在的螺旋拧转是传递的主要方法。不断地从下缠绕到上,从左缠绕到右,从中缠绕到四周,又从上返缠回下,从右返缠回左,由外反缠回中,不断地缠绕拉出一条一条的筋膜拧转传递。

八卦掌也是走劲路拧转,把自己拉成一条直线,他们不仅是内在拉成一条线,更让此线拉长身法走线形。八卦掌是一个攻击性很强也擅于闪躲的一门武术,利用身体内部筋骨的拧转及脚步的扣摆,拉成各种的线围成各种圈。应用的时候就好像一条蛇一样,好像正面过来,一打它,就到侧面咬人了,你不打它,正面就扑过来了。八卦掌由于拧成一条线,化成一条大蟒蛇,具有十分好的攻防效果。随着功夫逐渐深入,八卦掌会有朝太极拳演进的趋势,模拟成一个球,所以会逐渐将身体的线缠绕起来而形成一个球,因为是线绕成的球,所以孙禄堂先生说"是一个钢丝球"。

八卦掌走向圆满及内心的修炼，会朝着太极拳前进。相对的，太极拳的球体形成之后，掤劲形成之后，像一个有弹性的大球了，在一部分的技击上，也会模拟八卦掌的身法及手法。既要像八卦掌一样将自己拉成一条线，也要把自己变成一条大蟒蛇。直线是最难被攻击的，除了正面的面积很小不好攻击外，打了侧面还能折线反过来咬一口，而正面一条线的串联就好像一把长枪似的，不小心就刺过来了。而且线还有缠绕的功能，一缠就擒拿或者缠摔，变化多端。难怪相传当年杨露禅先生和董海川先生的八卦掌打个平手，难分轩轾。

我们也要模仿八卦掌的线性运作，当然拳架不同，我们不可能像八卦掌一样去走圈，我们取的是八卦掌成线的意涵，自有我们太极拳自己的练法。在太极拳拳架的练习上，运行模式有球形的同心圆滚动、内在的延展螺旋传递及球体的伸缩。在内在延展螺旋传递运作上就是取八卦掌伸展、螺旋、拧转、拉长的概念，所以要注意从脚传到手或是从胯传到手脚时，内部的拧转及拉长。在延展的运作上，有几个注意的要点：

（1）拧转是以骨的中心为圆心，走肌肉和筋的螺旋运动。肌肉和筋要放松，感觉由骨中心在带动，此时所拉长强化的是包在骨头上最接近骨头的肌肉及筋膜。

（2）只要拳架中有"其根在脚，发于腿，主宰于腰，形于手指"的需求时，有时候就是要延展劲路，此时就是要从脚的脚骨传到胯骨、脊椎骨、肩胛骨、手骨中心而上，一节一节地螺旋推展上去，各个关节是中继点，关节既要松开，也要相对应地拧转。例如，单鞭一式，就是从右脚掌扣转一节一节拧转螺旋，传到胯到脊椎到肩胛骨到手臂到左手指尖。

（3）内在拧转螺旋既可能从内球丹田及胯发动，也可能从脚底发动，还可能从肩胛骨发动，学习者要自己静静去体会，要细心体会内在的流动传递。这些流动就是延展，就是走螺旋。

（4）内在的螺旋延展和拳论里的"运劲如抽丝"是不同的。运劲如抽丝的意思是说，太极拳在练习时要松、缓、轻、柔、匀，就好像轻柔地抽丝般，连绵而不断，松柔而通透。这个是杨式太极拳舒展轻柔的特点，并不是一种劲，也不是缠丝劲。

太极拳的拳架每派均有不同，但这种内在的螺旋拧转都会存在，学习者一定要仔细去体会。当我们球体完成后再进行这种螺旋传递的方式，也会发展出特别的劲，这里就常见的劲及身法手法做说明。

一、钻劲

这是一个螺旋击打的劲，从丹田内球的胯而出，通过脊椎，到肩胛骨，一路拧转而从拳出，就好像一个钻子把能量钻入对手体内。这是一个具有穿透性的劲，能伤及内脏。钻劲的使用，有几点要注意：

（1）劲源来自丹田的内球，而不是脚底，来自脚底的劲太长，效果不好且易为他人所察觉。

（2）掤劲结构一定要完成，不然强行使用，只会自己折断。

（3）拳劲贴身而入。使用此劲，并不是出拳时一路拧转而打击对方，如陈氏太极拳的掩手肱捶，出拳也是有旋转，但从腰旋转而拧转击出只是为强化打击的效果，这个方式并非钻劲，钻劲是贴身而入，当拳触及对方胸腹之时，才瞬间从丹田发出而钻入。

（4）贴身而入在外形上是没有打击的距离，但距离是走在体内，从丹田内球的胯而出，通过脊椎，到肩胛骨，一路拧转而从拳出的距离是很长的，只是外形看不出来。尾闾一沉，丹田一抖，劲即钻入，其势威猛且冷脆，易伤人内腑，使用要十分小心。

在使用钻劲时，钻入要害之中更见效果，但了解就好，在日常练习时要放慢速度，避免伤及对方。

二、穿透劲

其又称入劲，就是将劲穿透对方身体而出，劲一闪，就像一把长刃插入对方体内，具有强大的杀伤力。与钻劲相同的是，此劲也是以丹田的内球为劲的根源，从丹田的内球而出，通过脊椎，到肩胛骨后延展肩胛骨，从手掌根直透而出。与钻劲不同的是，手臂并不旋转，而是将劲直透而出。以下分几点说明：

（1）手臂成松松略直状，从掌根穿透而出。练拳时，遇有穿透劲之式，要将劲用意念放出掌根外一尺，各种派别应都有此劲的招式。

（2）内球扩张发动，传到脊椎，再传到肩胛骨，再延展肩胛骨，将劲透过手臂而从掌根发出，这是完整的路径，但其实只要单纯延展肩胛骨，威力就十分强了，可以不必由内球发出。

（3）手臂的骨骼要接好。因为使用时，整个手臂就好像一把长刃或是一根棍子一般，劲是穿手骨而透出的，手臂一弯劲就断了。劲穿一尺，击中后就好像被一把长刃刺穿一尺般，伤筋动骨透及内腑。

（4）与钻劲一样，触及对方才发劲，所以也没有明显的外在动作。不过在未触及对方前一寸发劲，更有穿透效果。

穿透劲的使用一定要非常小心，通常在上课时我不做示范，因为很难拿捏分寸，上课时只有虚比一下就当交代了。在十年前的一次上课，有一位学生希望我能试试此劲，此学生好学不倦，学习十分认真，看此劲虚比一下，想要试试感受。我勉为其难地在其胸口轻轻按了一下，他当下脸色发白，围观学生以为他在做戏，因为我根本没有什么动作，只轻按了他一下，他也只略退一步，并没有什么大的状况。那节课剩余时间里，该位学生就只能坐在旁边喘气无法上课了。当晚，他觉得胸前有一大针板，直接钉在胸腔之上，完全吸不了气，隔天就医刮痧，背部瘀黑整片，接下来一个月痛苦难当，两年过去了，每当风雨，胸口仍微痛。此学生经此一事，更加努力练拳，拳艺精进不少。讲此例，是要告知学习者千万小心，前辈先人对此劲也多有警告，学习太极拳本就在修养心性，并不以伤人为乐。

三、擒拿

擒拿就是制住他人关节以达制服他人之目的。所有的武术几乎都有擒拿一技，军警人员更是需要精通此技。不过所有的擒拿除了技巧外，也大都仍以力胜人。太极拳的擒拿比较不同，没有一定的技巧，也不用大力胜人，只用听劲依势而拿。太极拳要做到擒拿轻巧且有效就必须了解太极"不拿而拿"之法，就太极拳的擒拿而言有几个要点：

（1）将体内螺旋拧转的劲路传导到对方体内，令其体内也产生旋转，依旋转而产生的关节偏移，顺势而拿。这当然需要听劲的配合，听其劲路的变化，察其关节的顺逆，逆其关节而拿。

（2）拿有化之意。当传导螺旋到对方体内时，对方可能以力抗，力抗则化，依其力量的方向顺其方向角度再施以螺旋转入，此时要依势拉长对方的筋骨，在顺其力量走化的同时，仍要引其筋骨拉长而旋转。反复为之，则对方在抵抗扭动之中被擒拿。

（3）擒拿之意不在拿，纯粹是捆锁。太极拳的擒拿不是有什么擒拿手法，法无定法，纯粹依对方之力而动。由我方导入拧转螺旋后，依其身形、力量抵抗的变化而进行捆锁的缠绕，最后才折入关节当作捆锁的绳结。

太极擒拿是依内劲螺旋缠丝而成，没有定法，变化无穷，但就是因为无定法，所以很难言明，只能意会。

四、中级摔法

进入太极拳的中级摔法，是一种缠摔。这与合气道高级呼吸摔类似，是合入对方体内进行的摔法。这与摔跤、柔道的摔法不同，针对各派摔法技巧，家家各有不同的技法。太极拳的缠摔和擒拿一样没有一定的方法，就是缠入而摔，我们分析几个重点：

（1）全身要放松，如若无骨，化成大蟒蛇。当对方攻击时，避其锋而侵入，就像一条蛇般缠入，锁住对方，即缠即摔，以丹田为圆心，以对方为外圆而旋转下摔。

（2）以粘连、听劲为本。闪身而侵入对方，并非用闪躲的方式，而是似蛇钻入，粘连搭手，从丹田内球一拧，就顺对方之力而缠入。拉长自己的筋骨，螺旋而入，即粘即缠即入。

（3）不管对方触及我身体何处，该处立即虚空若无物，且即以该处做粘连再顺势缠入而摔。

缠摔之法，以合对方身最难，如何配合对方达到人我合一而摔就是其需要详研之处。太极之缠摔，强调合一，入身合一才能摔，但合一的灵巧完全依粘连及听劲来施为。

五、蛇形

太极拳有蛇鹤体，流动拧转形成的就是一个蛇体，能发挥闪躲、缠绕、攻击的模式。除上所述，再补充两个重点：

（1）蛇形拧转不仅能传递成一线，还能化成枪，配合穿透劲，具有更强的威力，此枪更像是钢鞭一样具有刺及打的效能。

（2）柔软的蛇，打哪里化哪里，似无受力之处，随意曲折。配合内部螺旋一拉，轻易就闪身入对手身侧或是身后。八卦掌给人"贼"的感觉就是这种闪身法，好像在正面，一遛烟就到身后或身侧打人了，蛇形就具有这种特能，太极拳的拧转延展也具有此等能力。

内部劲路的延展在太极拳里是很重要的一环，在杨式太极拳里，常常忽略这一部分，只是注意到球体的转动而已，我们还要注意拉长球体成线还是球体的结构，拆解关节也是很重要的一个环节，尤其是肩胛骨及胯骨要能完全拆开自行运作，这会让我们蛇体更加灵活。球体完整又延展拉长了，接下去我们就要去伸缩开合这个太极拳的球体了。

开合蓄积能量

开合指的就是球体的伸缩。球体的开与合都是完整的球体，就好像呼吸一般。在拳论里有言："能呼吸，然后能灵活"，即为说明球体的开合。球体的开合能凝聚内在的能量，如果要勉强依照形意拳分类，我们可以说从球体完成到球体的滚动是属于改变骨架结构的易骨阶段；而球体的延展及螺旋拉长是属强化肌肉、筋膜的易筋阶段；而球体的伸缩是骨架的扩张、收缩，进一步变化格体的洗髓阶段。

球体的开合练习是在拳架中练习的，在拳架运行到极柔软的程度，就会有一种极强韧之劲隐含在内，此时练拳时的内在开合就会是带动整个拳架运作的主要能量之一。一动无有不动，一静无有不静，整个拳架如球体呼吸般。呼吸之间，能量油然而生，凝于体内，充斥于体内，四处流动，循环不已。球体的开合，有几个需特别注意的现象：

（1）以丹田的内球为中心，向身体的四周膨胀，也从身体的四周向中心收缩。当掤劲完成，结构完整后，在整个拳架中，就要练习这种伸缩，每招每式都有。手伸出去除了掤劲的结构外，要去体会从丹田一波波地扩张的感觉，好像要将球体涨到最大；手收回来，要能将这一波波地扩张又一波波地缩回丹田，好像要将球体压缩到最小。这种伸缩能量在体内循环不已，充斥在肌内、筋膜、骨缝、关节间，在里面静静地存在，上下四方，全身内外，无所不有，时时存在。

（2）这种开合伸缩的运作，并不是只在内部存在，在外形上也能明显地察觉。从外形的拳架中，也能看到似呼吸的涨缩，能量隐含其内，在静静的拳架流动中，含有涨缩之意，也可以感受到微涨缩之形。

（3）脊椎也要涨缩。汪永泉先生的论作中有提到：脊椎"长三关，竖三关"，也是指脊椎的涨缩。三关指的是玉枕、夹脊、尾闾三穴，长三关就是拉直脊椎，竖三关就是缩合脊椎。脊椎的开合除了能够强化脊椎，达到强身健体的目的外，亦能产生涨缩的能量。

（4）脊椎的涨缩除了使用尾闾下松，头顶悬的方法外，也有使用脊椎波动之法。脊椎波动就是利用尾闾的前后摆动，将动能传到颈部大椎，形成一种脊椎波动，脊椎的波动更能强化脊椎及形成一种爆发的能量。看看虎豹奔跑扑猎物时的脊椎运作，就能知道脊椎蕴含的能量了。模拟这种波动，再配合脊椎的涨缩，出手攻击时，会有虎豹扑猎之势。

（5）牵动往来气贴背，敛入脊骨。有些人误解气贴背是气功所言让气贴着脊椎，使气走脊椎从会阴直达百会穴，但其实不是这样的。在拳架往来运作之中，要带动胸腹，使之松松地收合贴入脊骨之上。胸腹的贴合是前后球体伸缩之法，不是收腹而已，是胸腹如球体呼吸般，同时贴放于脊骨，除了能强化脊椎及背部肌肉，达到按摩内脏的效果外，更能收合胸腹核心肌群，达到强韧的抗击打能力。

（6）拳论有言："左重则左虚，右重则右杳，仰之则弥高，俯之则弥深，进之则愈长，退之则愈促"，初步的应用可以用于解释与对手相接之时的外在状况，就是遇左边有抗力，则左边要虚空；遇右边有抗力，则右边要消失，让对方觉得我本体之不可捉摸；对方向上觉得我如高山而不可触及；向下则觉得我如深渊，好像要陷入一般；对方前进我内部深入愈多，则被反弹而退之速度愈快。除了用在这个外在状况外，更高阶的应用是形容与对手相接时的内在状况，来说明球体伸缩运作的状况。对方触及我的左边，则左边缩合而虚空；对方触及我的右边，则右边缩合而消失；对方往上推，则觉得我内在无限扩张而无尽头；对方往下推，则觉得我内部缩合如虚空深渊般；我前进似无尽绵长；而快速收合又似一片虚空。不论是外部应敌状况及内部涨缩状况，均说明着球体伸缩的情形。

（7）球体的开合涨缩，要如呼吸一般。如同空气一般，使"一羽不能加，蝇虫不能落"，就是一羽的重量，也能引动球体的收合，让羽毛滑落而无法附其上；如蝇虫的重量也能引动球体滚动，使其无法立足。

球体的开合是球体格体完成后的进一步变化，当然也会产生相对应的应用之法，当然各人体会不同自有其应用之法，这里只略提几种：

一、冲击劲

搬拦锤是冲击劲的代表。相传杨露禅先生最擅长的就是搬拦锤一招，对此很多人都存疑，因为拳架中搬拦锤就一招，虚虚松松的拳头伸出去，好像还不如外家的正拳威力，如何成为杨露禅先生的绝招呢？这是对于搬拦锤不了解之故。其实搬拦锤是用冲击劲，威力十分强大，当学习者明了练法，对于此锤就会有不同的看法了。

冲击劲不同于其他的劲，使用的是重量及速度的冲击而成。打在身上，虽表皮无恙，但脏腑破裂而内出血，隔夜而亡。因初时无明显状况，等发现内出血通常都来不及救了，是属于阴狠招式，可能这也是杨露禅先生只留招而不特别传授手法的主要原因，怕学习者伤人。前阵子新闻，兄弟争手机玩耍，哥哥压制弟弟于地上，随意在肚子上打了几拳，当时无事，弟晚上肚疼，以为吃坏肚子，隔天昏倒送医，内脏破裂，大出血急救不及而亡。这个哥哥就是无意中使用了搬拦锤的冲击劲。越是放松随意，重量越能贯穿，外皮无伤，内腑重创，这就是冲击劲的重点。如果看过俄国的武术 SYSTEMA 也能大概清楚，

SYSTEMA没有招式，出拳只用冲击劲，防守只用"空散"（这部分我们在散手一章中再做讨论）。冲击劲的练习及使用分几点说明：

（1）冲击劲的劲源来自虚腿胯的摆动，肩部要拆开及放松，好像手臂只是挂在肩上一样。手臂松松地固定成锤状，使用时，胯摆动，带动肩摆动，将手骨的重量撞出。例如寺中撞大钟，我们看这个撞钟的大木，虚腿胯摆动的幅度就是拉起大木的高度，实腿重心连脊椎到头顶悬的一根柱要维持住，这就是悬撞钟大木的梁，既不可转动也不可移动，一转动一移动，则撞木能量破散，撞不出声来。肩胛骨要松软好像脱节一般，这个代表的是系撞木的大绳，绳如不柔软，会抵消冲击之重量。最后是手臂，手臂放松地固定成锤状后，就不可再动，也不能自己想要打击对方的意念，只要有想打的意念则破，变成没有什么力的外家正拳，什么效果也没有。使用时，摆动胯，传到肩胛骨，再把手骨的重量穿透而出，这样就具有冲击的效果，只要多练习几次就可以慢慢掌握了。要十分注意的是，所有意念只有胯的摆动幅度，其他所有一切自然成形而已。

（2）冲击劲完成后，并不限于搬拦锤一招，只要能完成此能量的冲击者就是冲击劲。一般来说，我们会说这是搬拦锤的劲，学会了，随意使用，随意冲击，没有明显的外形，要进步也行，退步也行，也没有一定的方向，只要是胯摆带肩带臂而出，就是搬拦锤劲也是冲击劲，此劲伤人于隐形，使用时要特别小心。

二、震劲

震劲是一种爆炸劲，是内球极度收缩瞬间扩张而形成的能量，传到表层而发出的一种劲。我们称震劲是万劲之父，既可以单独使用震劲，也可以用以强化其他的劲。基本上，震劲完成后，太极的散手功能才算完整。太极拳散手有一个很重要的特点，就是黏着打。所有的武术都是一样，需要拉开距离打，只要抱在一起了，就只有摔了，而太极拳就是有抱在一起还能打的震劲，这也是太极拳的散手特色。

每个人只要掤劲完成，进入太极之门后，就会开始发展出属于自己的太极之路。所以太极拳通达者，能利用震劲发展出自己的散手模式，诸多劲及身法，终需震劲完成后，才能发挥最大攻击效能，配合着震劲使用，散手才能立于不败之地。震劲的使用很广泛，很多时候是使用在散手上，在后文《太极散手的特殊手法》中介绍了一套游身劈掌就是利用震劲的一种贴身打的散手功夫。关于震劲分析如下：

（1）当内球快速旋转时瞬间撑开胯，这样形成内球的瞬间扩张，就好像炸开一样。炸开的能量传至四周就是震劲。

（2）要练习震劲，首先要压缩内球，就是合胯，合胯后再撑开，练习时慢慢地做就好。要了解什么是合胯，什么是撑开，可以先练习用胸球的肩震。利用胸球的两个肩胛骨的收缩及撑开，也能做出胸球的震劲，虽然这个胸球震劲是局部于上半身，但威力也是不小的。胯的震劲及胸的震劲，这两种震劲我们都要能掌握。虽然肩胛骨的震劲没有胯的内球震劲那么强大，且胸球震劲无法完全体现出黏着打的特点，但相对容易多了，也可以从胸球的肩震中去体会丹田球的胯震情况，更能早日进一步练出真正太极内球的震劲。

（3）胸球的肩震虽然好像比内球的胯震容易些，但其实也不是很容易。鹤拳的震法就是利用此肩胛骨的震，鹤拳的震身，对鹤拳来说是相当困难的法门，所以肩震也不是容易的，容易是相对于胯震而言。肩震的好处是使用方便，因为肩手在一起，一震马上就到手上了，不必在意胯传上来时，路径上有没有什么断裂的地方，直接就可以用了。

（4）内球的震及胸球的震是可以混用的，变化更是多端。在练习震劲时，先收缩全身的格体，再收合胯，当撑开胯时，去感受能量波动传出去，最后传到体表时，又好像球张开了。慢慢地练习感受就能掌握震劲的方法了，切忌贪快急躁而伤了自己。

在面对搏击散手等快速出拳时，虽然有蛇形身法、缠摔等手法可用，但要达到最大效果，仍非震劲莫属。

三、脊椎身法

与蛇形的身法诡谲、变幻莫测不同，伸缩脊椎的身法属于正面攻击，利用脊椎的一涨一缩如虎扑之势而至，可以称为鹤形身法，利用膨胀的脊椎弹性强化攻击的速度。虽有虎扑之势，但并不是真的硬打硬进，外形的涨然只是一种表象，实体还是在内球，外形是松散的存在，遇到抵抗，则瞬间消失而钻入，只是利用脊椎的涨缩来强化速度及劲道的威力。

我们的太极球体从球体初成的掤劲，到球体滚动的各劲，再到延展及螺旋拉长变形的球体，再到伸缩开合的球体，学习到这里，太极拳的球体完整功夫可以说是完成了，完成了球体功夫，接着就要解开球体了。毕竟太极拳只是一种修炼的过程，功夫并不是练习的主要目标，再厉害的功夫也只是副产品而已，我们切不可流连于此。胜与负于人生长河中，并不是重点，重点是要走向内心的修炼，由技而入道。我们要走向全身透空的一种境界，而要正式迈向这种境界，首先要能从拳架中凝聚能量。

如何从拳架中凝聚能量

要判断一个人练的太极拳是否有用,我们会去观察这个拳架练的时候能不能凝聚能量。一个无法凝聚能量的拳架练再多年都是没有用的,学习者也可以从这个方向去判断自己练习的拳架。如果辛苦练习了多年的太极拳,却觉得空虚无所得,那么就很可能是你的拳架无法凝聚能量,以至于多年练习都是空练。正因为大多数人的拳架无法凝聚能量,以至于现今习拳者对于"拳架无用"的论调好像早已经成为心照不宣之事了。进而,致使很多练习太极拳的人认为如果要有太极功夫唯有去学推手一途。

对于拳架的误解及对于推手的误解,造成了现在太极拳界的现象,而杨澄甫先生恳切所言:"凡轻视架子者,皆未得架子之规矩精意者也。架子为最重要之基础,久久练之,身体方能重如泰山轻如鸿毛,若不练架子,虽多推手,身体仍有不稳之时,易为人所牵动",这些话也被多数人遗忘了。但也有勤练拳架的人怀疑:杨澄甫先生说架子这么重要,为何自己勤奋地练习拳架多年还是无所得呢?这就又回归到开头所强调的,实在是因为学习者所练习的架子无法凝聚能量。

我们都明白表演型的美姿太极是练不出太极拳功夫的，就是因为美姿太极以美观为主，很多动作都与舞蹈、体操相似，而以美观为主的练习最大的问题就是其拳架不能凝聚能量，但什么叫作无法凝聚能量呢？要如何凝聚能量呢？如何让自己的拳架变成能凝聚能量的呢？

拳架要能凝聚能量有几个要点，首先要注意的就是动静之中要能保持结构的完整。在本书中一再地提出拳架最重要的就是先磨炼出太极的结构体，完整的结构体是太极能量的承载体，没有好的太极结构，就没有载体来承载能量，练拳时的能量就无法凝聚在内，那练再久的太极拳都是枉然。许多练习者并没有注意到结构体的重要性，只是一味地讲松、练松，结果在推手时触手虽轻灵，身体亦柔软，但碰到力大者就会僵硬而无法应付，如此无结构只求松的练法就只能松柔推手，无法进阶散手之列。

当太极球形结构体慢慢完整时，我们就要利用流动的方式在结构中注入能量。结构完整才能承载能量，散手时才能将能量展现出来，没有完整的结构体而勉强使用会容易受伤。例如，打网球，职业训练初练时一定从基本动作一遍又一遍地做，讨论每一条肌肉，每一个拧转，这就是在训练打网球的结构体，当结构体完整时，身体的能量才能灌入球内，形成强大的威力。普通人很难接住职业选手看似随意的一拍，接手会觉得沉重无比，因为球内含有能量了。没有透过完整结构训练的人，以自己打球的经验打球，自以为的全力一击其实软弱无力，而且常常打出网球肘、网球肩，因为没有完整的结构来吸收打球接球的冲击力，就容易伤到结构断裂之处。

任何的武术及运动技艺皆如此，搏击亦不例外，初练并不是死命狠打，而是不断练习基础动作，只有最后每一击都要能凝聚全身的能量，才能带来巨大的破坏力。每一种技艺均有其结构上的要求，太极拳也不例外。所以学习者练拳之时若毫无结构的概念，每一个运转对于身体骨骼、肌肉的运作都毫不在意，只是就依样画葫芦地练一套太极拳那是完全没有效果的。正确的拳架在一个举手、一个重心移动、一个筋膜的变化、一个骨骼的运作都是必须讲究的。如果忽略这些结构的训练要点，那么这个拳架再怎么苦心练习也是空练，不过是养生操罢了。网球、高尔夫球、桌球、拳击甚至健身动作等任何技艺，对于骨架及肌肉的结构要求都这么专业了，复杂度远大于这些技艺的太极拳，怎么可能没有任何结构方面的训练呢？

我们已经知道太极结构的重要性，那我们要如何正确练习拳架才能达到灌注能量的效果呢？在这里我们先讨论几个拳架练习时应有的概念：

一、运作拳架的能量来源

利用虚实交换形成偏心轴转动带动球体运作。偏心轴者，偏离中心的轴线，当太极拳起势开始启动之时，此时重心轴和中心轴在同一直线，并不会形成转动。当起势结束，虚实分，重心流动到一侧，此时重心轴和中心轴就开始产生了偏离，重心轴和中心轴的偏离就会形成旋转，中心轴将自然地绕着重心轴旋转而形成动能。练拳时，利用偏心轴产生的能量带动我们整个球体的运作，如此我们练拳自然不必用力，只要细细去感受能量的传导即可。

我们在观察一个人练习拳架时，首先看的就是内球与外球的一致性，不论是以内球为主带动外球之法，或是以外球为主引动内球之法，均是如此，两球的一致性愈是完整，则拳架更能产生威力。若是内球动而外球不随之动作，则内在能量无法传递出来，困于体内；若是外形手脚动而无内球滚动，则是比手划脚之势，毫无能量可言，其名为太极操或太极舞，此种拳架随处可见，广场群练、衣着华丽、动作整齐划一者，一般都是如此。

二、充满能量的拳架

单胯运作传递到肩再传递到指尖的运作模式要能完整。内家拳术全靠胯打人，靠胯打人则胯的能量要能传递到手上才有作用，肩胛骨则是这个攻击劲的中继点，胯推肩胛骨而发于手，越是一气呵成，能量越是完整。所以在练拳架时，就要时时注意胯肩的联系状况，在慢练的过程中，将这两者合二为一，这也是内家拳六合之中最重要的"肩与胯合"的概念。

在转动腰胯之时，重心脚所形成的轴心，只能转动不可移动，只要重心脚的轴心移动了，则能量的传递就容易破散，招招式式都破散，就会是练空拳。观察许多学习者拳架，有很多的情况就是如此。只要虚实能够流动就能产生能量，但在传递的过程中因为重心轴的移动而容易散失，这就是造成很多拳架无用的最大原因。筋骨移位有时常不自觉，人体有自然避开压力的反应，能量的蓄积对筋骨有一定的训练压力，如果没有察知，筋骨容易自行避开而形成轴心移动，就算一点点不明显的移动也会造成能量流失，使练拳架事倍而功半。

重心轴的高度在虚实交换及转动运作之时，不可抬高。杨式太极拳的基本功——猫步就是在训练这个要点，在走猫步的训练中，重心的虚实交换及转动，高度均不可以改变，这是一个非常重要且基本的练习，初学者可以在这个功法上下苦功，会很有帮助。

三、阳中有阴，阴中有阳

拳架运作是不断在开合及流动中完成的，丹田球体是开合运转及整体结构的主轴，在练拳之时，丹田的球体开展时，拳势同时开展，此时称为形开气开；但当丹田球体最开展时，拳势反而有内合之意，以平衡内球的开展，避免开展太过而势破，此时称为形开气合。当拳势开始收合之时，丹田也同时收合，此时称为形合气合；但当拳势收合到最小时，丹田球体也收到最小同时有外撑之意，以凝聚外球收合的能量，避免收合太过而势偏，这时就是形合气开。郑曼青先生也提到："形开气合，形合气开"，但真正具有能量的拳架运作顺序应是形开气开，形开气合，形合气合，形合气开。用到太极拳则是"阳开时有阴合，阴合时有阳开。也就是阳中有阴，阴中有阳。即阳中生阴，阴中生阳"，也就是太极拳中的阴阳相生，不断地转换。太极拳之所以称为太极拳，就是因为处处有阴阳，在重心虚实交换之时，虚实就是阴阳，阴阳交换产生虚实的不断变化；而在拳架中的开合，也是阴中有阳，阳中有阴的不断变化；而在实际变化应用中，太极拳也几乎包融了各种武术之所长，融合成一体，是为太极拳。

因此我们在练拳架时，要时时注意球体扩张时要有收合之意，球体内缩时要有撑开之意，整体达到一致性的运转，这样练出来的拳架才能蓄积能量而不破散。慢慢地就会形成具有张力的结构体，此时就是掤劲的形成。太极球体的完成只是结构堆叠完成，而掤劲形成就是把这个基础结构形成张力，这才是完整的太极球体。想象一个有弹性的球，我们慢慢拉开之时会有内聚合之势，而压缩之时，反而有内扩张之意，这样的球体开中有合、合中有开就会形成太极开合之体，也就是太极呼吸之体，能呼吸之体才能灵活万变。

拳架除了有养生的功效外，在武术上还有两个主要的功能，一是架构完整的太极拳球体；二是利用流动向完整的太极球体内注入能量，使其能变化成各种具有攻击及防守的完整形态。

我辈习拳者应自省，当你觉得拳架无用之时，你是否明白拳架训练的目的及方向？当你觉得拳架练不出东西之时，你是否明白拳架中应注意的细微转换？如果你是三个月或半年就学完一套拳架，那其粗糙程度就不言而喻，粗糙工具如何锻炼完美格体呢？完整而细腻的拳架是磨炼出太极拳功夫的基础，习拳者切不可忽视拳架的训练而妄言只想从推手中练出太极拳的功夫。所以我们在练习太极拳架时一定要注意，利用拳架在正确的结构中注入能量是很重要的练习。

从基础固定球体结构到变动球体结构

　　结构！结构！结构！我总是反复说着"结构"二字，可见结构是多么的重要。杨澄甫先生的太极拳十要中，就有四要与结构有关。练太极拳如果没有注意结构只谈论松，就会变得松散。如果是松散的功夫，轻柔推手或许有用，但遇到力大者就会被困住，而且也无法练出太极拳的散手功夫，最多只能在门内谈论松柔太极，轻柔摸摸手而已。

　　我常说，拳术没有对错，只有选择。喜欢角力摔跤型的太极拳并没有错，学习者知道自己学习的是什么功夫才是重要的。再退一步说，角力及摔跤式的太极拳有力量的结构，讲求松而散的太极拳并无结构，两者相对时，角力摔跤者反而优胜。当然这也是现今存在的普遍现象，导致一般人认为这种角力摔跤太极才是太极功夫，因为它在对付其他拳种时似乎可以用得上，而对讲求松柔的太极拳的无用，感到失望。这种情况的产生，归结于一个主要的原因，就是缺乏结构的概念。

　　什么是结构？行拳结构要注意什么？很多人重视名门传承，无非就是认为名门传承的拳架比较正确，不会走偏。所谓正确的意思就是拳架结构比较正确，当然先撇除只想利用名门镀金、求虚名之人，我指的是真正想追求太极真理而重视名门传承者，无非就是想求得正确的学习太极拳的途径。但时至今日，练习太极拳者要有自己的判断能力，不能只靠名门效应来选择。而判断其是否为正确太极拳的第一个要件，就是拳架结构。

在之前太极拳"结构规格"及"同心圆"等文章中，一直讨论的其实就是太极拳的结构及结构运行中的状态。为什么我们一直强调结构的重要性呢？因为结构是一个能量的承载体，唯有正确而完整的结构才能蓄积能量，才能爆发出最大的动能，这在运动及任何技艺上是相同的道理。真正的职业型训练对结构一定是十分严谨的，哪怕是一个动作、一条肌肉的运作，对于整个身体的配合都有严格的要求。唯有形成了稳定的结构体，才能把身体的能量发挥到最大，因此，每一个运作都是全身能量的散发。如果没有经过严密的结构格体训练，除了发挥不出身体的能量外，还容易伤到自己，这些都是源自结构不正。任何运动技艺都是一样，就算是业余练习者也要注意结构，职业型更是要对结构计较到一丝不苟。

太极拳的结构有两种，一种是静立时的结构，包含站桩、随意站立时，拳架运作中的定式（也就是一招结束时的状态）；另一种就是拳架正在运作时的结构状态。这两种结构都很重要，不过如果连静立都做不好，运作中的拳架结构就不用谈了，即使静立能做好了，还要看拳架运作时的结构在运行中有没有破散才行。

讲到结构，我讲得最多又最基本且最重要的就是"胯"。胯一定要坐正，胯不正，那什么都不用谈了，结构一定无法形成，静立也不正，拳架也松散。胯如何坐正，我之前已经多有说明，但文字再怎么形容还是不足，一定要请明白的老师调整正确才好。话虽如此，但走一趟公园，真的把胯坐正的练习者并不多见，甚至很多指导者也身形歪斜。杨澄甫先生的太极拳十要之中："虚灵顶劲，沉肩坠肘，含胸拔背，松腰落胯"属于静立时的结构要求；而"上下相随，内外相合"则是拳架运作时的结构要求。十要之中有四要与结构相关，由此可以知道太极拳结构体形成的重要性了。当然静立结构要求在动态拳架结构中仍是要维持的，只是动态结构的要求更多些而已。

在静立结构中，虽然这几个动作要同时做到，但还是有顺序的。以松腰落胯为始，接着是沉肩坠肘及涵胸拔背，最后是尾闾中正，形成虚灵顶劲，以能感受到"虚灵顶劲"为结构体完整的标准。松腰落胯及涵胸拔背在前文已多有描述，现针对沉肩坠肘及虚灵顶劲补充说明。沉肩不是压肩，有一位太极前辈提出了"张肘"一词，来避免压肩之病。但"坠肘"改成了"张肘"要如何去理解呢？其实前辈提出"张肘"有其用意，因为坠肘一词让很多人形成"夹肘"又进一步形成压肩，但张肘要张多开呢？如何能张肘又能坠肘呢？

基本上，我是反对用"张肘"一词的，肘一张，肩易吊起，适得其反，虽避开了压肩，但形成了吊肩，也没有变好。那应该如何坠肘呢？以腋下放个鸡蛋而不落为检验方式。放个鸡蛋在腋下，手肘松松下坠，刚好含住而不落下，这就是坠肘。如果肘用力向内，那鸡蛋就会破了，那就是夹肘。如果鸡蛋含不住而掉落，那就是张肘了。夹肘是病，张肘也是病，只能坠肘。沉肩坠肘，要先坠肘，肩才能自然下沉。在整个拳架的运作中，沉肩坠肘是要时时保持的，这样手和身体才能合为一体而不会随意飘动。因为要时时保持坠肘，手就不能自己乱动，必须随丹田的球体而动，手自己乱动，肘必浮起。沉肩坠肘从外形上可以很明显地看出来，张肘就是张肘，没有什么"肘张但肘意下坠"之说，因为张肘与结构有关，如果张肘时结构散开，就算是意念想着肘是下坠的也是没有用的。

"沉肩坠肘"真是老生常谈的一句口诀，看似简单却不容易做到。其主要原因有以下几点。

一是练习者的手舞足蹈：手只要主动地运作就很难避免张肘的问题，这是最常见的状况。一双手挥来摆去，故意想要做得很柔，却不知已是格体散乱。

二是想要形成掤劲结构的张力：掤劲是一种格体结构的张力，必须待结构体完整后才有可能形成。但许多人只知道结构张力就是掤劲，只想办法形成张力，而形成张力最简单的方法就是手举撑圆当作掤劲使用，为了形成更大的张力效果，手肘就要张开和肩胛骨相结合，但此时张肘就变成了形成掤劲的偏法了，其虽然知道和拳论中的坠肘相悖，但也只能自圆其说"肘张但肘意下坠"或是干脆对坠肘一词视而不见。

掤劲并不是张个肘就能有的，张肘看似有比较好的支撑力，但实际上却会让结构体僵化，会让人觉得有张力也是一种格体僵化后的错觉。相反，要真正形成掤劲不仅不能张肘，反而要坠肘以达到结构体形成的条件，而结构体完整又是形成掤劲的基本条件。肘一张，结构体就破裂了，只能僵住结构形成掤劲假象而已。说了这么多，要怎么做到沉肩坠肘呢？沉肩坠肘的首要观念就是"被动"，手肘放松下坠，手只能依丹田球体而被动地运作。此书中反复强调这些重点，主要的原因还是这些结构状态看似简单，但真正能做到的人并不多。

在整个太极拳结构中，以能够感受到虚灵顶劲为结构完整的一个判断标准。但虚灵顶劲有些抽象，不像沉肩坠肘、落胯等有那么明显的外观可以观察，本书之前所描述的虚灵顶劲的感觉，学习者一定要细心体会，虚灵顶劲在静立及拳架之中都要保持，这样才能保持中轴的稳定，也就是"中定"。在整个太极拳的结构之中，只要有一些偏差，就很难感受到虚灵顶劲，尤其在拳架练习之中，低头、抬下巴、摇头晃脑、弯腰驼背、翘臀、勾尾闾者不在少数，这样是不可能体会到虚灵顶劲的。或问：难道一定要体会虚灵顶劲吗？如果只是角力或摔跤式的太极拳的确不需要虚灵顶劲，而且不但不需要，头颈反而要向前伸来作为发力及平衡之用，但如果是要练出太极拳真正的功夫，那么虚灵顶劲就一定需要。

虚灵顶劲是一个结构完整的状态，是感受全身重量在结构正确中落入涌泉，而后再由涌泉透过脊椎而上到百会的一种拉伸延展。这是一种松松地推展而上的感觉，古人称为顶劲，但实非我们所知的那一种劲。如果误以为与发劲相似，则容易刻意头向上撑，头向上撑颈部就会用力，身体反而僵住了。虚灵顶劲是最容易被学习者所忽略的，主要是因为其无形不容易体会，作用好像也不大。除了口诀念一念外，真的没有太多人重视，而且有没有做到自己也很难察觉，所以此结构的重点很少被人重视。但虚灵顶劲却是一个相当重要的指标，要有太极拳完整的结构就必须体会到虚灵顶劲的感觉，也这是一种身体的感受，也是中轴（中定）确立的根本。

在体会到虚灵顶劲前，有一个容易被忽略的要点需要注意，那就是要收下巴。下巴抬了，中定容易断在后颈，而不容易形成虚灵顶劲。练习者常常在刚练拳时能注意到收下巴，但练了一阵子下巴又渐渐抬起而不自知，这是因为其没有了解到收下巴是一个结果而非一个动作，收下巴要自然收合而非刻意，要自然收合就要先轻轻合住牙关，也就是大臼齿要轻轻扣住，不可分离，读者可以试试，在自然的状态下轻轻合住牙关，会发现下巴自然收合。究其根本，能轻轻合住牙关最重要的条件就是收合住了颞颌关节。所以合住颞颌关节就能合住牙关，此时下巴就自然收合了。

这个看似不起眼的颞颌关节在人体结构中占了很重要的地位，会造成中定结构不稳定的一个是胯（就是髋关节），另一个就是颞颌关节。这两个关节都可以前后摆动，如果胯坐正了，尾闾也能放松，但如果中正到了颈部就无法上去，很多时候就是颞颌关节没有收合，形成下巴抬起，造成后颈不正。收合颞颌关节可以稳定颈部，我们看到的外在现象就是收下巴，前面说过，收下巴是结果不是动作，真正的动作是收合颞颌关节。不要小看这个动作，颞颌关节合不正，在吃东西时会造成口腔施力偏差，会间接影响脊椎骨架结构，形成偏头痛等找不出原因莫名其妙的病痛。所以我们在练拳或站桩之时，要收合颞颌关节，在进一步检查收合之后，要检查两边大臼齿的咬合平均状况，如果有不平均的状况，就试着去调整两边咬合程度使其平均，或许这样，就能解决自己困扰已久的问题。

现在试试站立之时，轻轻合住颞颌关节，两边大臼齿轻轻咬合，舌抵上颌，此时下巴自然收合，会发现呼吸自然能气沉丹田，而不用刻意去做气沉丹田这个动作。再试试不合颞颌关节，但刻意收下巴，会发现只要一放松，下巴就会自然抬起，呼吸自然在胸腔，而不会气沉丹田。所以收合颞颌关节是因，收下巴及气沉丹田是果，注意"因"，"果"自现。

所有武术对于结构都是相当重视的，对太极拳来说也是如此，但太极拳的结构和其他的武术在形成的结构上有什么不同呢？简单来说，就是一般武术形成的结构都属于"固定型结构"，而太极拳是初期形成"固定型结构"，后期进化成"变动型结构"。固定型结构就是稳定型结构。当两个固定型结构对抗时，哪一方的结构比较稳定，哪一方就占优势。用肌肉或是用骨骼都可以形成固定型的结构，对抗时，也是看哪一方的结构比较稳定，只是肌肉结构会用很大力量，而骨骼结构则尽量使用骨架结构对抗，肌肉尽量放松。

现在角力摔跤式的推手比赛，就是典型的力量固定型结构对抗。固定型结构对抗，会形成对立抵抗，再简单来说就是"整劲"的对抗，谁的整劲好，谁就占优势。对于太极拳来说，初期也要形成"骨骼式"的固定型结构，能形成这个结构才能初步掌握整劲的感觉。但这个尚未形成掤劲的太极固定型结构在对付其他武术的固定型结构时，并没有能占多少便宜，依靠的还是结构稳定性。所以对付力量型结构也是要费一番功夫的，最主要的原因是大家都处在固定型的结构层次中，比的就是结构稳定性，这与功夫的种类无关。

太极拳有了"骨骼式"固定型结构，虽然可以对抗其他用力者及武术，但并没有绝对的优势，要想有绝对优势就必须把太极拳的固定型结构进一步进化成"变动型结构"。何谓变动型结构，就是随着接触点的变化而改变结构形态。在固定型结构对抗中，双方都是做好自己的结构，并没有管对方结构如何，一旦对抗，就是结构完整地对抗，结构较完整，整劲较好者胜。但是变动型结构并不是只管好自己的结构就足够了，它是在一接触的同时依对方的结构而形成的一种结构，而这个结构的形成刚好会使对方的结构或提起或破散而无法施力。

简单来说，变动型结构依对方结构而变化，是在对方接触到我毛、皮之同时就开始形成的一种结构。若对方的重量已经碰到我方的骨，那么就来不及变化了，只能采取固定型结构对抗。练太极拳者除了要注意固定结构的训练外，最重要的是要能进化到变动型结构运用变动型结构时，对方会不由自主地被拔起，又或是仿佛撞至一堵无形的墙上而无法施力，而我方则轻轻松松无须对抗。变动型结构是随对方接触而变化形成的结构，如果能掌握一个球体的变动型结构，那么对付其他武术的固定型结构就能立于不败之地了。再进一步修炼，全身就能形成多颗球体，各成结构，各自变化，各自变动。

说了这么多太极拳的结构要求，基础就是要能形成太极拳的球体结构。正确的拳架包含了"势"及"流动"。势就是结构，《拳论》有云："势势存心揆用意"，这个"势"就是招式中定式的结构，定式的结构要能符合"势"的要求，而所谓的"势"即"完整的结构"，而"具有掤劲的势"就是"完美且完整、具有张力的结构"。结构的初步要求是要注意定式中的结构，而更进阶的是要注意"流动中的结构"，流动中的结构就是变动型结构。在定式结构（招）与定式结构（招）之间的变化转换中，也要保持结构的完整，换句话说就是，不论拳架在何时突然中断静止，这时所呈现的姿势也要符合结构的要求，这就称为结构的流动。结构流动的完整是形成变动型结构的要件，在两招之间，完整的结构流动要做到像机器一样精准。

变动型结构流动有两种：一种是"结构体流动"，一种是"结构内流动"。流动是太极拳能量的来源，也是太极拳能够进入散手的根本。

结构体流动是由许多固定型结构所形成的流动，由多个固定型结构组成，能随意变化成其中一个结构，就好像变形金刚一样有不同形体的变化，这就是结构体流动的变动型结构，这种变动型结构能依外在的变化而找出一个最有利且相对应的结构来破坏对方的结构。

另一个是"结构内变动球体"的结构内流动，该结构由一个固定结构拆解为多个小型固定结构组合而成，在一个固定型结构内部，拆解成许多小球结构，这些小球结构能各自独立，当接触点产生时，该点的球体会自行运转化解攻守，其他球体只做辅助作用。有一句话说，"接哪里，化哪里，打哪里"，就有点这种独立小球运作的意思在内，这种各自独立的小球在身体内部传递时，身体的外形几乎没有明显的动态。

结构流动是太极拳真正的散手功夫基础，流动的变化会产生各个型态的应用手法，流动变化越来越细，自然就能够做到结构流动若水了。

修炼流动柔体

太极拳的滚动和流动是不同的，滚动属于结构体的层次，就是整体一致性的球形运作；而流动则是一种传导，传导就会有始终的顺序。很多练习者辛苦练拳，但总是感觉到空虚，感受不到拳架带来了什么功效，越练越迷惘，挫折感很大。会有这些问题，最重要的原因可能是拳架中除了结构问题外，还缺乏流动的概念。

什么是流动呢？并不是把一套拳打得很熟、很顺、很流畅，如果是这样，那美姿太极打得最柔最好看，却为何练不出功夫？这种外形上的流动并不是太极拳要求的重点，内在的流动才是需要关注的，所以对于太极拳的流动必须做一个仔细的分析和讨论，才能避免被外形柔美的太极拳所惑。真正内在流动的太极拳也有一种宁静柔美之感，但这是流动自然产生的，而非美姿太极刻意地运作出柔美的样子，不过这两者的区别一般也不容易被分辨出来，大众时时为其所惑。总之，要练出太极拳的功夫，对于其真正内在的流动不能不了解。

练习太极拳者常有一个很大的困境，就是拳架已经打得很熟了，完全不用思考就能自然顺畅地打出来了，但还是练不出功夫来。难道这样顺畅自然地打拳还不是流动吗？还不能产生太极武术的能量吗？

太极拳的筋膜传导所形成的能量流动，有一个前提条件是结构体要先完整，在结构尚未稳定之前，就只能专注研究结构，先把球形结构体练完整；如果结构体尚未完整就急于研究内在的流动，只是会让结构体散开而已。若是结构解体散乱却体会到了流动感，就会形成一种奇怪的扭动的拳，其自我感觉却是十分良好的。

太极拳内在的流动种类有三种：

一是虚实流动。虚实流动以重心的移动为主，有前、后、左、右四个方位。虚实流动是太极拳基础能量的来源，虚实的交换流动让整个拳架有了动能。虚实流动有一个很重要的概念，在前面文章之中也有强调，就是不能用脚去蹬，移动重心一般都喜欢用实脚蹬地，推重心到虚脚来做虚实的交换，这看似合理的动作却会让流动中断，虚实必须自然地流动，才能真正达到能量流动的要求。虚实是一种能量流动的变换。在拳论中有迈步如猫行一说，仔细观察可以发现，猫行就是很典型的虚实交换步伐。

二是上下左右流动。上下左右流动以内部筋膜的上、下或左、右传导运作为主。同时也包含斜行传导等，只要是内部筋膜线性传导就属于此种运作模式。内部传导要似水一般流动，而只要肌肉用了力量，那么筋膜传导就会停止，所以太极拳一直强调放松练习的原因主要就是在此。王宗岳在《太极拳论》中提到"行气如九曲珠，无微不至"。九者为多，全身有无数的小球串联，各个小球的灵活运转很重要，串联这些小球的筋膜也是传递小球能量的关键因素，学习者除了要注意小球的运转外，也要注意小球间筋膜传递的流动能量。

三是内外开合流动。内外开合流动以丹田球体的开与合为主。这种也是筋膜的传导，但不同于上下流动的线性流动，内外开合的筋膜流动属于立体扩张、收合的型态。当内球撑开，外球会像波浪一般往四周推展开来；当内球收合，外球也会同步向内球聚合。当开合越来越熟练，内球撑开向四周扩散时，外形可以不动，只限于内部扩张传递到表皮；当内球收合，把四周筋膜向内合时，外形可以不动，只限于内部收合传递到丹田。只有做到内部开合而外形不动之时，才能达到"开中有合，合中有开"的要求。

其实在杨澄甫先生的《太极十要》中，也强调了这三个重点："分虚实""上下相随""内外相合"。前、后、左、右、上、下、内、外，四周的流动，其实就包含了人体小宇宙的整体性流动运作。当结构体日渐完整，研究流动就是一个课题。初步的目标是要能"流动若水"，这个流动若水就是太极拳的柔体层次。水的三态是固体、液体、气体。而太极拳就好像水一般，也有结构体、流体、空体三态。而流动中所指的液体、流体、柔体，这三者的意思相同。

我们可以这么说，结构是蓄积流动能量的容器，而筋膜传导流动是太极拳产生能量的方式，也是太极拳能进入散手的基础。

再详述一下结构流动的两种不同型态：

一是结构体的流动：结构体的流动是指定式与定式之间的变化流动。理论上，定式是一个完整的结构，从这个定式变化到下一个定式之间就是一种流动。简单举例来说，把两个定式之间的运作分成无数个动作，在动作中任意停下时的姿势也要能符合完整结构的要求。也就是说，从这个定式到下一个定式是无数个完整结构所变化形成的一种流动。

整个拳架就是无数个完整结构所形成的一种线性流动，不论何时突然定住，这时的姿势一定是完整结构。体会结构体的流动是很重要的练习，这也是我们要慢练的原因之一，因为要体会格体在自然流动中渐渐的变化，就要符合松、柔、静、慢、匀的要求。

再举个例子，就好像电影一秒中有三十个画面，如果把这三十个画面分别抽出来，则每个画面都是一张独立的画面镜头，把这三十个画面串联播放起来，就是一个线性流畅的电影，这就是以各个独立的结构体串联而成的线性流动。当切分的镜头更多时，流畅度也将更完整。这种结构体变化所形成的流动，能让本来固定的结构具有了生命力，就像电影串联了所有单张镜头而产生的流动，使电影具有了生命力，而这个生命力就是流动所产生的能量。

二是结构内的流动：这是一个内部筋膜传导的运作，是指当外形不动或变化甚少的情况下，内部筋膜的传导流动。这种流动比较抽象，毕竟结构体变化所形成的流动比较容易理解，但结构体内的流动才是太极拳流动的真正精髓。在一个定式要流动到另一个定式之始，先由内部开始流动，进而带动外部结构变化，促使结构体产生流动。而到了下一个定式结构结束之时，内部流动仍在继续，直到能量充满整个结构体。之后，内部能量又开始收合与流动，再次带动结构体变化，使其流向下一个定式结构体。

内部能量的流动主要以上下流动及开合流动为主，内部筋膜在结构内的流动是负责传导整个能量流动的始与终。不在外形可见，只在内部流动，这是太极产生能量最重要的方式。结构内流动最基本的要求就是结构稳定而确立，这样才能在结构内流动形成能量，如果结构体歪斜，则此流动反而会让拳架扭曲，虽也有些效果，但终究正气不足，不足以成气候。结构内的流动能够让整个拳架的流动更加完整且具有张力，使拳架慢慢达到"动中有静，静中有动"，意思就是在流动的能量中（动），拳架由一个个完整的定式所组成（静），是谓动中有静；在每一个定式之中（静），有连绵不断的内部筋膜在流动，是谓静中有动。是故《十三势歌诀》有云："静中触动动犹静"。在整个流动能量之中，要先做到"动中有静、静中有动""开中有合、合中有开"的流动层次，再慢慢修炼到"动就是静、静即是动""开就是合、合即是开"的空然境界。

现在又回到了之前的问题，拳架已经打得很熟、很流畅了，难道还不算能量的流动吗？要判断自己的拳架是否达到流动的要求，至少要做到这四个重点：

一是注意结构完整：其实只是结构完整就是一个很大的关卡了，立身中正、松腰落胯、沉肩坠肘、涵胸拔背、虚灵顶劲都要能做到，并且在动态之中也能保持。这也是我之前一直强调的，如果结构仍不清楚，那就先专注于结构的建立，结构未确立，谈流动就是空谈。为了能够早日完成结构体，建议拳架到每个定式之时停顿静立一下，体会一下定式此时的骨架结构状态，这样能比较快速地对结构有所感受。

二是流动自然：自然运作存在于有意及无意之间，有意识的练拳是专注练习，难免带有肌肉力量，无意识的练拳类似睡着状态，当然也练不了拳，但有意及无意之间是一种恍惚状态，是一种感受状态，不用意识去引导，纯粹是一种流动感受。是故有云："有意无意是真意"。我们练拳的意识要处在真意之中，不去控制，也没有导引，即用身体感受内部如水般的自然流动。

三是利用能量位差：不能控制肌肉，不能引导动作，只能靠流动产生的能量位差来驱动拳架，能量的左右虚实、上下流动、内外开合都会有能量位差。放松肌肉，让这些能量自然去交换产生流动，只要有意念的控制，就会产生流动的偏差而变成伪流动。所以观照相当重要，就是体会及感受内在的自然流动，而非用意念指挥流动。当"实"满自然会开始流入"虚"，虚实交换自然产生能量位差的运作，我们只是观照及体会。

四是内部的流动：注意这些流动都是内在的运作，外在的比手划脚应尽量避免，内部的流动已经解说过很多次了，流动的能量一定来自内部。

一直强调筋膜传导流动是太极拳能量的来源，但这种能量表现在拳架上是什么感觉呢？太极拳是内家拳，内家拳不能不注重内在的锻炼。《十三歌诀》有言："意气君来骨肉臣""气遍全身不稍滞"，讲的就是内在筋膜的流动，内在筋膜的流动在那时没有适当名词的表述之下，使用意气的流动来描述。如果把《拳论》中的气理解为呼吸之法，那么对十三势行功心解的这句话"全身意在精神，不在气，在气则滞。有气者无力，无气者纯刚，气如车轮，腰似车轴"就会是一头雾水了。先贤前辈碍于当时的名词文字，无法形容这种内在筋膜的流动能量，只能用意与气来表示，我们后辈学习者切不可拿气功的呼吸法套入使用。可能当时就有人如此做了，所以拳论里才会在最后注明"在气则滞"。

不论是用意还是用气来描述内在筋膜的流动能量，其都表示内部流动能量是拳架的主宰。在练拳的时候，内部的筋膜流动要能连绵不断，这是在放松状态下产生的一种内部自然流动。初期是似水般的流动，随后渐渐到虚空中形成似空气的流动。练拳时，要体会在内部自然的松态下，在招式外形完成之时，内部仍在持续流动而至盈满整个结构，当盈满的刹那，在外形还没有任何变化之时，内部能量已开始回流丹田或涌泉，之后才会带动结构体（外形）变化流动到下一个招式，到下一个招式外形完成之时，内部能量仍持续流动直到充满内部结构，周而复始，连绵不断。这是"意气君来骨肉臣"在拳架上的解释，即以内部流动为主，骨肉变化为辅，这也是"气遍全身不稍滞"在拳架中的感受。

练拳时，要时时刻刻保持以内部流动（即意气）为先，来带动外形招式动态。练拳之时，除了要注意身形架构（就是结构）的完整外，还要注意的就是松。只要肌肉用了力，肌肉就会收缩，此时筋膜则停止流动。故先贤前辈一直强调"身形架构"和"松"，因为只有做到这两个条件，日久有功，才能体会内在的流动能量。松，即没有"一紧一松之间""三分紧七分松""练时松用时紧"等说法；流动，即由内在的流动带动外在的流动。流动有传导性，有开合，有虚实变化，有波动状态，是故有云："往复有折迭，进退需转换"，折迭及转换就是虚实变化和开合状态，也是一种波动状态。

内在筋膜流动的练习有什么作用呢？

一是强化结构体：在格体的骨架之外，包着一层筋膜网络，其利用虚实、高低位移、内外开合来带动筋膜流动，能够强化筋膜，形成能量，以强化结构体的包覆能力，稳定结构体。结构体稳定除了能防止日常生活中发生意外及在意外发生时进行自我保护外，也能应付外来的冲击，散手中也能用结构体攻击。

二是对身体的保健：医学证明，人体干细胞存在于筋膜结缔组织中，筋膜的训练有助于干细胞的增加，对人体的健康及保持年轻状态很有帮助。

三是流动有冲击性及变化性：流动如水，具有水的特性。在散手时可以利用重量的流动冲击，如遇到阻碍亦能顺其而变化，改变攻击的路线。拳击虽然也是利用重量流动的冲击来攻击，但没有变化性，被阻挡只能收回。而如流水般的冲击若遇阻碍抵挡时，能在碰触的同时随阻碍而改变攻击方向，这就是太极拳流动攻击的特点。

四是开合有张力：开合也是一种流动，由内而外的球体伸缩运作，能形成掤劲且具有抗击打的效果。其不仅能在整体形成张力，在局部球体亦能形成张力。骨架结构也有抗击打的效果，不过骨架结构的抗击打是承受攻击，流动所形成的张力的抗击打能力是具有反弹效果的。

五是形成独立小球能吸收冲击力：结构体的不断变化就是一种流动，而结构体内的流动可以在内部形成多个独立小球的传导流动。这些小球能够各自运转来吸收外来的冲击力。

六是透过知己流动来了解对方内部变化：当对自己内在的流动十分熟悉时，知己则知彼，对于对方内部的变化也能有高度的感知能力，这也是一种听劲能力，除此之外，也能将自己内部流动的能量透过对方的筋膜来控制对方。

流动是太极拳能量的来源，也是散手的基础。当然，流动并不是从结构体一下子就能变成像水一般的流动，流动有不同的层次，刚开始体会到的流动是黏稠的，就好像泥沼一般，流动并不顺畅，推手时对手也要用重量及意念才能流动，渐渐地越练越顺畅，流动才能越来越自然，慢慢地朝向水一般的流动前进，能够如水般流动后，接着我们就要越练越轻，朝空气般的流动前进，进入太极拳空体的阶段。

探究空境刚体

太极拳包含了刚、柔两个面向。以前我也提过，刚及柔是同时存在的，也是同一种东西。常有人把刚、柔看成两种不同的东西，所以才会有刚柔并济之说，对于其他武术而言，刚柔并济可能没有错，但在太极拳中就有问题了。剖析刚柔并济之说，可以发现，其所谓刚柔与紧松、快慢、硬软是差不多的意思。看到"刚"这个字，会自然而然想到钢铁、坚硬、强而有力等意思。柔体比较容易理解，但刚体就比较容易搞混了。

很多人误把结构体当成了刚体，这还是好的，有不少人甚至把硬体当成了刚体，绷着一身力量说是刚体，但混合着肌肉力量的硬体连太极结构体都称不上，更不用论是刚体了。太极拳若水，水有固、液、气三态，太极拳也相对有着结构体、流体（柔体）、空体（刚体）。如果以内家劲来说则分成明劲、暗劲、化劲，太极拳的结构体对应的就是水的固态，属于明劲，这是太极拳的地基。太极的流体就是柔体，对应的就是水的液态，在内劲的表现上就是暗劲。而所谓的刚体，其实是空体的一种表现，对应的就是水的气态，也就是化劲。这与现存观念是有点冲突的，因为从字面上看，刚体有一种坚固及极有的感觉，而事实上，太极拳的刚体却是虚空及无的表现。

郝为真先生对于练拳体会的三个层次是"水底练拳，水中练拳，水上练拳"，这也对应着前面所言"结构固体，流动水体，气化空体"的状态。也就是说，当层次在结构体程度时，练拳是结构稳定的，重量下沉，着重于重量虚实的交换及内外运作的一致性、整体性，此时便如在水下练拳。当层次在流动水体程度时，可以感受到内部如水般的传递流动，就好像水流一般，此时也会感受到周围如水一般的流动，这时候练拳就好像融在水中毫无阻力地练拳，郑曼青先生也言："太极拳如'陆地游泳'"。当身体越练越轻，流动越来越轻而进入如气的流动时，这时候就会感受到周围如空气般包围着，此时练拳就会像融在空气中练拳一般，也就是在水上空气中练拳了。关于结构体、水的流动体在前两篇文章已多有叙述，此篇专就空体的状态来讨论。

在结构体层次练拳时，必须"专注"于全身的球体保持一致性的运作；在流动柔体层次练拳时，必须使用"观照"的方法察知内在筋膜的流动状况；在"神明""觉自在"的空体层次练拳时，则是进入与天地合一的境界，在流动轻如气的状态下，会渐渐融入周围的空气，身体并非在练拳而是自在悠游融入自然。这个时候就会感受到"动就是静、静即是动""开就是合、合即是开"的空然境界。身体如呼吸般自然开合，并慢慢产生一种能量波动，这种能量的波动就是"哼哈二气"，哼哈二气并不是有意念的外气运作吸吐所发出的声音，外家拳吸吐气时发出的哼哈声并非太极拳经"哼哈二气妙无穷"中所指的哼哈二气。其是指内部开合形成能量波动时所产生的一种内部共鸣震动，好像天空中落雷之前一种空气中的震动，也是内家拳内部能量爆炸前的一种波动状态。

进入空境的状态和刚体在一般的观念中是很难联结在一起的。为何太极拳的刚体反而是进入虚无的空呢？这与能量的传递有关，爆炸的能量在空气中传递是最完整的。在水中爆炸，水的传递速度跟不上爆炸的能量传递速度，所以在水中爆炸其效能会被减损。什么物体最阳刚？就是爆炸的能量。在空的状态下，内部开合所产生的能量波动隐藏于体内，在能量爆炸的一瞬间唯有毫无阻碍的空体才能将内部的爆炸能量完整地传递出来。所以空境的刚体所指的就是内部爆炸的能量。

结构体、水（流）体、空（气）（刚）体如果用内家拳来分类，对应的就是形意拳、八卦掌、太极拳。所以形意拳最重要的就是强调结构力，整个锻炼的过程就是要练出整劲，凝重、沉稳、整劲就是其风格。八卦掌强调的是流动、拧转、偏锋、穿透、延展，像水一般的渗透流动。而太极拳则是化劲，以空境刚体为目标，悠游于自然之中，是道家的修炼方式。修炼太极拳并不是一下就要进入空境刚体的练习，而是必须按部就班地从结构体的形成开始锻炼，接着是水体，最后才能进入空体练习。这些练习都是有阶层的，无法跳跃练习。没有练结构体就要练水体，只会看到一个乱扭的虫体，而没有练水体就要练空体，则只会进入无尽的虚空幻想之中。

进入了空体的修炼是一种怎样的状态呢？当拳架慢慢进入如空气般的修炼之时，意念反而会形成一个阻碍。意念的存在会操控肌筋，但是完全无意念又好像睡着般无法练拳，所以必须处在有意练拳及无意操控之间。是故《拳论》有云："有意无意是真意"。但什么是有意及无意之间呢？这是一种恍惚的状态，似醒非醒，似睡非睡。当练拳架处在这种恍惚之中时，如空气般的内在流动就能静静地与天地融合，也能触动内在真正心灵中的本我，让真正的本我掌控躯体，传达内在讯号，使身体能真正达到脱胎换骨的境界。身体在完全放松的状态下，大脑意念的小我也不主宰操控肢体，好像处在虚无之中，静静地和空气融合，无有意也非无无意，只有在宁静放松中让本我来驱使身体自然运作，心灵内在的真正能量才能得以释放，这就是老子所说的"至虚极，守静笃，万物并作，吾以观复"。

站桩也是如此，我们只提倡站无极桩也称自在桩（姿势请参照本篇基本功一章），当然我们知道站桩有许多不同姿势，最常看到的太极桩法是抱圆桩。但也有许多练太极拳者并不站桩，因为他们认为站桩对于太极拳武术并没有什么帮助。第一篇也提过站桩的方法，强调站桩是一种立禅，站桩最先要完成的就是站立时结构的堆叠完整性，让肌肉毫无用力地挂在骨架之上，所以不能站低桩，站低桩则大腿肌肉势必用力而无法放松。即便是最流行的抱圆桩也必须是高高站着才行，双手抱圆，看起来很符合太极拳的意境味道，当然如果能把胯坐正，沉肩坠肘地抱圆也是不错的。站桩除了在确认站立时结构的完整性外，另一个主要的效能就是进入有意无意、宁静恍惚的境界。这才是站桩最重要的目的，在全身放松，站到宁静真意之时，真正本我才能掌控躯体，进而接通潜在于心灵深处的本我信息来改变躯体。如果是抱圆桩，双手提着，无论如何也进不到这种层次，最多只是加强了血液循环，健健身而已，如果站错双手还绷着力，那就只剩下外表好看而已了。

若有刻苦练拳者，一天练数十小时，除了吃饭就是练拳，专心一致练拳，在练上几小时肌力耗尽仍咬牙练习时，也偶尔会进入这种恍惚真意之间的状态，这时真正的效果才能出现。但这种方法非常没有效率，可能一天练习只出现不到十分钟，而且也不是天天能出现，所以要耗费大量的时间及精力去酝酿，但对于刻苦者来说这就是一个好方法。所以就有一句"拳打万遍，其理自通，功夫自来"的传言，的确如此，不过拳打万遍是要集中在两三年之间完成才有效果，三十年打万遍也是无效的。算一算也就是一天最少要打十几遍以上，最少要有六小时以上的练习，这是很没有效率的练习，但只要是拳架不要太偏差，就真的会有效果。何故？当真意出现，就能真正统合周身结构、能量磁场来完成对躯体的改变，但真意如何出现呢？刻苦练拳就是一个笨但有效的方法。称为笨方法苦练，就是因为练习之中不知道要找什么，也不知道要出现什么，只是傻傻地去做，果然就在偶然之间、无意之间出现真意状态而达到效果。下一次出现也无可预知，只能苦练等待，再苦练多年，偶然出现的能量也累积够了，就突然豁然开朗，练出功夫了，但经验无可复制，所以也只能要求从学者苦练。

所谓的真理是具有可复制性的，西方的科学训练之所以有效，就是依靠可复制性建立了一套训练方法。而中国功夫尤其是太极拳，全凭感觉传授，以致效率极低，十年不要说出师，可能连太极拳是什么都说不清楚，终究沦为养生操、美姿操之流。现代人学拳，没法像前辈一样天天咬牙苦练数十年，所以科学概念一定要建立，如何有效率地练出太极拳的功夫才是重点。

要有效率地练拳最重要的还是观念，我总是反复说着观念，因为观念代表练习的方向，方向错了，努力就是白费。就如前述，真理是有可复制性的，但如果观念不正确，还勾着尾闾，连最基本的胯都坐不正，格体无法形成，那终其一生都难窥太极之门，真的十分可惜，而这种现象却普遍存在。喜欢太极拳之人，均想在太极拳上有一番体会成就，但多事与愿违，最重要的原因就是观念不清楚，如果还勾着尾闾蹬着腿练太极拳，那太极拳就真难如登天了。

言归正传，进入太极拳的领域，应该要拟定练习方针，就好像科学锻炼一般，一个阶层一个阶层地往前走。在观念建立之后，需要花三到五年练出太极结构体，就是练整体的一致性、同心圆，之后再做拆解结构体成流体的练习，练习筋膜能量的传导，然后越练越轻，慢慢进入空气融合的空境状态。

要练习到空境的状态，寻出真意非常重要。在整个练拳的过程中，建议练习站桩，站桩除了有确认骨架结构稳定外，也能因站在涌泉穴之上，刺激全身气血活络促进健康，更重要的是进入恍惚之间的真意比较容易。当骨架堆叠稳定，手指垂放，保持重心落入涌泉，气入丹田，形成虚灵顶劲的状态时，全身最易达到放松的状态，经过长时间站立（一般最少要求一天一个小时站桩）和几年练习后，慢慢就能体会到这种虚空真意的状态，进而在练习拳架之时也能慢慢导引自己进入这种状态中去练拳。

抱圆桩的双手一直提着，就算再怎么松，手的重量都在那里，怎么样都得花点意念提着，不然就掉下来了。然而，提着意念站桩很难进入状态之中，这样站再久也是没有什么效果的，所以很多人站一阵子就会放弃了，成效不彰。更多人因此主张不用站桩了，要达到身体健康练拳也是可以的。也有人主张自己练拳就是动桩，不用再特别站静立桩了。不过什么叫动桩，我想提出来的人可能自己也说不明白，纯粹就是有别于站桩而创立的名词。为达到全身空然静立的状态，我建议可以练习本书中所介绍的无极桩（或称自在桩）。

在结构体的层次中，要求的重点是全身球体的运作一致性、结构完整性、同心圆等；在流动体的层次中，要求的是内在筋膜的传导形成流动，进而形成张力，把球体结构拉成具有张力的完美结构，即掤劲的形成，此时太极拳初成，才能正式进入太极拳空体的练习之中，而空体练习的主轴就是"开合"。当然在结构体及流动体中也都有包含开合的练习，但是仍属于意识操控运作的状态，也就是有意念操控开合的运作，而在空体中的开合才能真正发挥出开合的能量。在全身放松和空气融合之时，开合自然运行，就好像身体在呼吸一般，开合呼吸之间会自然产生一种波动能量，这种能量在瞬间爆炸之时，就是太极刚体的展现。

练习太极拳就是一个修炼的过程，武术只是一个副产品，所有的练习都只是为了让自己更能自在地存在于这个空间。端正结构能让酸痛远离；流动筋膜能让自己更加柔软，也能按摩内脏；进入空体，让自己杂念去除，进行心灵修炼，而能自在无碍地悠游于自然之中，这才是我们修炼太极拳真正的目的。

蛇鹤的太极体

相传，太极拳是武当张三丰一日观察蛇、鹤之战时所领悟出来的拳术，姑且不论此事真假，故事内涵的意义也值得仔细深思。在过去的文献、前人的探讨中，都只提及蛇为柔能胜刚的象征，却没有人能清楚地分析鹤的意义，因而笔者首度于此针对"蛇鹤的太极体"提出解释与分析。

为何是蛇及鹤呢？观察蛇的移动特性，最显著的就是"流动"；鹤的攻击是展翼扑身攻击，可以知道其显著的特性是"伸缩"。具体而言，蛇体是一种流动的能量，而鹤体则是一种伸缩的能量，这两者都包含在太极拳中。

在实际演练中，太极拳包含了蛇及鹤两种格体。蛇、鹤两种格体对应着太极柔与刚的格体，蛇体代表着柔体，而鹤体代表着刚体。再更仔细地探讨，可知道蛇体所代表的太极体是柔中带刚，而鹤体所显示的格体则是刚中有柔。在学习太极拳的路上，不论是要养身或是想习得技击武术，都需要真正了解太极拳的内涵，如果无法真正了解太极拳术所包含的意义，只是依样画葫芦地打一套太极拳，终究难入太极之门。

如前所言，蛇体是一种流动的能量，而鹤体则是一种伸缩的能量，以下说明其练法与详细意涵。一般来说，我们会从流动之中来使太极球体完整，当流动顺畅无碍而不离太极之意时，则柔体完成；而柔体的太极球体完成之后，则渐渐能产生如呼吸般的伸缩能量，当伸缩愈能自如时，则鹤体的刚体渐成。

所以在整个学习过程中，应先体会出如蛇体般的流动能量，而这其实也是一般人对于太极拳柔的基本印象。学习者要如何才能练出太极拳的蛇体呢？以下分几点来说明。

（1）格体。首先要把关节拆开，在各个关节处似乎有着一个空隙，全身的肌及筋都放松不用力，只是将骨头排正，将胯骨收正，要能松开到指关节都不用力。

（2）拳架。练拳时，特别注意各部关节不要用力，让拳架如流水般自然流动。不要去支配自己的身体，静静地感受，让身体随着重量，随着圆球的离心力、向心力自然流动，如水般静谧，配合着松开的关节，静静地去体会身体流动的感觉。

（3）推手。要让自己像蛇一样缠绕着对方，完全不要受对方的力，就顺着对方的力量，缠绕在其力量之上，好像水流入缝隙中，亦如蛇钻入洞中。这个缝隙及洞就是对方的缺陷处，不断地钻入对方的缺陷之处，不断地缠绕其力量之上，完全不要相抗，只求合一，和对方合成一体。

经过这样的练习，应该很快就能体会到柔体的初步形成。当我们能够形成柔体的球体时，也就不会再走偏路了，可称为"入太极之门"。

前面已说，其实太极拳并不是完全如此明显地区分柔与刚的，从侧重来讲，蛇体是柔中带刚，而鹤体则是刚中含柔。但在能如此变化之前，还是要先有蛇的柔，才能慢慢凝聚出蛇的刚，所以还是得先将蛇体练出，再将之强化而成真正的蛇体。当蛇体已完成之时，这个太极球体已是相当稳固，流动也十分自然。此时球体就要能做伸缩变化的练习，慢慢将球体缩成一个点而后扩散至全身，如此伸缩也能自如时，则鹤体就完成了。学习者要如何才能从蛇体进入鹤体的练习呢？以下也分几点来说明。

（1）缩至丹田。在拳架内收之时，要去体察外在指尖的重量，并将其收缩至丹田之中，而将四周表皮皮肤的重量也收至丹田，就好像一个球的表面向中心点完全地收缩进来。当然这样做时，外表并没有明显变化，更不可缩到弯腰驼背，一切仍是完整的格体，只是内在将指尖及皮肤的重量内收至丹田而已。

（2）放至表皮。先收缩至丹田，再将此重量循原路放至指尖及四周。这种内部的扩张，从丹田至指尖，从涌泉至指尖，从内而外，从下而上。当然这样的扩散只在内部进行，外部是看不出来的，如果用手摸的话，则可以感受到一股股内在的流动在往指尖及四周扩散出去。

（3）散至自然。上述的伸缩方式是一种练习及体会，但毕竟太过用意念，因此当伸及缩能熟悉时，就要自然运行，就好像人体的呼吸一般了。一个动作之中，包含吸与呼，而我们的球体除了在自然的流动外，在流动之中还会包含着如呼吸般的伸缩运作，这一切都是自然而然地运行。当你能如此安静地运作人体的太极拳时，此太极就会能感应到周遭空气及宇宙自然的能量和你交流着，人就自然融入宇宙之中了。

宇宙万物间的道理相通，只要我们静下心来分析，去除偏见及执着，就会发现理理相通，事事均明。只要专心一致练习，最后都能悟出合于"道"之理来。书法是如此，画画是如此，我曾听一位雕刻大师谈论雕刻，竟也有很多和太极之理相通之处。蛇鹤之体是一种比喻，也是一种象征，不必去执着于蛇鹤之形，但必须合于蛇鹤之理。

纵横太极三项基本功

一、站桩

两脚内侧平行，外侧与肩同宽；松腰坐胯；上臂略为内转；前臂略为内转；两手手腕也略为内转使虎口略对大腿正中（图1）。

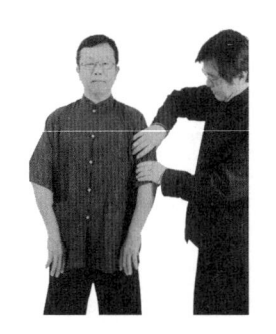

图1　站桩动作要领1

注：①手指要舒张，感觉指尖有下坠般重量。②两臂略拧转，上臂、前臂、手腕各负担一些转动角度，不可用力，些微转动以不会用到力量为准。③身体保持正直，胸部放松，尾闾放松。

颞颌关节合住，牙关合住，舌略卷抵上腭；膝盖中间对准脚拇指；从上往下看，膝盖不可突出脚尖；不可耸肩，身体保持正直；百会穴和两脚涌泉穴连线要在同一冠状面上；手掌中指略对准脚拇指（图2）。

图2 站桩动作要领2

站桩动作正面和侧面展示（图3）。

图3 站桩动作正面和侧面展示

二、腿功

（一）腿功动作要领

头朝前，眼睛平视前方约5米的地面；右脚掌斜45°，重心在右脚涌泉穴，左脚虚着地，身体斜45°；以右胯、右肩、涌泉穴为一轴线，右边重心像水一样注入涌泉穴，形成一股动能将双手及左脚浮起；手脚持续浮起，保持手脚浮起同步运作（图4）。

图 4　腿功动作要领 1

手、脚持续浮起至最高点；至最高点时可稍停顿，此时大腿至少要高过水平面，越高越好，但不可因为要提高大腿而使直立的身形前弯；手自然沉肩坠肘，膝和肘尽量靠近；至最高点后，以右胯为圆心，呈弧形螺旋向下转（图5）。

图 5　腿功动作要领 2

胯先动，手脚才能跟着动，然后逐渐顺着胯圆螺旋脚踩手劈而下；螺旋旋转到底，脚已踩，手已劈下，此时脚掌仍腾空未着地，离地尚有几厘米高（图6）。

图 6　腿功动作要领 3

丹田往前移动，左脚掌触地；丹田继续往前移动，重心交换至左脚涌泉；转身成侧面，脚掌仍斜 45°；头转看正前面，身体重心如水流向左脚涌泉，手脚同时浮起（图 7）。

图 7　腿功动作要领 4

图 8 为左脚站立，与右脚站立时的方法相同，如此反复。

图 8　腿功动作要领 5

图 8　腿功动作要领 5（续图）

（二）腿功注意事项

1. 螺旋转动往下时，膝盖不可以移动，即转胯不动膝。

2. 手、脚浮起及落下要同步，同时到顶，不可有先后。通常以脚为主，手跟着脚一致性做动作。

3. 胯旋转时，注意不可突出。

4. 头自始至终尽量保持看前面，不随着胯而转动。

5. 注意坐胯，但膝不用蹲太低，高高蹲立即可。

6. 练腿功无时间长短限制，能练越久越好，注意保持身形端正，一天最少练习 100 米。

7. 腿功行走于一直线，可以在地上找一条直线，直线通过脚掌中心，起落之时，脚掌中心一定要踩在直线上。

8. 全身重量落入单脚涌泉穴产生向上的浮力，使手脚缓缓升起至最高点，切忌突然快速抬起。转胯螺旋向下时，也不能突然掉下，手脚要缓缓顺着胯的旋转，拧转而下。

9. 双手起落随时保持平行，正提时平行，螺旋斜劈时亦要保持平行。

10. 腿功重结构，有实战功能，练习时必须注意结构的保持，依法慢慢练习。

（三）腿功的功效

1. 腿功着重下盘的训练，久练对身体的稳定性有很大的帮助。

2. 小腿放松提放，对心脏帮助很大，而且训练强度不小，对心肺功能亦有帮助。

3. 双手保持平行，跟随腿一致起落，对结构的形成，有很大的帮助。

4. 小腿起落越顺，则随着胯的旋转，腿的踩劲越大，类似螳螂拳的斧刃脚，破坏力很强。

5. 双手平行起落，久练则双手似双刀，能互相支持攻守。

6. 当膝能越抬越高时，就可以使用类似泰拳膝的攻击。

三、腰功

（一）腰功动作要领

地上取一直线为中线，脚掌平分站在直线两侧；脚掌内侧平行，外侧与肩同宽，坐胯微蹲（和站桩同）；重心左移落于左脚涌泉；以左胯、左肩、左脚涌泉穴为一直线当轴；以丹田为圆心，圆心绕轴心形成偏心轴自然旋转动能（图9）。

图9 腰功动作要领1

旋转动能带动手臂启动；两肩放松，就好像断了一般，被腰的旋转动能自然带动荡起；手臂荡起的同时，以手臂中指为轴心做拧转；丹田中心渐转入轴心后方；手臂拧转，掌心朝上；保持脊椎的中正；转动时，头部一直朝前，不随身体转动（图10）。

图 10 　腰功动作要领 2

手臂拧转渐落下，此时手指感受甩出的离心力；离心力拉伸肩胛骨使之有脱离感；手指离心力渐往丹田收合形成向心之力（图 11 ①）。

动能向心收合回丹田；丹田连接的脊椎转离地面中线，不在中线之上；左手掌手刀，切打髋骨下方大腿肌肉；右手也拧成掌背刚好拍打在左侧臀部上缘；左手前臂刚好成斜，按压腹部；肩胛骨此时拉开至最大，似脱开般（图 11 ②）。

拍打有回弹动能，带重心略移往右脚；带动丹田开始弹回；手指又开始有离心力拉出的感觉（图 11 ③）。

轴心换入右脚，胯、肩、涌泉成一线作为轴心；丹田成圆心开始绕右轴而动；手指有离心重量感渐渐拉离身体；手臂开始以中指为轴心渐渐拧转（图 11 ④）。

① 　　　　　② 　　　　　③ 　　　　　④

图 11 　腰功动作要领 3

180

图 12 以右脚为轴心旋转，动作要领与左脚相同。

图 12　腰功动作要领 4

（二）腰功注意事项

1. 最重要的事项为，丹田转动时，膝盖不能跟着移动，从上往下看，膝盖移动范围绝不可超过前脚掌范围（若练习腰功有膝盖不舒服的情况，就一定是移动了膝盖，千万要注意，避免受伤）。

2. 转动完成胯要坐正，要避免胯外突。

3. 头部随着重心移动而移动，但不可转动，眼睛平视前面约四五米的地面。

4. 脚掌一直保持平行，不可因上身转动而被带移动偏开。

5. 做腰功要全身放松，要想象自己是一个拨浪鼓，中轴旋转，肩膀似脱开臂如绳，手指舒张的重量感就如拨浪鼓的球一般。整个旋转的动作就好像拨浪鼓般拍打，有重量感。

6. 转动时，肩胛骨似脱开，手掌只有离心力的重量拍打身体，切忌自己加力拍打。

7. 腰功练习因身体未强化，以五分钟为一个段落。渐渐可练到十分钟一个段落，最多到二十分钟一个段落即可。

8. 腰功百利而无一害，唯一要注意的就是膝盖绝对不可以乱动。

（三）腰功的功效

1. 保持头、脚不动，中间丹田转动，可以拧开各处关节及强化关节旁韧带，尤其是对拧转远程的颈部及脚踝松开，很有帮助。

2. 转动时，手臂同时做拧转动作，拉长强化手臂筋膜及做顺逆缠丝动作。

3. 手指有离心力，以重量拍打于身体之上，能让血流到末梢指尖，促进全身血液循环。

4. 拍打时以前臂按压腹部，能够按摩腹部，促进胃肠蠕动，对消化不良及便秘者，有立竿见影之效。

5. 当越练越熟，拍打重量会变重，对腹部的渐渐施压，能强化腹部的抗击打能力，使腹部不仅能抗击打还能反弹击打之力。

6. 掌刀不断拍打髋骨下方的大腿肌肉，能够强化此处大腿肌肉，此处大腿肌肉在人体往后跌倒时起稳定作用，可大大降低后倒受伤的概率。

7. 掌刀拍打大腿，当重量越来越重时，重量会反弹回手掌，能够强化手掌骨骼，使手掌柔软却坚韧。这种练习法有类似铁砂掌锻炼手掌的功效，却没有练铁砂掌会产生的许许多多弊端。

8. 转动时，手背自然拍打臀部上缘，位于肾脏的下方，以手背拍打有间接按摩肾脏之功效。

9. 练习时，丹田中轴不断地闪避地面上的中线，此中线就是模拟散手时对方的攻击路线。任何攻击都是取中，以打击对方的中心，此腰功练习就是练习避开中线攻击。而在避开的同时，自然离心力带动手掌产生回击，百炼成钢，自然成型。

实践

沾黏是推手和散手的基础

学习太极拳的人对于"沾黏"这两个字应该是不会陌生的，有人也称为"沾黏劲"。而各个太极宗师们对"沾黏"多有阐述，如《拳经》中有言："人刚我柔谓之走，我顺人背谓之黏""须知阴阳，沾即是走，走即是沾，阴不离阳，阴阳相济，方为懂劲""任他巨力来打我，牵动四两拨千斤。引进落空合即出，沾连黏随不丢顶"等。由此可知"沾黏"在太极拳中是一个相当重要的观念，也可以说，若是不知"沾黏"的真义，就无法窥见太极之精妙。

综观各个大师的言论，言简意赅，虽有很大的想象空间，但简略的描述实难道尽"沾黏"之巧妙，这也就演变成后世的各种解释，有时反而令人迷惘。

正确地说，"沾黏"不能被称为劲，因为"沾黏"只是推手的应用手法。当双方搭手之时，即是"沾"之开始。在沾的同时，双方接触的重量感觉应要清晰，在整个推手的过程之中，这种清晰的感觉要保持不变。当对方进我则退，对方退我则进。进退之间完全和对方配合一致，如果感觉消失或不清楚了，则表示自己用力了，也说明自己的太极本体是不完整的。

在双方的手"沾"在一起之后，就是"黏"的开始，此时表示两人的太极体要进行融合。在融合的过程中，哪一方的太极体不完整，在运转的过程中就会产生偏斜以致被弹开或被控制。而在进行融合之时，为了破坏对方太极之体，会将本身的重量如丝般"黏"在对方身上，让对方的运转因我外在重量的黏附而滞碍，进而产生偏斜以至败势。

常有人以为"沾""黏"是相同的，其实不然。也常有人误解"沾""黏"的本意，在推手时一直想要"沾""黏"住对方，主张要不丢对方之力，也要不顶对方之力(刻意的不丢不顶)。这种刻意的"沾""黏"完全受制于他人，而失去了真正沾黏的意义，所以不但效果很差而且束手束脚。

真正的"沾""黏"是一种在被动态势下所形成的主控态势，当和对方"沾"住时，就要"黏"住对方，即使对方想要脱离也不行，想要攻击也不行，让对方既不能丢开我的重量依附，也因无法感受到我筋膜传递的流动而被破坏结构，致使其不知结构已破裂，故无法顶住我的重量在其筋膜内流动的贯注（被动却能主控的不丢不顶）。因此，可以定义为"所有的运转完全操之在我是谓沾黏"。

前面已经强调"沾""黏"是一种被动却积极的态势。在与对方接手之时就是"沾"的开始，推手的运转过程则为"黏"的形势，而弹开对方或制住对方之时为"沾""黏"的终止。可以说在整个推手的过程中，几乎是以"沾""黏"为运转的基础。

从字面上可以知道"沾"是一种表面的接触，如沾水般，水附于皮肤之上。推手时与对方的接触重量和沾水也差不多。在整个推手的过程中，搭手为"沾"，平时练习时是双方伸出手"沾"住对方后才开始运作，往往让人不知道"沾"的重要，甚至忽略了"沾"的存在。但我们要了解，太极拳是一门武术，如果是与外家拳对抗，"沾"就显得相当重要了。《拳经》言："动急则急应，动缓则缓随"，这就是"沾"的功夫。当外家拳出拳如风来时，我能急应而"沾"上，"沾"的重量又不能太多，重了就变成格挡了。"沾"最多如水一般重，如果"沾"不上对方，那要制对方于无形就很难了。

"沾"上了对方后，接下来就是"黏"住对方，"黏"并不是用力抓住对方，而是将自己的重量丝丝地布在对方身上，让对方在推手的运动之中不知不觉地渐渐产生偏移。就好像苍蝇沾在苍蝇纸上，初黏时尚可奋力挣脱，但越是用力，则越黏越多，终至全身被困住，这个比喻或可稍稍说明太极"黏"的方式。

"沾""黏"的功夫，两者是同等重要的，在散手上甚至可以说"沾"比"黏"更为重要，因为若无"沾"之始则无"黏"之用。但在一般推手时，是以沾住对方后才开始推手运动的，已经先"沾"好了，自然就感觉不出"沾"的重要性了。

然而，很多学习太极拳多年的人往往忽略了"沾"，以至常常会产生一个疑问，"如果练外家拳的人不跟我推手，而是一拳打来，或一脚踢来，我怎么办？"别人一拳打来，或一脚踢来，许多练习者的反应就是闪躲再乘隙反击，完全无法使用太极"四两拨千斤""以柔克刚"的功夫。这也就造成了"推手无用论""太极无用论"的说法，不只没学太极拳的人有这种想法，就连学习太极拳多年的人也常在心中有这种疑问。其实这是忽略了"沾"的重要性，当别人一拳打来或一脚踢来，太极拳要做的是在对方快速的动作中，乘其势尽之时"沾"住对方，而后"黏"住对方，进而控制对方。散手时能够"动急则急应"的基础就是"沾"的功夫。

从上面的说明中可知"沾"的重要性，那要如何训练"沾"的功夫呢？

训练"沾"的功夫，有几个要点：

(一)心静：心静才能清楚地体会到对方的变化，不能心浮气躁。心要静则必须加强站桩的功夫。很多人一直以为太极的站桩是为了训练腿力、腿劲，这是很错误的观念。

(二)放松：要能放松才能"沾"得巧，不太重也不太轻，如沾水般。如果是硬邦邦地去"沾"，那形成的就是"相抗"而不是"沾"了。

(三)全身一致：有时我们常受限于一般的思考模式，以为"沾"就是用手去沾，其实不然，全身皆可沾。不过用手去沾比较符合一般人的想法，但就算是用手去沾，那也只是表象的接触。实质上，手沾上了以后，全身就要有相同连动的感觉，而感受的中心主宰点在"丹田"。

（四）不惧：恐惧是紧张的来源，紧张又是僵硬的开始，如果僵硬了，那就连自身的内在感觉都消失了，如何"沾"呢？恐惧是人类内在很难克服的感受，我想只有经过不断地提升自信及太极技巧，才可以有效地克服内在的恐惧。

"黏"的功夫和"沾"的功夫是同等重要的。其实大部分的太极拳学习者终其一生研究的推手就是"黏"的功夫，"黏"的功夫能做得好，那在太极拳方面也可以算是一位高手了。最怕的是研究太极拳推手的学习者，只知钻研招式，去假设对方攻击的模式来发展破解招式；或是强调出其不意、攻其不备的推手方式；或是发展几招推手制敌的绝招等。如果是研究这种推手的方式，可以断言，终其一生将无法窥见太极的堂奥。

"黏"是一个很细致的功夫，当两个人搭手进行推手的运转时，要配合对方的动态来运作，并且把本身如羽毛般的重量"黏"附在对方的身上，慢慢牵制对方的动态。此时就会发现对方的运转渐渐不灵活了，空隙渐渐产生了，那就达到了"黏"的效果，对方也就在掌握之中了。

黏是什么？简单说，黏就是把自身如羽毛般的重量附在对方的身上，就好像蜘蛛丝一样，先接合，再融合，最后达到完全控制的程度。"控制对方"是太极拳中一个很重要的技巧，指在平和的过程中，完全掌控对方的动态，对方要使力也不行，不使力也不行。我们用黏把对方捆绑，只用双掌轻触对方，随着对方的动态而变动，此时对方会觉得无力可施、无计可施，要逃也不成，要进也不行，而变得像球一般在我们手中滚动。说得好像很玄，但其实不是，如果有亲身体验过的人，当知道其言不虚。黏的功夫在太极拳的修炼中并不算太难，能做得出来的人不少，也相信有不少人有被黏得动弹不得的经历。如何训练及使用黏的功夫，分为几个重点说明。

一、如何训练"黏"的功夫

（一）听劲：听劲是"黏"的基本功夫，包含了"听自己的劲"及"听他人之劲"。"听自己的劲"就是要了解自己本身的动态，举手投足皆要清楚，全身一致。那么自己内在的变化要如何"听他人之劲"呢？能明了自己的内在变化后才能"听他人之劲"。"听他人之劲"要了解他人内在的变化，清楚对方哪里用力，哪里紧张，来之势、去之路为何，这样才能黏附重量在对方身上。

（二）舍己从人：前面已经强调过，"黏"是指两个人搭手进行推手的运转时，配合对方的动态来运作，并且把本身的重量"黏"附在对方的身上，慢慢牵制对方的动态。配合对方的动态就是"舍己从人"。对方伸，我就屈；对方屈，我就伸（无过不及，随屈就伸），这个"黏"要在对方不知不觉中进行，甚至在对方以为得势而沾沾自喜中进行。

二、要具备黏的功夫需要的条件

（一）放松：放松是必要的条件，全身都要放松，如果自己都无法放松，就无法了解自己内部的动态，那根本不可能去了解别人的内在。放松并不是口号，而是必须要实实在在去练习的技巧。

这里要强调的是"手指的放松"。在黏的过程中，手指就好像触角一样感应前端，一定要放松才行。有些人以为手指放松就是曲着手指，那是不对的，手指应是舒张开来，似张未张，掌中似含一球，手背的关节指骨尽量隐藏起来，不要浮出，从掌背看也是一个柔顺弧形。

手指一定要舒张放松，血脉才能畅通，手指的神经系统才能有充足的养分，才能培养手指感应的知觉能力。轻轻地触着对方从而觉察对方的动态，这也是听劲的基础。

（二）流动性：在黏时，切忌两手刻意且主动地去黏对方，应注意自身内在的流动性，用内在的流动带动双手去黏住对方，每一个运转的流动，以及与对方融合之间的流动要尽量做到平顺静宁，流动无碍。唯有先清楚自己的流动轨迹，才能知道别人运作的方向，身体的流动是有规律的，当自己能明了自己时，对于别人运作的方向就能预先掌握。

（三）配合：配合分两个方向来谈，一个是自己身体的配合，另一个是与别人的配合。手、脚、腰的配合是太极球体形成的基础，如果自己尚未合成一体，那要和别人配合是不可能的。当自己能合成一体时，就要配合对方来滚动，就好像球体顺着物体滚动一样。练习在对方的外力下能流畅地滚动，不用去拼，不用去挡，只是顺着对方滚动，让对方觉得好像在推一个球。

三、使用黏的功夫的顺序

（一）合一：当可以如球般在对方的外力上滚动及流动时，接下来练习的就是合一。指尖轻触对方时，感应对方的肌筋及骨的运作，进一步和自己的肌筋骨连在一起，进行合一的练习，两人要变得好像一人，前进、后退全部合成一体。

（二）如羽毛般的重量与对方接触：如沾水般与对方沾上了，就要维持这个如羽毛般的重量与对方黏着。随屈就伸，对方会觉得我方好像空了、消失了，却又摆脱不了这个黏附。

（三）加重量：这属于特殊的沾黏，当可以和对方合成一体时，就可以把自己身体的重量，一丝丝地加在对方的肌筋骨之上。虽然合成一体，但对方此时会有压力，前进、后退会觉得有一股重量如附骨之疽般附在身上，挥之不去，必须用力来抵抗、撑住这个重量。

（四）改变对方的方向：当可以把重量附在对方身上，且与其完全合成一体之时，就可以变成以我为主旋转的体。以我的丹田为圆心，在对方的进退之中加入引动的引力，带动对方旋转，对方以为是自己自主的运作，但不知其一进一退之间均是被我引动而偏斜，渐渐地将其运作纳入我球体的运作之中，终至缚住而随我所欲。

四、黏的功夫的进阶使用

（一）身体的黏：当内在带动双手的黏性有感觉时，应进一步修炼身体的黏性。所谓身体的黏性，是将身体的球体拆成无数个小球的结果，关于拆解身体大球变成许多小球的过程及方法，本书前面已有说明。身体若能具有黏性，当对方摸到我们的身体时，会觉得被吸住了，好像被黏住一样很难抽回来。

（二）擒拿：当能黏住而控制对方时，只要加入丹田的缠丝劲，就成了很完美的擒拿，并无定型，随我所欲，手到擒来。

（三）黏着打：再进一步就是散手的应用，黏着对方打，使对方被制，并无还手之余地，但这也必须已能将我们的球体拆成许多小球体时才能完成。我们是黏着对方，侵入对方的空档之中击打，游身劈掌的功夫有一大半也是从这里演化而来的。

"沾""黏"在太极的实际运用上是很常见的。我们甚至可以说"沾""黏"是太极守势的根本。这是一种看似被动却形成主控的守势，从外在的运动形势来看，会以为是在对方的攻击中求生存，但实际上则是利用重量的黏附，使对方的攻击偏斜落空，慢慢地对方的运动也会滞碍，最后完全受制于我方，这是与太极"发劲"攻击全然不同的表现方式。当然，推手之时千变万化，"沾""黏"可以自成一体，也可以是为"发劲"做先期的准备工作，"以沾黏引出对方的空隙，再发劲（引劲落空合即出）"。要如何运用全乎一心，并无定法，但基本的是，一定要能练出"沾黏"的功夫才行。《拳论》有云："沾黏连随不丢顶"，其中"沾黏连随"是一个接手的顺序，接手先沾，接着是黏，与对方肌筋骨合一就是连，然后随顺对方的动作而运作，慢慢引导对方运作，最后被我们的内在流动所缚而受制。"不丢顶"除了是被动地要与对方黏合不离外，更要主动地控制对方，让对方被我们黏住，想要丢掉我们或是要顶我们都是做不到的。"沾黏连随"是太极拳中一个很基础也很重要的功夫，而要做到此功夫，沾黏为先，这是需要一步一步去训练而成的，要注意黏是用全身去黏，包含手及身体。

功夫需要实实在在的锻炼才能成功，先求知己，再求知人，才能讨论沾黏的控制。这是一步一步实际进修而得，只要方法观念正确，踏实练习，一定可以学成。

浅谈推手

推手是太极拳中一种相当重要的练习方式，这也是太极拳特有的练习方式。我们的太极先贤用他们的智慧，创出了这种独特的练习方式，利用掤、捋、挤、按、采、挒、肘、靠的手法，一方面，互相寻找对方的漏洞加以攻击，另一方面，也利用腰转的化劲来引劲落空，化解对方的攻击，在整个练习中有守也有攻，要守也要攻，太极其中的趣味就在这攻守之中产生了。

理论上来说，推手是不能用力的，而是要利用听劲、化劲、发劲等技巧来推手的。但为了赢，练习者往往会想方设法，用力也好，用不光明的手法也好，硬顶也好，出奇制胜也好，只要能赢，什么太极的规矩都忘光了，这也是太极推手为人所诟病之处。

推手可以说是太极拳的一部分，但不是我们学习太极拳的全部目标，这是一定要有的观念。有人以为推手是太极拳中武术训练的方式，只有通过练习推手才能学到太极功夫，所以轻视拳架的练习，这是非常错误的观念。

太极的推手是一种太极拳相当重要的练习方式，如何利用推手来加强自己的散手功夫，又不会因错误的观念而误入太极歧途，值得我们深思。

一般来说，推手的模式有"定步单推""定步双推""活步双推""大捋""定步散推""活步散推"等。

推手要配合拳架的练习慢慢深入，初学只适合"定步单推"的练习，随后再学习"定步双推""活步双推"，让身体在固定的模式中熟悉转腰走化的规矩。当规矩熟悉后，接着就可以进行"定步散推""活步散推"的练习了。当然这一切的基础是最好有一位名师在旁指导，推手是两个球体的运转接触，依序而进，非常重要。

"推手"是太极拳印证与练习的一种方式。在经过了拳架及基本功夫的学习后，可以通过推手的练习方式来体会自己内在的协调一致和动静如一。简单来说，当拳架及基本功夫的练习已能纯熟，就可以利用推手考验自己在"外力介入下，本体的太极球体是否仍能运作自在"，如果有外力的加入就会有用力的现象，表示自己的基本功夫及拳架仍有缺陷，还要继续加强。

在练习拳架之时，讲究身型、步法，注意要含胸拔背、沉肩坠肘、松腰落胯，还要能全身一致、动静合一、虚实分明，而这些在推手时也全都要具备。当自己在练拳时，时时观照这些状况是比较容易的，慢慢地练，慢慢地体会都没关系，但是一旦推手，就与对方合在一起了，外在的压力产生就容易让自己的本体产生力抗的现象，只要推手之时无法维持练拳时的感觉，就说明拳架的功夫尚有不足，需加强练习。

推手的学习依照程度有不同的状况，即"外三合球体阶段""内三合柔体阶段""觉自在空体神明阶段"。

（一）外三合球体阶段：推手的主要目的是要练习整体性运作及听劲。在拳架上，这个阶段也是太极球体规格的形成阶段。这个层次的推手只适合用球形运作的方式来推手，千万不要想发劲推人，一切都是自然运转。因为这个阶段初期还未有发劲的功力，勉强用只是用力推而已，用力推不如不推，因为就算赢了对方，也会对本体内的太极球体规格产生不好的影响，这会影响太极球体规格形成的时间。

这个阶段的推手，在沾黏住对方后，就要细细体会接触点的重量变化，也可以将眼睛闭起来，本体随着对方的力量而变化。其道理如同《拳论》中"无过不及，随曲就伸。人刚我柔谓之走，我顺人背谓之黏。动急则急应，动缓则缓随"。

这个阶段要完成的功夫是，不论对方如何用力，力量如何变化方向，我均能像一个充满水的大球般，柔化及吸收对方的力量。一开始接触点的重量自始至终都不会改变，对方慢慢推，是轻轻地接触，对方突然用力推，还是保持轻轻地接触，就算是对方突然改变攻击方向，新的接触点也要和原接触点轻轻接触的感觉一样。能练到这种水平，那无论与谁推手，都能处在一个相对空无的境界，而立于不败之地了。

当第一阶段的球体功夫已大成，则在推手之时，球体转化的动作自然会越来越小，太极球体的结构自然会越来越紧密，此时就可以开始试着运作这个球体来做自主转动的动作。当外在力量压下时，会有反弹力及转化的动作，这就是"掤"的初步；对方力量施来，平转球体带开对方，就是"捋"；侵入对方格体而膨胀，将对方弹出，就是"挤"；前滚球体而将重量灌入对方体内，就是"按"；后滚球体，吸对方的力量入海底，就是"采"等。

在这个阶段，就会发现太极劲道的形成，就是太极球体运作的一种状态而已，所以随着不同的太极球体运作，就可衍生出千千万万个不同的劲道。只不过依最常运作的模式，定出了一些名称，方便讲解。所以有时初学者会纳闷儿，这位大师讲这些劲道，那位大师又有不同的劲道，到底哪位才是对的呢？其实都对，这些大师依其习性有特别喜欢的球体运转模式，当然就有不同的劲道产生了。

推手进入了这个阶段，就是在练习这些球体的运作，采用不同的运作，看看会产生什么效果。而这个阶段完成后只要随意运转球体，就会产生很大的发劲效果，对方会觉得有极大的压迫，而我球体运转的本体却没有任何发劲的感觉，只是运转，何来发劲，对方只是承受了球体运转的能量而被弹出。

（二）内三合柔体阶段：这个阶段的推手主要是要训练化劲的基础及各种特

殊劲道的"拿与发",这些劲道包含了剑法、刀形、冲击劲、穿透劲、随意摔及特殊劲等。第一个阶段的推手属于球体的运作,在运转的过程中吸取对方能量,让球体运作,使对方不稳而被弹出或被击出,本体并不采取主动的攻击态势。而在这第二阶段就是主动攻击的训练方式了。

第一阶段的球体功夫已完成,才能进入第二阶段,不能混杂。不能自己嘴上说着"刚柔并济",却在第一阶段的练习中使用力量去推,如果这样,那第一阶段的功夫永远完成不了,也就永远无法进入第二阶段的推手功夫,这样的学习者,终其一生可能都会被困在力量及柔化的交替中,无法提升。

这个阶段是太极柔体层次,在这个层次的太极球体就像是一个会流动变化的球体,能渐渐体会开合呼吸球体的状态,"能呼吸然后能灵活"的意思即在此。

(三)觉自在空体神明阶段:这个阶段是"心的境界",是一种绝对空的存在。在此阶段,着实已无可推之处,其无形无体,难以寻找着力点,无法去推,这时的功夫神妙莫测,稍触其肤即飞弹而出。与之推手心中会有茫然之感,只觉全身受缚,毫无反击之力,只能任其摆布,精神恍惚,不知所以。不过达到这种功力的人也都向着心灵的修炼前进了。

推手是最常见的一种太极练习,"推手圈"常有一些下列特殊的人,是学习者与人推手时必须注意的。

(一)练力量、用力推的人:有一些人的主张是"赢就好",所以他们主张用力去推,平日还要举重,用重量训练、腰力训练来加强力量。面对这种推手方式的对手,初学者最好不要推,如果一定要推,就尽量去承受,如果能在对方的大力之中生存,功力就进步了,千万不要与其拼力,如果做不到那就避免与这种对手推,多练无益。

(二)使用独门绝招、阴招的人:使用这种方式的大都是经验老到的人了,他可能抱着对手,突然猛力用手或肩力推出;可能抱着对手,腰转硬摔;也可能用一只手与对方推,另一只手偷溜到对方背后或是抱对方的颈部,时机成熟时,就突然一招,前手拉后手压,配上退步腰转等法,让你应变不及而吃亏。面对这种对手在听劲未大成前不易防备,所以在球体外三合未真正完成前最好不要与这种对手推。"防人之心不可无",与任何人推手之时都要时时存心。

(三)出其不意、攻其不备的人:有些人虽说要推手,但一搭手就要攻其不备地猛推,或干脆用散打,把对手打出去后就扬扬得意,自有其一套"先下手为强"的论调。这已不合太极要义,与这种人推手要注意,如果身体的听劲尚未完成,就避免与其练习,争执或反目的发生常因使用这种推法。

(四)用嘴巴练的人:这也是很常见的推手方式。常见到有些人天花乱坠地说了一大堆太极的道理来唬人,每次都叫他人站直了或让他人示范发劲,却从不敢真正下场散推,这种人很多已是当太极指导老师了。用嘴巴练的人,就不需要与他推手了。

推手是太极武术运用很重要的练习方式,也是一个充满趣味的练习方式,当两人互相为求太极的境界而练习推手时,对两人均有帮助,而情谊也在这样的练习中增长,这是何等美好的事。但如若有了错误的练习及观念,推手又反而变成太极之路的障碍,这是学习者不可不注意的地方。

练习推手不求在争胜,而是要找出自身运转的问题,让自己在任何的情况下都能运转自如。推手也是自我提升功力的方式,不必去检讨对手的对与错。全心去体会,用身体去体会,那推手就会带给学习者非常大的帮助及许多乐趣。

推手是一个工具

如果以武术的观点来看，练习拳架和推手都是为了能够进行散手而形成的练习手段。推手并不是练习拳架的进阶，也不是学习太极拳的目的，而是一种练习法，一种工具，一种能够让我们在更安全的方式下习得散手技能的工具，用来雕琢我们的本体，使其能具有太极散手的威能。如同使用雕刻工具，把一个普通的木头变成艺术品是同一道理。"工欲善其事，必先利其器"这个道理大家都懂，推手的练习方式是进入散手的重要法门。任何艺术竞赛，都是评比成品，而非创作艺术品的工具，而太极拳却是把工具拿来比较优劣、举行推手比赛，却不参与或举行评审艺术成品的散手比赛，实是一种奇特现象。

既然推手是一个工具，我们就要好好分析这个工具的性能，了解这个工具如何操作才能发挥其效能，也要了解此工具的特质及其使用限制，这样才能充分把这个雕琢本体的工具发挥出最大的效能。

在练习太极拳推手时有几点要求，分述如下：

放松：推手需放松，不可用力。全身都要松静沉着，把骨骼架正，在意念上也放松，在一切都松柔的状态下进行。

随顺：舍己从人，随着对方的动态来变化。随曲就伸，随对方屈伸开合的动作，做出配合的动作。先去除自我的意识，把自己融入对方之中，而将两人的相合运转渐渐变成以我丹田为圆心的运转。

无惧：推手不要恐惧，不要一双手全护住了身体，怕对方摸到。把自己放开，让身体的所有部位都去沉浸体会，细细去体会其中的运转，如果运转不顺而被弹出，下次再修正就好。把面子放下，把恐惧放下，把胜负放下，才能真正去体会推手的奥秘。

宁静：内心要保持宁静，不要心浮气躁，不要紧张不安，宁静地去体会，快乐地去享受。心中应充满感谢，因为对方花时间来磨炼你是多么难得啊！宁静体会才能有所得，才不会浪费时间。

灵活：要让自己保持在轻灵的状态下，轻柔细腻。不管对方用不用力、速度快不快，我均细细跟随，灵活以对，不可笨重、旋转不灵，亦不可用力顶抗。保持在一个灵活的状态下，让对方觉得我们是一个运转灵巧的球体。

专注：在整个推手的过程中都要十分专注，每一个运转都要去体会，分析是否有更好的走化技巧，势势存心揆用意，任何一次练习都要全神贯注。

在整个推手的学习过程中，我们必须体会到一些必要的技巧，以作为散手的根本。那么有哪些技巧必须要掌握呢？分述如下：

听劲的技巧：这是一个"人不知我，我独知人"的功夫。所谓"听劲"，就是一种触觉，就是用来知觉对方的用力方向、长短及其周身动态的技术。懂得听劲，就能凭着手上的触觉知道对方的一切状况，如身上用力之点、欲转动方向、欲用力方向及其意图等。能够知道对方的走势，就能掌控对方，随时可以发拿，对于其攻击也随时可以走化，因为对方的动态全在掌握之中。能够听劲方能称为"懂劲"。

当然听劲的功夫是相对的，功夫高者听劲自然较佳，自然能处在控制的位置。练习推手时一定要细细去感觉，让自己听劲的功夫能与日俱进。这也就是为什么练推手不要急躁，而要慢慢去感觉的原因，急了就不容易感受到听劲，唯有慢慢运转，两个人在互相变换之中去感受对方的变化，这样听劲功夫才能真正地进步。

化劲的技巧：在推手之中练习如何化开对方的攻击是个重要的技巧，化开对方的攻击就是化劲。化劲有"分、截、转、合"四法。分者，全身散开之意，让对方的攻击进入时，如进空荡无物之所。截者，截断之意，从对方的攻击线中间截断其劲，引其深入。转者，以转腰动胯来化解来势，一般以圆球化解，让对方的攻击顺圆切面而出。合者，合住对方之意，让对方之劲融入我的身体之中，落于涌泉之下而无踪。

球形滚动的技巧：将自己想象成一个充满水的大球在滚动。不管对方的劲力从何处来，我均以丹田为圆心旋转，旋有上、下、左、右、斜转等方向，配合的劲则是掤、捋、按、挒等劲，练习时不用发劲只要意到即可。身体随着来劲不断旋转，不分不离，不要让对方的劲力有停留凝聚的机会。

全身拆开的技巧：相反于球形滚动，此法则是拆散全身球体，使全身分成各个不同的小球。一般来说，各关节处成一小球，胸成一球，胯成一球。人推我手，手动即可，全身不必被带动；人推我胸，胸滚动即可，全身不必被带动，推我腹，腹滚动即可；各个小球独立运作，让对方之力无点可着。

发劲的技巧：配合滚动有掤、捋、挤、按，采、挒、肘、靠八劲，每个劲都是全身一致的运作，都是全身能量的一种释放，都是刚体结构的表现。劲从丹田起，依运转方式而变化成各种形态。推手练习之时，只要意到，轻轻做即可，不必全然发出。发出之时最好能配合对方的动态，顺势而发，不可硬打。

沾黏的技巧：沾黏是一个十分重要的技巧，在实践篇《沾黏是推手和散手的基础》有具体介绍，此处不再赘述。

擒拿的技巧：擒拿是一种施以反关节的制服技巧，在太极的擒拿中必定随顺对方的劲路，改变对方的劲路，在对方不知不觉中予以擒拿。这是一个圆形运转再加上制住对方关节的技法，主要的施展顺序是"顺其自然、改其方向、扣住关节、转动本体、反其关节而擒拿"。

散手式推手的技巧：这是将散手的技法融入推手中练习的一种技巧。若希望能从推手进入散手，此法是重要的训练方式。此法由两人互练，一人练守，一人练攻，转换进行。当两人接手之时，攻者以两人接触点为圆心，攻入对方的空隙处，而守方则化之；化之接触点，攻者再以此点为圆心，变方向攻入对方空隙处，守方则再化之。刚开始慢慢地做，让对方有变化反应的时间，也让对方考虑攻守之点。两人不断攻守变化，直至熟练后才可逐渐加速。这种散手式的推手是练习"游身劈掌"的一个重要手段。

推手是两人共同练习以求精进的方法，需要注意避免以下问题。

（一）争胜：推手应该是一种双赢的练习方法，不要有争胜的想法，放松自己去细细练习上述的技巧，每个技巧实质上都需要对方来共同演练，哪还会有时间与精神用力去推对方，应该是让对方推我，我多多练习才是正确途径。

（二）脱离：在推手之中，必定与对方沾黏在一起，两手至少各有一个点接触着，不可完全脱离。如果脱离者，是为丢，"逢丢则必打"，也就是一旦脱离，就必须出手发劲，十分危险。但要特别注意，如果对方是生手不懂规矩，或是对方是多年好友，也不必一定如此。只是要事事留心，因为对方脱离也可能是已有想出手攻击或是施展擒抱法之意。

（三）拉扯：推手之中，不可用力拉扯，死拉活扯已失练习推手之用意，不推也罢。

（四）散乱：推手之中不可散乱，必须全身一致，必须劲整。肩用力则断在肩，肘用力则断在肘，胯用力则身僵如石，全身必然散乱一气。要放松将全身统合一致运作。

推手训练不是用来争胜负的，也不是用硬撞硬拉硬摔法、出其不意、抢快、先下手为强法等外家拳的观念来运作的，推手是以形成完整太极球体为目标的自我修炼方式。拳架是自我的体会，推手则是两人互相的磨炼，对双方都有好处。如果想要真正进入散手的功夫，推手的学习是不可避免的。我们期望在这个练习中磨炼太极格体，渐臻成熟，这是先贤留下来能用平和、尽量不受伤、轻松自在的方式来锻炼本体、强身健体的方法，是太极拳独有的特殊练习工具，望读者深悟之。

推手的骨、肉、皮、毛四个层次及推手型态分析

推手一直以来都是太极拳的训练方式，而非太极拳最终用来使用的武术，但现阶段能看到太极拳展现功力的方式却全都是推手，所以让外人误认为太极拳只会推人，而且就算是练太极拳的人也大都以为太极拳的功夫就是推手。在以推手为太极拳功夫的前提之下，就会发展出依附推手的许多技能，而且在举办推手比赛时，在胜负观念主导及推人和摔跤及角力有相似之处的种种原因之下，摔跤及角力的技法又渐渐被引进推手之中，于是就形成了如今的情况。

"太极拳的功夫就是推手"这一错误认知，造成了虽练习太极拳却无法进行散手的窘境。长年练习太极拳推手的人，当真的要离手实战了，会发现所学的推手根本无法使用。太极拳的学习并不困难，但杂音之多，数之不尽，让学习者原地绕圈而行，如何能达目的地？学一年时意气风发，立志成高手，三年刻苦自励，五年疑点重重，十年变养生太极，有人说练太极十五年还不如散步健身有效，这种学习的情况随处可见，为什么呢？仍然是观念问题。

练习推手之初，进行基本推手练习，其也称为单（手）推及双（手）推，这是推手的基本功夫，虽然有些单调，却不能忽略不练。练习单推时，单手相接而运行，手切忌乱动，主轴在腰，腰、手同步运行。常见的弊病是腰不动而手一直划圈。单推时的双方就是两颗球体，手保持沉肩坠肘而不动，虚实重心流动前进，再以腰转，又以虚实后退再转动。整个过程手不能动，只能虚实转换重心及腰转。而双推是掤、捋、挤、按四劲以立体球形运转。虽各派手法略有不同，但不论是单推还是双推都是属于结构体的球体运作，都要记得同心圆运转原理，手不动，以丹田运作为主。这两种基本推法是稳定球体很重要的练习，虚实在两人之间流来流去，球体滚来滚去，能确保在之后练习散推时，不会散乱。

　　两种基本练习后，要练习的就是散推了。散推没有一定规矩，说没有一定规矩，其实还是有的，只是没有那么明确。因为没有明确的规则，所以各种武术就掺合进来了，让太极拳的散推手变得十分混乱。但如果散推手是没有目标的乱推，只求胜负的技巧，那么终究就会困在推手之中而无法提升为散手。那推手的目标是什么呢？如何才能避免陷入乱推的困境呢？

　　散推手时依接触点的深浅分为骨的接触、肉的接触、皮的接触、毛的接触，这也代表了推手的四个层次。当与对方接手时，我们是一个被动体，对方的力量进来多少就能够推动你的球体来走化多少，进来多少代表着自己的层次。这是一种自身灵敏度的判断，想象一下推石磨，如果磨的摩擦力很高，我们就得用很大力量才能推动，反之所用的力量就会很小，磨是被动的，并不会主动，而这个磨就是我们自己。当自身灵敏度不足时，对方的力量进来，在碰到骨架结构时才能运转，渐渐地自身运转越来越灵敏，推到肌肉层时本体就能运转，更加灵敏的是推到皮就能运转，最后是到毛的层次，对方将碰到本体之时，碰到了毛，就足以推动本体运转了。

　　但要特别注意的是本体的运转是被动的，如果是在别人碰到皮时就自行走化，那就不是这里所说的皮的接触了。一定要被动而不能主动，这也能衡量自己的灵敏度需要多少力量才能够推动本体运作的方法。

　　主动刻意地走化来保持轻的接触是一种假象。因为主动必定拉扯自身的肌肉而无法真正地放松，而且走化的路径也是有意识地引导着。这种走化方式，我定义为推手中的"假柔"，与练拳时刻意打得很柔是相同的意思。故意接手很轻、似乎很柔的推手，练到某种程度也很像真的了。真的刻意练习轻柔推手到一定程度，也是会有一定效果的，也能有不错的推手表现，但和真正的、被动的轻柔推手最大的不同点就是：假柔化推手无法进化成散手，一定要真正的柔化推手才行。而若同样的轻柔程度，真假柔一碰手高下立分，但假柔推手对付其他人也常有不错的效果。

就如前述，能够假柔化的轻柔推手者虽非正途但也算不错，起码是真正太极拳的拥护者。但可惜的是，这种看似柔的推手却只能在圈内自己玩，碰到前述例举的拼斗型对手则会难以应付，而且到了一个层次后就再难向前，更不用说想进化成太极散手了。假柔推手和真柔推手最大差别在于"意"，要真正能够从轻柔推手中提炼出太极散手的功夫，就是要"无意"而不能"刻意"，一切要自然运作。刻不刻意，自不自然自己应该很清楚，所以练拳推手都是一种自省的功夫，时时刻刻检查自己的心态。

推手的骨、肉、皮、毛四个层次，对于练拳的阶段来说，骨就是结构体，肉就是流动体，皮及毛是进入空体。这四个层次也与拳架一样无法跳级，跳级就是刻意为之，会进入误区。虽然这里看起来骨的层次好像是最基本的，但真实而言，能进到肌肉放松而运作骨层次的仍属少数，因为能够用骨头流动，代表结构已经完成，算是已窥太极门径了。比之用力乱斗者和假柔推手者已不在同一层次了。在对手推动本体的骨骼结构之时，会有沉重感，骨架的流动有一种重量感，这就是所谓的松沉感。当然在这个层次，结构体是已经差不多完整的，不然一流动骨架就散了。所以就算最初阶的骨的层次也是不容易做到的，能体会到骨架的流动，对付拼斗型的力量推手者就绰绰有余了。当进入肉、皮、毛的层次时，筋膜带动骨头流动会越来越轻，显现的是一种轻灵感，故松沉和轻灵并非冲突，只是层次不同而已。前面所说的假柔型轻柔推手就是跳过骨肉松沉的层次，直接刻意练皮毛轻灵的功夫，所以只能圈内玩玩而已，如若按部就班地依层次练习，就不会有这种困境了。

这四个层次的先决条件是：结构体已经完整。还没有完整之前要先多练习单推、双推，因为单推及双推就是练球体结构体运转完整的。当然结构体尚未完整仍可练习推手，但一定要仔细去体会骨架的运作状况，尽量去保持骨架完整的运作，自然去承受，不抵抗，与对方力量配合成一体。当然这个时候格体是容易被推散的，但随着经验的增加，格体就会越趋稳定。

也因为如此，我一直强调推手不能有胜负的心态，这是一种格体流动的练习，格体流动是散手的根本。在骨的层次只能推手，肉的层次勉强能散手，进入皮、毛层次就可以开始应用于太极散手之中了。但只要有了胜负心，有了拼斗心，则在格体将破散之际一定会用肌肉力量去拼去撑，那就走相反的路了，这就是心魔。要等待骨架结构稳定流动出功夫实在太漫长又困难了，用力量及技巧易学又好用，大多数的人耐不住寂寞及等待，就会走向拼斗型推手或是假柔型推手。假柔型推手还算执着在太极规范之内，拼斗型推手就完全是另外一条路了。

在推手的运转中，还有一个非常重要的观念，就是接触点的感觉要一致。也就是说当对方推动我的球体运转时，如果是在骨的层次，那就一直要保持这种接手的重量感；如果一开始是肉的层次，那就一直保持在肉的触感之上，始终如一；不能感受忽而骨，忽而皮，忽而肉，又变毛。接触的重量若是改变，变重是为顶，变轻是为丢，丢顶均是病。会有丢顶的问题主要还是有意识地走化所形成的，试着放松自己，让身体去感受对方的力量，随着其力量自然运转。想一想，我们就好像水中浮球，当对方的力量来时，浮球自然依对方力量及方向走化，不存在意念的引导，只要放松自然滚动即可。

我们看似一切被动的球体，如果能保持和对方的接触感一致，不论其进或退触感均要一致，如此则会产生一种沾黏性，让对方难以脱离。随顺对方的力量而滚动，不可抵抗，要让对方觉得一切都是自己想要推的路径，借着滚动引导对方的力量产生偏离再拧转控制对方的筋膜。转动要恰到好处，不可过多，要和对方给的力量相符，那么渐渐地对方会有一种自缚的感觉产生。此时我们虽是被动，却掌控着整个推手流程，也掌控着对方。

当一切运转结束时，对方的力量一定会在侧边成点而非在正中成面地对着我们，接手之初对方一定会取中，施力为面，我方则依势运转，使其偏侧变点而不得势；对方再变化取中，我方仍依其势运转，使其不断地偏侧而无得势的机会。

在初期推手练习中，可以着重练习接触点的球、肩胛骨球、丹田球相配合来做到使对方来力的接触面变成偏侧点，接触点的球先滚动，可再用肩胛骨球滚动，可再加丹田球滚动。一般来说运转这三个球就相当足够做到使对方施力面变偏侧点而不得势了。在这个运转之中，沾黏的概念很重要，沾黏的要点是接触点的一致性，就好像手上贴一块贴布，不管手如何动，贴布和手之间的接触感是不会改变的，这就是一致。以我方来看是守势，以贴布来看是攻势，不论是在守势还是攻势中，沾黏要做得好就要做到接触点球的一致性。

在骨的层次，全身似一个大球，以丹田为中心运转。到了肉的层次，就渐渐拆解大球成为各个小球，一般来说有接触点的球、腕的球、肩胛骨的球、胸的球及丹田的球。再进化到皮及毛的层次，则是要做到各点都是能自主运作的球体，也就是全身都由各个小球所组成。在骨的层次就是属于结构体的流动性质，整体运作，所以对方推动会有重量感，而皮及毛的层次就是进入了结构内流动，也就是外形几乎没有什么变动，对方的力量就从我筋膜及皮内泄出。

推手有攻有守，前述大都以守势来讨论，但如果处在攻势呢？我们该以什么方式去推呢？应该轻触将丝丝如皮毛之重量透过对方的筋膜去控制对方。透过筋膜控制，对方通常无所察觉，借着渗透重量及拧转筋膜使其被缚而不自知，等到发现时已来不及。

如果出手就重，一下就推到了对方的骨架，如果对方结构不稳，为了稳定结构，势必造成对抗，如若对方也能有骨的流动层次，则我重量反为其所用。能够控制对方的要点在于"对方不知道自己被控制"，无形无踪，不知所以。有前辈说此法是用意气将对方穿透，前辈们总爱用"意""气"来说明内在的流动，却容易造成后辈变成空想，又或体会不到就想从气功中去找答案。"意气穿透"，更细微具体地来说，应该是我内在流动如皮毛轻的重量透过对方筋膜或皮渗入对方体内，随着运转丝丝缠绕对方而将其缚住。此时再将对方丢出、发出、打出均为得机得势，随意为之。切记不得机不得势之时，猛力想将对方推出，非得机得势而为，只会造成拉扯、拼力争斗。

与结构型态相同，散推手时也依型态分为结构型推手及结构内推手。结构型推手又分为固定结构型推手及变动结构型推手。固定结构型推手者，对于外来的力量能以结构抵抗。结构抵抗又分为纯粹肌肉结构抵抗、肌肉骨架混合结构抵抗、骨架结构抵抗三种，如健力者、力大者，摔跤、角力者，形意拳、太极拳分别对应这三种结构抵抗。当然前两种我们一直反对使用，使用前两者也无须练太极拳，而使用结构抵抗中的骨架结构抵抗是太极拳可以使用在推手中的最低标准了。结构抵抗中的骨架结构抵抗，就是把骨架架正来承受外来的施力，将其力量导入地下。此时肌肉放松，骨架就如介质一般，引导对方的力量通过脚底而入地底，对方就好像在推地面一样，力量再大也是无效。常见网络视频表演数十人排一排推而推不动一人，就是使用这种手法，这种网络视频不少，学习者拿来仔细观看，再分析被推者的结构，应该会有所体悟。使用如此固定结构的推手法，可不惧对方力大，可以说是硬碰硬的推法。因为大多数施力者是以肌肉施力推人，被推者能以骨架的结构对付而有余，但如果碰到同样是以骨架结构施力者，那就看谁的结构比较稳定。形意拳练结构，意拳崇尚站桩，也大都是如此型态的推法。结构抵抗中的骨架结构推法是以固定几种骨架型态来推手，使用期间结构不改变，以此结构对抗外力，变化不多，简单好用。

说简单，其实也不简单，因为太多的学习者连结构是什么也不知道，连什么叫"胯坐正"也不清楚，也不管"推手时，手肘就算被抬起，手指也不可高于头顶；发劲时，肘不可过球体之外"等基本要求，就是前弓后箭，双手快拨抢进，硬拉硬扯，可以称为乱推而非散推。这其中有积极者可能去学摔跤、角力、柔道之术，走向另一条路，不然一般爱好者可能终其一生都是在玩推手游戏。

仔细想想面对推手时，到底要练出什么，自己都没有目标，怎么能成呢？难道真以为这样胡乱推就能练出功夫吗？纯粹凭经验法则来练习，十分没有效率，而所谓公园高手，可能就是在长年的推手累积经验中，发展出了一、二招绝招，用来用去就是这两招制胜，然后自鸣得意，称霸一方公园。练习没有目标方向，终究如盲人摸象，各自揣测太极而已。

变动结构型推手又分为整体性变动结构推手及分散性变动结构推手。何谓整体性变动结构推手？就是以整个骨架为一体，可变换各种不同的骨架结构型态来推手。整体性变动结构推手和固定结构型推手最大的不同点是，整体性变动结构推手在使用时可以依对方的力调整结构型态，以达最佳应敌结构状态来推手。而固定结构型推手就是摆好自身结构应敌，并不管对方来力状况，反正就是一式吃所有情况，偶遇力善变者，应付就不那么顺畅。

整体性变动结构推手是依来力变化调整应对的结构，调整完后仍是以结构相对，不过随时变化的结构可以应付的来力范围就不再受限了。当对方之力触及我皮毛则开始做结构变化，力量至肌肉层到骨架之时，我方则同时完成应对之结构，将其力顺势导入地下。过程一气呵成，对方的感受是力量直接入地而无阻碍。并不是等对方推到骨了，我方才要做骨架调整，如此就太慢了。

分散性变动结构推手是指全身已非以一个球体结构来视之，而是分成许多个小球，就好像一个大球内装着小球，初期可能装三球、五球、九球，而至大球内部都是小球。各个小球可以自成一个结构，可以几个合成一个结构，也可以与全部小球和大球合成一个结构，不过合成一个大球的情况就与整体性变动结构相似了。拳论有九曲珠之言，九代表多，意即全身内有多球。练拳架时内有多球运转，推手时亦同，两者不同仅在于推手时还有接触点这一球。

使用分散性变动结构推手时，在接手之初就不断地将对方的力量转至偏侧点上，初期使用三个球体就足够了，这也是开始训练自己从骨架结构层次慢慢要进阶"肉"的筋膜流动层次阶段。三个球体的配合使用已经具有流动的雏形，在使用小球滚动时，切忌用拨动而是要用转动。方法一样，就是当对方碰到我皮毛之时，接触点的球体开始滚动，顺其势将其自然滚动带偏，一切被动，主动就是拨开而非使其依滚动球体而自然偏开。拨开和滚动带偏的不同点在于意，拨开有意形成，容易造成对抗，且对方易察觉而变换方向。滚动带偏则随对方之力被动而走，一切就好像是对方造成这种偏离的结果。

除了接触点的球体，肩胛骨的球体也是十分常用的。在散手的应用上，肩胛骨是相当重要的角色，有很多的拳术只使用肩胛骨就能发挥相当大的威力了，比如鹤拳。肩胛骨的灵活对于双手在攻守上有相当大的帮助，所以在推手时也会着重这一练习，专门练习肩胛骨化对方的施力，其他两个球先不动，这样的方法可以使肩胛骨球能够在对方的变化施力中做到充分的练习。使用接触点的球、肩胛骨球、丹田球三个基本球体互相搭合运作，是分散性变动结构推手的基础练习，务必十分熟悉，虽然只有三个球运转并不是十分完美，但足以应付大多数状况。要知道这三个球体是各自独立的，也都有骨、肉、皮、毛的接触点重量，只是既然能走到分散球体，基本上应该已经脱离了需要骨的重量才能推动的层次了。

当熟悉了三个基本球体的配合运作，慢慢可以增加腕球、肘球、胸球等，此时分散性变动结构在推手应用上的变化就十分多样了。可以从接手的球开始运转，经过多球层转，对方的力量就被消散了，此时对手的力量就会莫名被化解而有摸不着头绪的感觉。到这个程度才真正开始进入"化劲"的初阶，何谓"化劲"，就是指使对方进入我体内的劲力消失无踪。

一般以为转腰拨开对方的力量就是化劲，那不是真的化劲，只是将对方的劲带偏而已，对方的力量并没有消失。透过层层球体的转化使对方的力量消失是化劲的初步。分散性变动结构推手是正式从结构的对抗走向融合对方力量的开始。

当内部球体越分越细、越多之时，引导对方的力量所使用的球体转动就越来越不明显，每颗球所负担的转动角度很小，就会慢慢进入结构内流动的层次。何谓结构内流动？就是外形不太动，而是内在处于开合或流动状态。因为没有外形只在内部传动，所以显得有点抽象，难以具体描述，所以拳论及前辈们常以"意""气""内气"等来讲解，但事实上却造成了更大的误解。

结构内流动这个层次是到了肉的层次，接近从皮到毛的层次了。到了这个层次，当外力进来随即转化同时返回缚住对方，此时已无所谓主动及被动，无所谓攻及守，是被动同时也是主动，是守同时也是攻，轻轻触手即控制对方。这是一种自身内在轻微流动渗透到对方筋膜，控制着对方的筋膜及骨架，对方要进不行，要退也不能，这就是在掌控之中。但或有疑问，学会了这个就能散手吗？这个问题后面文章再讨论。

讨论到推手，就不能不谈到发劲。得机得势之时，可以把对方发出去。劲分长劲及短劲，也有明劲及暗劲。长劲及明劲使用在推手，短劲及暗劲使用在散手。但不管是何种劲，均是由丹田的球体启动而非蹬腿推人。丹田发劲比较困难，蹬腿推人比较容易，在展现的外形上看似有点类似，实质上却相差很远。丹田发人明脆而深远，蹬腿推人，推不远又拖泥带水。得机得势之时，可以用长劲将对方丢出，有种执之在手随手抛出之味。当然也可以将对方顺本体球而直摔或斜摔，但都是用长劲。什么是长劲和短劲呢？长劲和短劲的区别在于传递的速度。同样是从丹田发劲，长劲传到手上的速度慢所以有推的效果，短劲是瞬间传到手上所以有打击的效果。推手只是练习，短劲易受伤，一般就以长劲显示，但真的要散手使用了，则化长为短，瞬间击打。

这也是为什么我一直强调不要用后脚借地之力来推人的最重要原因，这样的推人法的确也是长劲没错，但主要是发劲距离长所形成的长劲，而非掌控传递速度所形成的长劲。传递距离长的长劲灵活度不足，也无法长短劲自行随意转换，就只能是长劲，永远是推人劲，终其一生练这个，就真的只会推人。比较好的方式就是可将长的距离形成一种弹簧似的推人劲，能达到与丹田发劲相同的效果，但仍旧是推人劲，无法转化成散手要用的爆炸似的短劲。能够有弹簧式长劲还是好的，看到大部分的学习者走向的是斗力的推人劲，那就真的是空耗时间了。

从脚底借地之力的推人长劲可以去了解，掌握起来不难，也不需花什么特别的时间去练习，学习者一定要明了这一点。长时间耗在这个人体本能就会的能力之上，实在是浪费时间。

就算是比较困难，我们也一定要尝试练习从丹田发劲。丹田发劲随着传递的速度就可以有长劲、中劲、短劲、瞬间劲，随意而动。这种瞬间之劲，前人亦有称为冷劲、入劲等各种说法。

推手的基本条件是结构体能建立，学习者一定要确认自己在哪一个位阶，依序学习才可能真正进入太极的殿堂。如果结构体尚未正确，则建议先练单推及双推即可，这两种推法有助于结构体的确立。偶辅以练习散推，增加趣味，但切忌有胜负之心，只能一心体会对方来力对自体的影响为何，能否在放松的状况下，使用球形滚动将其力卸除。推手本来就是一种对内在的审思，借助外力让自己内在的空间一步步地扩大。

如果真正地想练出太极拳的功夫，请按部就班地练习，通常结构这一关就不容易跨过了。没有结构一切都是空谈，而形成结构的困难点反而是观念，一大堆错误的观念造成错误的练习，也建立不了正确的结构，学习者对于正确观念的建立不可不慎。一定要明白推手练习的一切是为散手做准备。

太极拳的四正劲及四隅劲

提到"发劲",不论是太极拳初学者还是多年的练习者,都应掌握一定的概念。《太极拳论》也有言:"其根在脚,发于腿,主宰于腰,形于手指",许多太极拳老师也常拿这句话当作"发劲"的解释根源。但其实际意思指的是什么呢?到各个练习太极的场地绕一圈,处处可见教授者示范着如何将人"发出去",如何将对方"推得更远"。但是把对方"推出去"就是"发劲"吗?这值得我们深思。

综观所有文献,除了古书上有简略的讨论"发劲"外,一般的太极拳书上很少有深入地讨论,最多是说明"发劲"为"走化引对方败势之时,乘机将对方发出",这样的说明,常给学习者带来更大的疑问。

何谓"发劲"?简单来说,"发劲"就是"发出劲道"。这个"劲道"包含了掤、捋、挤、按、采、挒、肘、靠这四正劲、四隅劲,也包含了几种特殊的劲道如钻劲、截劲、提劲、卷劲(缠丝劲)、震劲(抖擞劲)等。这不同于一般所谈的"发劲"劲道,一般所知的"把人发出去"的"发劲"劲道,是似"按劲"

而非"按劲"的"推人劲"。严格地说,"推人劲"并非"发劲"劲道的一种,许多人终其一生研究"推人劲",也难怪愈推人就愈感疑惑——这样"推人"有用吗?把人"推出去"就是发劲吗?那为什么现代的"发劲"会演变成"推人劲"呢?这与学习太极拳者误解"其根在脚,发于腿,主宰于腰,形于手指"这句话的意思有关。因为这句话的后两句"由脚而腿而腰,总须完整一气"才是主要的重点所在。只强调"其根在脚,发于腿,主宰于腰,形于手指",在发劲时,劲会拉长而形成断层的现象。一般来说,劲道容易断裂在踝、膝、髋骨、腰、肩、肘、腕等处,因为无法传递完整,所以容易形成肩、手用力推的现象。

所谓的"发劲",就是在推手或与外家拳接手之时发出上述的太极劲道。这些劲道都有极大的威力,并不是仅把对方推出去而已。要讨论"发劲"就一定要了解这些劲道形成的原因、方式及使用方法,更重要的是如何锻炼出这些"劲道"。

一、太极拳的四正劲

(一)掤劲

"掤劲"为万劲之母,所以排在第一位。"掤劲"我又将其称为"保护劲",这是一个保护本体的劲道,就如大气层般保护着地球。这个"保护劲"是不具有伤害性的。曾见过很多教拳者,在解说"掤劲"时,强调利用"掤劲"把对方"掤弹"出去,这实在是一个很可笑的错误,教者尚且如此,那学者就可想而知了。

我们本身就好像一个球体,充气向外撑开,球的中心就是我们的"丹田",往外充气撑开骨架结构的张力称为"劲",就是"掤劲"。当对方施力来时,碰到球体的外层,自然就会被旋转带开,无法真正地攻进本体之中。通常太极高手会架出双手当球体的外缘,当对方施力前来时,碰到"掤劲"的双手,会觉得好像推到了一颗有弹力且会转动的球,瞬间就被带开了。当然架出双手是比较容易理解的,不过掤劲所撑开的太极球体外缘并不限于手,而是布于全身。

"掤劲"是万劲之母，如果"掤劲"练不出来，也就是本身的太极球体结构尚未完成，这时如果要发出其他劲道，那是不可能的。举例来说，如果没有"掤劲"但却发出"按劲"，那这个"按劲"一定是"推人劲"而非"按劲"。初学太极者，在还没有练出"掤劲"之前，切记不要只想着要"发劲"。

（二）捋劲

这个劲道是比较好了解的，在太极套路的"揽雀尾"一招中就有"捋"这一式，所以比较好懂。这一式看似简单，但在应用之时常见"硬拉"之势，这是非常错误的。"硬拉的捋"并非"捋"。"捋"式的应用是以本身形成一个太极球体，"捋"是让对方的施力顺着球体的外缘滑过而自然跌出。试想，如果用力推向一个大球，球转动了，我们是不是自然地被带开而跌出呢？球有拉我们跌出去吗？

如果能想象上述的情形，那使用"捋"的情形就大致相仿了。当两人交手时，以掤劲形成保护球体，对方的力量施来时，以后脚"涌泉"为根，"脊椎"至"百会"形成球的中轴，轴心为丹田，对方的施力或左或右地转动我们的中心轴，他的力量自然被带开。双手的作用并不是在拉着对方，而是架着对方，使其能顺着本体的轨道滑开，滑开的过程中不能与对方脱离。

（三）挤劲

对于挤劲，一般人都不陌生，常见太极大师们在表演时最爱用这招，轻轻一挤，对方就飞退丈余，神乎其技。但是在平常的推手或比赛中，就很少看到这个招式了。如果威力这么大，那为何不用呢？其实是因为一般人对于"挤劲"并不了解。

一般人对"挤劲"常有一些疑问，如"为何要一手在前，来隔手打对方，好像是保护对方""前面的手好像没有用处，只是做个好看样子""挤劲的用处好像不大，不像按劲有威力"，也有人将"挤劲"解释为"两手合起来挤比较好施力，可以将对方推得比较远"。存在这样的疑问及看法，都是不了解"挤劲"的缘故。

其实"挤劲"最重要的是在前面的手。"挤"本身有压迫的意思,把对方逼到无可转圜的地步。当两人交手之时,双手掤开为球体,顺势侵入对方的格体之中而破坏之,使对方的体势被我方的球体破开到无可转圜的地步。有时是我方球体下压滚动而破对方之体,又或我方球体上提滚动而破对方之体。也许正面破体,也可能偏斜破体均可,要达到这样的效果,端赖前方之手,所以前方之手并非用来保护对方,也非无用好看,更不是为了合手更好施力,前方的手肩负了破对方格体,把对方逼到无可转圜余地之责。

后方的手发出要如箭一般,这支箭是从丹田射出,出手要稳、速度要快、形态尖锐地刺入对方的重心。如果前方的手未完成其破坏格体任务,则后手之箭不可射出。因为对方格体已破又无可转圜,所以这支箭就可形成极大的破坏力。如果前方的手未破对方格体就贸然地射出后手之箭,不但使用的效果很差,也可能反而被对方借力使力,造成我方的败势产生。

"挤劲"被列为四正劲之一,自有其威力之处,并不会比"按劲"差。一般人不了解其用法及意思,所以常有误解之处,只要能了解其用意,细细体会,慢慢就能拿捏其要领了。

(四)按劲

"按劲"大概是所有练太极拳之人最了解也是最误解的劲道了。为什么说最了解也是最误解呢?只要到各地公园走一遭看看太极推手,几乎大部分的推手模式都喜欢用他们所谓的"按劲",使劲地把对方推出。有时或搭手运转中,突然出手猛然一推;有时或劲贯双臂,硬逼硬推,曰"发劲"。所以对一般学太极拳者来说,"按劲"已是"发劲"的代名词了,其在太极学习者的眼中的重要性可见一斑。

这种把人"推出去"的方法并非"发劲",也非"按劲",只是一种"似按劲而非按劲"的"推人劲"。"推人劲"并非"按劲",否则为何太极四正劲为"掤、捋、挤、按"而不是"掤、捋、挤、推"。严格地说,"推人劲"并非太极劲道的一种,所以其使用的模式并不合太极的原理,例如,"必须出其不意地发出""必须劲贯双臂""破坏力弱""使用的同时，也破坏了本身的格体"，因为用力推出，就算将对方推出，本身的格体一定自破，这种种的现象说明了"推人劲"并非太极劲的一种，更非"按劲"了，我辈习太极者不可不知啊！

既然"推人劲"非"按劲"，那何谓"按劲"呢？"按"有"下压"之意，按劲依使用时发出的速度可分为"重量下压破体而发出""重量拍落破体而发出"两种。"重量下压破体而发出"的按劲速度较慢，这是为了保护对方而使用的方式，毕竟推手是一种武术的交流，不是生死的决斗，所以在使用按劲时要放慢速度避免伤害的产生。"重量下压破体而发出"的使用方式是在推手时，先以十指尖接触对方而灌入重量来破对方的格体，待对方格体破坏再以双掌往下灌入全身重量，此时在对方腰椎处会产生折迭点，因速度较慢，对方腰椎受力后会产生往后的弹力而往后自然弹出。使用"重量拍落破体而发出"的方式是直接将全身的重量加上重心前移的加速度，从指尖至掌一气呵成快速地灌入对方的重心之处。这是一种刚体的共震，有极大的破坏力，除了接触点的震伤外，折迭点的腰椎也可能因反应不及而有断裂的危险，受此震荡的对方并不会弹出，而是直接倒地。除了生死相搏外，极少使用这种"按劲"。

就是因为按劲的破坏力太强，所以在使用之时通常只有第一种形态，不明就里的人见了，以为对方的弹出是被用力推出的，所以依样画葫芦地使用就形成了现在流行的"推人劲"了。按劲的使用和本身刚体的完整度有相当的关系，愈完整的刚体就有愈大破坏力的"按劲"。

二、太极拳的四隅劲

相对于"四正劲"的正面球体攻击规格，"四隅劲"走的就是太极球体的偏锋攻击规格。偏锋的攻击对对手的威胁通常都比较大，也容易造成很大的伤害，在使用时要特别小心。

（一）采劲

"采劲"也是一个容易让人误解的一种太极劲。很多人在使用"采劲"时，常发生硬拉、硬扯、硬抓的动作，这当然是错误的做法，更有人以为"采劲"就是太极的"擒拿手"，这更是奇怪的看法。

那"采劲"是什么呢？依太极球体滚动的模式而言，"按劲"是前滚下压的球体运作，而"采劲"则是后滚牵引的球体运作。"海底针"一招是"采劲"的代表动作，既名为"海底针"那就是在使用时让对方自然地坠入海底不可自拔。"采劲"绝对不可用手去拉扯，只要有想要拉扯的意念产生，那"采劲"就会变质。

故"采劲"使用时的动力是来自对方，对方来推动我的太极球体而产生向下滚动的状况，牵引对方的运动方向，使其往下坠落海底之中。我的本体绝不可有想要用力或抓拉的动作。不过我方可以加快球体的转动速度让对方的坠落加速。想象一下，如果用力去推动一个大球，球如果向下滚转，那用力推的人会如何呢？当然是自然沉入海底而趴在地上了。球不会去拉人，是用力推的人依惯性被卷入海底之中。用这个例子就大概可以说明"采劲"的要点了。

（二）挒劲

"挒劲"是一个破坏力非常强的劲道，斜转是其特点。"挒"者"裂"也，是将对方的格体撕裂的劲道，因为破坏力太强，所以在使用时一定要特别注意。学习太极拳本不在克敌制胜、求天下第一，所以一般来说，这个劲道会用比较简单的方式来讲解，通常以"斜飞式"这招当"挒"的标准招式来解说，一般使用是在推手上，利用一手控制其手腕，另一手插入对方腋下，再瞬间施以腰转将对方斜抛而出。而事实上"挒劲"既为四隅劲之一，散手的使用当然不会这么单纯。

如果以球体的运作模式来说，"挒劲"是斜转太极球体的运动模式，运用快速且不断滚动的斜转过程，产生连续如刀裂般攻击的破坏力。如使用时没有拿捏好速度，则对方轻则内伤，重则断筋裂骨，实在不可轻视啊！这也是古代先贤们不详谈"挒劲"而以"斜飞式"解之的最重要原因。

（三）肘劲

"肘劲"是大家最能理解的动作了，只要略有武术经验就知道"肘"本身就是具有攻击效果。对于"肘"的用法，各派各门都有使用的方法，但无外乎是要用力去撞的方式。太极拳"肘劲"的使用不同于其他的武术，这是我们学太极拳者应注意的，千万不要把其他武术门派对肘的用法拿到太极拳中使用。

太极拳的"肘劲"分成两种，一种是常见的"横肘"为撞，另一种是"立体肘"为刺。在松的状态下"横肘"的使用要如"撞钟"一般，前臂要横直不握拳或虚握拳，当成撞钟的横木，上臂要放松为悬横木的大绳，腰是摆动的动力来源，形成侧身横撞之势。

使用"肘劲"时有几个要点是必须注意的：①腰要平稳，不可晃动。②前臂要伸直，腕部不可弯曲用力。③上臂要完全放松，不可用力。④不可有用肘撞的意念，动态由丹田为中心，腰转为动能。⑤要先侵入对方的格体中再施展"肘劲"，施展时"肘"不可伸出太过。

立体肘的使用并无定法，太极球体滚动之时，肘可以从任何的地方施放而刺出，本体要形成如旋转的圆锥体从丹田传递至肘尖刺出，锥尖就是肘尖处。立体肘尖如刀尖，遇隙就刺，被挡改捌刀斜砍，只要近身使用手法依对方随时变化而无定式，这样说较为含糊，因为无定法，必须亲授才能清楚。

（四）靠劲

"靠劲"是"肩靠"，不是"肩撞"。常有人误解"靠劲"就像橄榄球那样用肩去撞，这当然是错误的看法。"靠劲"是一种内在能量的爆发，而将此能量借由肩传给对方，所以只要靠就好了，不要去撞。"内在能量的爆发"一词好像很玄，其实并不然，这种能量的爆发起源点在"丹田"。从丹田中心的小震荡开始往外扩散，荡到腰时就有蛮大的震动了，等传到了肩，就会形成一股很大的能量，这时只要"靠"上对方，把能量传递给对方就可以了，此时对方就会受到很大的震荡。传递给对方的速度也有很大的关系，传递慢些，对方会形成共振而弹开，传递速度太快，则对方会直接破体而震伤。所以"靠劲"也是一个伤害力非常大的劲道，使用时一定要非常小心。

太极劲是太极结构体完整形成刚体后的一些表现方式，依照表现方式、球体旋转路径的不同而有不同的名称。学习太极拳者千万不要急于马上学会使用太极劲，因为这种劲道是要水到渠成的，不可强求。

那要如何才能"水到渠成"呢？学习太极拳的境界是有一定阶段的，在《太极球体的同心圆规格》中已有明述。要具有太极的刚体则必定要先完成太极柔体，也就是要手、脚、腰完全配合一致时，完成第一层的太极同心圆规格，才能进入柔体。"至柔后才能入刚"，当进入第三层的刚体结构时，上述的太极劲自然就会了。如果跳出这个进阶模式而只想学太极劲的使用方式，必定会事倍而功半，而且非常容易变成力量刻意地去做出的假太极劲，那这种假太极劲不但使用的效果很差，也让本身的太极体自我破散。一旦形成这种力量造成的假太极劲，那可以说要能练出真太极劲的机会就很渺茫了。

太极拳的特殊劲及练法

太极拳的劲道有多种，随着太极球体的转动、伸缩、滚动的模式，就会产生不同的劲道，以一般大家所熟知的劲道来说，除了四正劲、四隅劲等劲道外，太极拳的球体还会发展出几种特殊劲道，这些劲道在实战上能发挥出很大的效果。不过太极拳以松柔走化为主，所以这些特殊劲道一直都被忽略了。

太极种种的劲道包含了"攻击效果""防守效果"及"破对方格体、拔其根的效果"等，并非均是攻击或均是防守，这是学习者要特别注意的，不能将所有劲道混为一谈。特殊劲包含非常多种，大致来说，截劲、借劲、钻劲、震劲(抖擞劲)、提劲、缠丝劲(卷劲)、随风摆柳、特殊沾黏劲等是大师们比较常讨论的劲道。至于四正劲、四隅劲等是属于基础劲道，并非特殊劲；拿劲、放劲是属于多种劲道中的一种行为模式并非单纯的某一种劲道。本章仅就几种特殊劲道做一个说明。

一、截劲

截劲是一种截断对方劲道的手法，就好像是网球的"截击"一样，是一种以结构体去截断对方劲道的方式，这会造成对方的一种自我反弹力，使对方因此而自弹出去。一般来说，攻击要能达到效果，就必须完全把劲道击入对方体内才行。如果让对方的劲道击出力尽之时才轻触到皮肤，那可以使对方的攻击无效，能做到这样的闪躲效果的人已有很好的功力了。更高一层的功力就是对方快速击入时已击到皮肤，而力尽之时，仍然只是轻触皮肤，能做到这样的闪躲效果，那此人的化劲及听劲就已到了相当高的境界了。

截劲的使用和上述的方式刚好相反，使用的时机是对方的劲道"将发而未发之际"。何谓"将发未发之际"？可试想，如果出一拳，威力最大的时候是手臂完全伸张、力量灌出之时；而如果只击出一半，手臂仍半屈，此时威力最弱，因为力量尚未灌出仍含在体内，而只击出一半就称为"将发未发之际"。如果对方击出而"将发未发之际"，我们本体反而向前，使其手臂尚屈之时就已接触我们的结构体，此时留在其对方体内的力量就会形成一种反弹力，将其本身弹开，此为"截劲"。再试想，就好像弯曲手臂按着墙壁，此时如果再用力推墙壁，自己本身一定会弹出去，这就是墙壁的"截劲"。

在实战中使用"截劲"必须注意以下两点：

（1）结构体要完成：截劲的使用一定要本体的结构体已经完成才可以行使，如果本体的结构未完成而贸然使用，则本体可能产生弯曲，让对方的劲道可以完全放出或改用寸劲施放，就好像变成"迎上去让对方打"一样，伤害反而变得更大。

（2）要有胆识：使用"截劲"的胆识要够，如果恐惧就不要使用，在对方快速攻击之时反而能迎上去，这要有足够的功力及一定的胆识。有足够的功力及胆识才能把结构体完整地表现出来，如果有恐惧之心，则肌肉势必僵硬，这样结构体的表现就会大打折扣，反而容易受伤。

在实战中，如果从第三者视角来看截劲是"只见一方击入对方体内，反而被反弹出来"，而攻击者的感觉是"好像击入一个有弹性的大球，被对方弹了出去"。而事实上，反弹的力量来自攻击者，只是其不自知而已。就好像网球的"截击"，截击者是不动的，对方击球的力道决定了反弹的速度。

截劲在使用时通常可以伴随其他攻击型的劲道来使用，使用的方式主要是利用对方破体反弹之时，再顺势施予其他种类的劲道，以加强其攻击效果。

二、借劲

顾名思义，"借劲"就是借对方的劲道来还给对方，简单来说，就是当对方施力前来之时，我将其力量在我体内转个圈后还给对方，所以对方力从上来，我下还；力从左来，我右还；力从右来，我左还；力从下来，我上还。推手应用之时将对方的力量在我体内转化后再还给他，而形成更强大的破坏力。举例来说，对方给我10的力，我将对方的力量转化而加入我旋转之势，而形成20的破坏力还给对方(将对方的力量10还成10是最小的，如果再加上旋转速度，可将对方的10还成30给对方)，而对方因施力10，所以本体的抗压力会减少10，消长之间，对方会变成承受数倍的力量，此时对方会觉得我本体的劲道压力非常大，而不知这个压力有三分之二是借自他自己。借用对方的力量还给他自己，就是"借劲"。在散手上的使用，就是对方一拳击来，刚触我身之时，则球体似被其转动般，从另一侧借其力回击，这种打法有时在搏击场上也会看到，回击的力道都非常大，常产生非常好的回击效果。

要能使用借劲，有两个要注意的地方：

（1）要完成太极结构体：要能使用上面所说之借劲，要使用太极的结构体的球体运作状态才可以，如果是柔体的方式处理，那对方的劲道进来时也可以被柔化掉，处理的模式是不同的。

（2）不要刻意使用：如果太极球体已完成，就会使用"借劲"了，可是如果尚未完成而要勉强使用，反而会僵硬，且成为对方发劲的一个大目标，不要勉强刻意地去使用这个劲道。

三、钻劲

钻劲又可以称为螺旋劲，这是一种纯粹的攻击劲道，是让身体利用螺旋原理来强化攻击效果的一种劲道。钻劲的使用就好像把身体变成一个大的圆锥体，从大圈开始旋转，直至锥尖把重量射入对方体内，这是一种破坏力相当大的劲道，使用时一定要非常小心。螺旋的运动方式可以产生比直线运动方式还要强大的杀伤力，就好像枪膛内的来复线，能让子弹产生强大的破坏力一样。也好像电钻一般，利用旋转来产生很大的破坏力。当使用钻劲时，丹田是中心点，利用身体转圈开始产生动能，接着将动能一圈一圈地传递出去，每一圈都能强化这个能量，最后手臂也旋转击出。想象一下，全身像一个横置的圆锥体，身体是圆锥的大圈，手的末端是锥尖，钻劲的使用就像从大圈开始转动，将能量从锥尖射出一般。

要使用钻劲，有几个应注意的要点：

（1）手和身体要一致：钻劲的能量由身体发出，手只是传递能量的介质。如果手、身不能一致，那身体的能量不能传递到手上，此时若使用钻劲，那只有手旋转击出的力道。所以太极拳的钻劲是要全身一致发出，手只是将身体的能量传递出去，能量是来自身体，而非手臂。

（2）手的击出不可太过：钻劲的手击出不可以过于伸出，手臂还要有半屈的姿势，如果伸出太过则易折断且内部能量的传递也会出问题。

（3）全身要放松：钻劲的使用并非是用肌肉的力量旋转而击出的，所以全身一定放松。钻劲是一种内部刚体的旋转能量借由手骨而透出，全身肌肉不可有力量，如果有力量则会阻碍旋转速度及能量的灌出，也可以说，肌肉越紧张则钻劲威力越小。

（4）可以利用重心的移动来加强灌入的动能：除了自体旋转的动能外，重心的移动也可以加强灌入的爆发力。

四、震劲（抖擞劲）

如果说掤劲是"万劲之母"，那震劲可以说是"万劲之父"了。震劲可以单独使用，也可以配合任何一种劲道一起使用，配合他种劲道使用可以使其产生加成效果。所以震劲是非常重要的一种劲道。

杨澄甫先生称"震劲"为"抖擞劲"。这是从丹田发出的一种能量，当丹田开始旋转时，会有一股能量从丹田开始产生，透过旋转扩散，传递到本体球体的外缘，形成能量很大的震荡，这就是"震劲"。当别人从后面、前面、侧面抱住你时，利用震劲就可以将对方震弹出去。

震劲也可以配合其他劲道使用，如配合"按劲"，就可以在重量拍落时，把重量在旋转加压后发出，能产生更强大的效果；如配合"采劲"，可以形成小球体的向下快速滚动，瞬间"采断"对方的格体，造成强大的破坏力；如配合"靠劲"可以加速全身动能的传递，瞬间将对方靠发出去且产生强大的破坏力。

震劲是一种开合劲，是刚体完整的一种表现，除了是一种单独的劲外，也是内部能量蓄积及扩散的一种完整体，所以非常重要。

要练出震劲有两个重点：

（1）要全身放松：震劲是刚体能量传递的一种表现，所以一定要全身放松。最怕的是误解震劲的刚体为一种力量硬体，而故意把身体用力量僵化，想以此来做出震劲。如果真这样做了，不但发挥不出震劲的威力，反而会成为别人攻击的一大目标，而且一旦用力量形成硬体后，那要进入太极之门就遥遥无期了。

（2）要形成全身一致的刚体：刚体的形成是必须的，在结构体的层次还无法发出震劲，只有整劲。当练到柔体之时，内部的能量震荡有一部分就被自己本体吸收了，震荡到外层的能量会减弱，但其实也有一定效果。而当刚体形成后，能量的传递就能直接而强大了。初在体会震劲之时，可以试着转动丹田，体会其震荡是否能同步传递到身体外缘，也同步传递到指尖。慢慢地去感觉，就能慢慢地掌握其要义了。

五、提劲

提劲并不是用手或用力将对方提起来。很多人从字面意思来了解提劲，就会强调要想办法将对方提起或抬起，有了这样的意念，很容易想用力去完成这样的提劲。用力去提对方的格体或许可以产生些许效果，但如此也破坏了本身的格体，得失之间尚不知孰大。

"提劲"并不是一种明显的劲道，这是内在格体完整的一种表现，本体的格体越完整，提劲就越强。怎么说"本体的格体越完整，提劲就越强"呢？当两人交手之时就是一种格体接触，基本上接触的瞬间，格体较不完整者就会被格体完整者拔根而略浮起，这就是"提劲"。可以说提劲是一种格体对抗的结果，不用刻意地去做。当两人交手，格体不完整的一方自然会被提起而断根。提劲的内在运作模式是两人交手之时，格体不完整的甲一定有用力的地方，而当其力量传到格体完整的乙时，甲的力量就会坠入乙的涌泉而升华一种重量的能量还给甲方，甲受这种重量的还回就自然被断根而浮起。就好像用力去压桌子，我们本体会有浮起而断根的情形，这就是桌子的提劲。桌子并不会用力去提我们，而提起我们的是自己的力量传入桌子脚跟而还回的重量将自己的根拔起的。

这个例子可以大致了解"提劲"的本意。提劲是结构体的一种自然表现，当掤劲练成后，结构体自然完整，则任何力量触之，即被提起。提劲并不是一种刻意使用出来的劲，算是一种隐性的结构对抗，一接触，结构较不完整者自然被提起。所以"提劲"可以说是所有劲道的"前奏曲"，当两人交手之时，"提劲"就先拔其根，接着所有劲道均能完整地发挥强大的效力了。

六、缠丝劲

缠丝劲又名为缠丝卷、卷劲，这是太极拳的特殊劲之一。缠丝劲是以螺旋运动的方式来导引对方的力量，使其产生偏斜，进而自缚无法动弹。

当双方接手时，顺着对方的来势沾黏对方，在沾黏的同时，也把本身的重量黏在对方的手或身体上，使其来势产生偏斜的现象，使其动作不能如意，而进一步缠摔或是利用其偏斜空隙击打。当推手之时对方被重量黏附而偏斜，为保持平衡，对方应会抽身而从另一方位再进攻，此时再顺势黏附重量于其来势，使其再偏斜，而对方就在不断偏斜中使自己的活动范围逐渐被缩小，最后无可转圜就被制住了，被制住的外形就和外家的擒拿手相似，所以太极的缠丝劲也有太极擒拿手之称。而缠丝劲又名为缠丝卷的原因就在于此。

说时迟，那时快，不论是推手或是散手，交手之时动作有时极快，瞬间就可能卷住对方了，不明就里的人还以为是外家拳的擒拿手法，所以就特别去学外家的擒拿来当太极缠丝卷来用，那这就有些牛头不对马嘴了。缠丝劲的功夫极为细腻，非口授亲传，多次示范，学习者是很难明其就里的。

太极的功夫有一定的渐进模式，是没有办法越级学习的，如初学太极拳就要模仿缠丝劲的用法来学着用，那只有越练越变形而已，不可能学得会。所以要能有缠丝劲的功夫就必须循序渐进，以下的功夫是必须具备的。

（1）听劲：听劲是"黏"的基本功夫，听劲包含了"听自己的劲"及"听他人之劲"。

（2）沾黏：当双方搭手之时，即是"沾黏"之开始。在沾黏的同时，双方接触的重量感觉应要清晰，在整个推手的过程之中，这种清晰感要保持不变。当对方进我则退，对方退我则进，进退之间完全与对方配合一致。

（3）周身一致：要周身一致应先达到手、脚、腰一致。全身一致是入太极之门的开始，非常重要。

（4）重量的流动感：重量的流动感一定要从拳架中体会，在练拳时要如流水一般，水的流动感及重量感一定要能体会到。有时如水汽蒸发所以行拳如行云，有时如平静河川所以行拳如流水，有时如瀑布泻底所以行拳凝重，各种形态都是一种反射，所以都对、都好，但如水重的拳架感觉是一定要练出来的。

太极拳练到缠丝劲的境界时，与外家拳交手就可不吃亏了。在练出缠丝劲之前的太极功力还太柔，与外家拳交手虽不至于受伤，但闪躲、走化、柔化多而反击少，但到了缠丝劲的地步，柔化和反击就可各半了。

缠丝劲在使用上，不论是在推手方面或是在散手应用都非常实用。还有一个要非常注意的要点：缠丝劲是全身一致的缠丝劲，全身都有，并非只有手才有缠丝劲。

在推手的使用上，缠丝劲是将本身的重量缠到对方的重心之上，使其运动产生偏斜，进一步吃掉其转圜的空间，最后令其自缚。如果对方进一步侵入本体之中，则侵入的同时应用身体的缠丝，就可以瞬间将对方制住了。

在散手的应用上，当对方一拳快速击来之时，缠丝劲的用法就是沾的同时黏附重量在其拳上，使其直线的攻击产生偏移，注意是用"沾"加"重量"去使其偏移，不是用手、用力去格开。在对方快速攻击中，制造其重心偏移及攻击漏洞的产生而予以引摔、擒摔、捆缚、反击其漏洞。最好的缠丝劲用法是让对方的拳直接攻击到本体，再利用身体的缠丝劲瞬间卷断对方的来势。这种螺旋缠绕的劲，比较类似八卦掌及合气道的应用模式。

缠丝劲的实战用法真的非口授亲传不可，以文字表示，纵然有心说明白，也只能道其十之一二而已。不过学习者从上述的说明中应能了解缠丝劲的用法及其大概用意了，如果功力到了，细细体会，假以时日应能有所收获。

如果以太极拳的进阶来说，缠丝劲是介于第一层球体完成后，进入第二层柔体阶段的中间过渡劲道。缠丝劲是一种柔中带着结构的劲道，在使用上更能符合太极不伤和气的推手方式，能立于不败，又能不伤对方，和和气气、皆大欢喜。对方不会觉得你太柔易欺，也不会觉得你结构压力大难推。所以缠丝劲在推手时是一个很好的应用方式。我们可以说，到了缠丝劲的境界，那此人的太极柔体已经隐然成形了。

七、随风摆柳

"随风摆柳"是一个练习松柔很好的方式，也是练身体听劲的重要方法。有许多太极拳的学习者把"听劲"局限于手的感觉，其实这是不完全的。除了手要能听劲外，身体的听劲也是很重要的，而"随风摆柳"就是磨炼身体听劲的好方法。

"随风摆柳"在外形上很符合一般人对于太极拳的印象，"柔柔的""似有骨若无骨"，而这些也很符合太极的义理。如果"随风摆柳"的功夫能练得纯熟，那在实用上不论是推手还是与外家拳的实战，都能达到很好的应用效果。

所谓"随风摆柳"就是将身体完全松静，处于一种充满水的球体状态之中，当对方的力量来时，我们就随着对方的力量伸缩舒张。简单来说，"随风摆柳"的"风"就是对方的力量，"柳"就是我们的本体。看看柳树就知道了，不管风的力量有多大、速度有多快，它只要随风摆一下，就卸掉了风的所有力量。

在与对方接手时，不论对方的力量从何方向来，均要随着对方力量的方向摆动，当对方力尽缩回之时，身形亦随之归正。就算对方的力量忽东忽西，身体的配合也不能散乱；就算有三个人同时从三个不同方位推来，身体也要能同时配合而不散乱。

"随风摆柳"是"听劲""沾""黏"三种感觉的总合体。在双方搭手之时，接触点就是我们一切感觉和动力的来源。在接触的同时，要能察觉对方全身力量的分配，然后保持接触点的感觉能始终一致，不增不减，随顺着对方的力量来变化，就好像与对方合在一起了。不黏太重也不黏太轻，一切保持在刚接触瞬间的重量感觉。

"随风摆柳"是一种随顺包容的功夫，其间并不含有攻击的态势。全身就好像充满水的球体一般，当力量进来，球体就顺势陷入，将对方的力量传导于全身而散掉，当对方力尽而退回之时，球体就随之恢复原来的形态。

随风摆柳可以单独使用，也可以作为沾黏包裹对方的方式，一旦深入我随风摆动的内部，"沾"住就要"黏"住了，对方如果想要缩手也是不行的。我们要一步一步地将对方绵密地包含在我们球体的流动范围内，使对方进退两难，达到双方融合一体，而主控权操之在我的状态。

王宗岳先生的《太极拳论》中有一段，说的其实就是"随风摆柳"功夫的一种印证，"无过不及，随曲就伸。人刚我柔谓之走，我顺人背谓之黏。动急则急应，动缓则缓随，虽变化万端而理为一贯"。

要能练出"随风摆柳"的功夫有几个要点：

（1）首先要能"周身一致"：周身一致是必须的，要练周身一致就必须在套路上细细地研究。当与对手接触之时，全身都要能连动，并不是只有接触点的地方动。

（2）"沾""黏"的功夫要能熟练："沾""黏"是一种主动的态势，当与对方"沾"住时，则要"黏"住对方，即使对方想要脱离也不行，想要攻击也不行，让对方既不能丢开我的重量依附，也无法顶住我的重量的贯注。所以要能练出"随风摆柳"的功夫，"沾""黏"是必须的基本功夫。

（3）身体的"听劲"要能完全：一般人认为手的听劲比较容易练，而身体的听劲较难。其实并不是这样的，手、身的听劲是一致的，并无难易之分，如果只会手的听劲而身体却无法达到听劲的要求，那手的听劲多半是含力量在内的假柔听劲，并不是真的听劲。听劲包含了"听自己之劲"及"听他人之劲"。能明了自己的内在变化后才能"听他人之劲"，这样才能黏附重量在对方劲力之上。

（4）心要能"不惧"：恐惧会让人的肌肉紧张，让人无法放松。"随风摆柳"的功夫如能做完整，我们就可以说其已将第一层"手、脚、腰配合一致"的球体太极功夫练完整了，进一步要修炼柔体的功夫了。能够练到"随风摆柳"的境界，表示太极的功夫已进入正轨而不会偏离了，对于太极拳的眼界一定能更加的远大，只要假以时日，细心研究就一定能在太极拳上获得极大的成就。

八、特殊沾黏劲

一般来说，沾黏是轻灵的，但特殊沾黏劲却是反其道而行之，"特殊沾黏劲"是要"将重量重重地沾黏在对方身上"。就好像一个很黏的胶，对方沾到我们的本体，我们就把全身的重量顺势黏到对方身上。这是一种完全的依附，整个身体就好像一个很黏的胶全部黏到对方的身上，对方怎么挥手，怎么打均无着力点，此时对方就好像举一个几十公斤的重物在运动，不一会儿就会脱力了，这就是利用了特殊沾黏劲的挂法。

我们知道发放不会无形，之所以无形，是因为对方完全不知道我的动态，而要对方无法查知我的动态，最好的方法就是控制对方。而要控制对方并不是说控制就控制，对方也是尽力去闪躲的，要能控制对方于无形，让对方被控制时根本不知已被控制，这时才能施展发劲，此时的发劲就能达到最大的效果。而要能控制对方于无形的最好方法就是"挂"。

要能有"特殊沾黏劲"挂法的功夫要注意下列几点：

（1）"柔体"要完成：柔体的完成是一个必须的条件，因为如果有用力，那硬硬地攀附在对方身上，对方用"震劲"或是"寸劲"就可以将你的攀附体击破了，反而会因破体受伤。

（2）"随风摆柳"的功夫要先完成：随风摆柳是与对方合成一体的功夫，虽然站在对方前面，但就好像消失了一般，对方怎么推都是空的，具有这样的合体功夫是"特殊沾黏劲"必备的功夫。

（3）不是"软"：要注意的是"特殊沾黏劲"并非软趴趴地死缠在对方身上，"软趴趴地死缠"无法做到合体的功能，在几个转弯之中，很容易就被对方摔在地上了。

要如何把重量挂在对方身上呢？

（1）顺势而为：挂不能抗，要顺着对方之势来挂，对方来，我就走，只是走时把手及身体的重量挂在其来势之上。一切都是顺着对方之意而为，一切似乎都在对方的主导下，随势而挂。

（2）不知不觉中挂：慢慢地把重量挂入对方身上，一个运转就挂入一些，慢慢地缠住对方，这时对方会越来越觉得吃力，好像推磨而行，越来越难转动，而我则越来越轻松，因为都借着对方之力而走，自是轻松愉快。

（3）往对方中心点挂：挂的方向是朝着对方的中心点挂，也就是挂到对方的中心处及重心处，慢慢把重量给对方。

（4）挂住对方用力的点：挂的地方就是对方用力之点，对方越多用力点，则越好挂，随处有力随处挂。挂点也可以在对方力点上变化而走，让对方摸不着我挂的方向。

（5）全部重量的挂：初时挂重就好像丝一般，最后把全身的重量都挂上去，让对方几乎被缚住而不能运转，此时可施以挂转缠丝而产生擒拿之效。

挂是一种不知不觉的控制，在挂住对方后，施以发劲有几个发放之点：

（1）发劲在对方力的凸起之点：当对方被控制想要抵抗之时，会有凸起之点，凸起之点就是对方力抗而出之点，这个点也是一个脆弱之点，发劲可以朝此处发放。

（2）发劲在对方凹陷之点：当对方被控制想要逃离时，则容易形成凹陷之点，往此处发放，去之愈速。

（3）发劲在对方回夺之点：当对方被制后，用力回夺之点，可以发之于此，则回夺之力再加发劲之重，则有加成效果。

（4）发劲在对方中心之点：当对方被制后，中心点往往是最难再闪躲之处，往此处发放，通常十拿九稳。

（5）发劲在对方破败之点：当对方被制时，全身可能破散，朝破散处击之，一拍则散。

要能让发劲的效果达到最大，特殊沾黏劲的挂法就是相当重要之法，但其实撇除发劲，单单就特殊沾黏劲的挂法而言就是一个相当重要的手法。推手不见得一定要把对方发出去，如果能在运转之中把对方挂住，也是一个相当有趣的方法，而且让对方没有逃脱的机会，也能练习自身的控制能力。挂与发劲的时间有时是极短的，一接手就挂住了，再动一下就发劲打出去了，时间运作的长短完全是掌握在主控者手上。如果你是被挂住的人该怎么办呢？试试往对方中心点穿透进去，与对方合一或可解开。

合——谈太极拳相对的空及绝对的空

在练习太极拳时，有一个很重要的观念就是"合"。合就是配合，问题是要配合什么呢？这个可以分几方面来说：

（1）内外的合：练拳时首要注意的是内外要相合，也就是外在形体的动作要和内部腰胯的动作相合，基本上是内外转动相同的弧圈。我们练拳要专注练习，尤其是注意内部球体的转动，这个由丹田、腰、胯所组合而成的内圈是太极拳架动力的来源之一。在练拳时，一定要注意内圈和外圈要能相配合，转动一致。这个是进入具有空的能力的基础。

（2）身与意的合：当练拳内外圈都能相合时，接着要注意的是神识与肉体的配合。把神识融入极柔的拳架之中，无天无地，无人无我，只有流动，一种肉体如水的流动，一种神识如水的流动，一种神识与肉体相合的流动。在寂静无人之时，如此全神贯注地练习，能有极大的能量聚合，有非常神奇的力量会从体内涌出，这个就是绝对的空。

（3）推手的合：推手的主要目的并不是要求胜负，也不是要用力把对方推出去，如是若此，那就丧失了推手练习的意义了。那推手是要练什么呢？练"合"。在与对方练习推手之时，主要是要能与对方完全配合。对方进，我们就走；对方走，我们就进。不论如何，要能做到与对方好像同一体，对方不论是用力、快速、柔软、刚强等，均与我们没有关系，我们要做到与对方同体，利用对方的能量开发我们本身练习时所无法滚动到的地方。完全地配合住对方，与对方合成一体，这个就是相对的空。

（4）散手的合：在散手中，合的练习是很重要的。当对方快速攻击而来时，我们全身放松，依着对方的攻击方向及速度，快速地随顺而沾住对方，接着合在一起。这是一种应用，配合着对方的速度让出其攻击点的空间，身体其他的点快速与对方合成一体。当能如此，对方会发现我们好像消失了，完全没有阻碍，对方就进入了我们本体之中，合住对方，接着对方就会依着我们的流动而滚动了。

推手和散手中的空包含了相对及绝对的空。

在太极拳中，"空"是一个相当重要的概念，常听人说练拳要"松空"，那松与空是否相同呢？其实是不同的。可以说，"松"是空的条件，而"空"是合产生的效果，这个效果包含着相对和绝对的状态。例如，地球旋转的速度极快，但为何我们感觉不到？因为地球的速度相对于我们是"空"的，我们和地球以相同的速度旋转，因此这个极高速的运动相对来说就"空"了。由这个比喻来了解"相对的空"的含义就清楚多了，而绝对的空就是在本体进入空境刚体后，本体自然如空气般的流动。

练拳架时注意流动的顺畅度，运转越是顺畅、越是圆满，阻碍越少，则自然能体会到与大自然融合为一的无我状态，这就是一种形态上的空。由外在拳架带动内在滚动，而内在滚动的能量又回归到外在拳架上，内外合一，进而与自然合一，这个运转如意的太极球会与空气的流动合一，这时练拳就会好像融入了空气中，再进一步就能感受到空间中能量的存在，你与这种能量也能做交流，这个属于绝对的空。

在练习推手时，相对的空是一种与对方的相合。与对方相合，不但做到肢体相合，也做到意念相合。当然基本上的肢体相合，就是不论对方以何种方式出手，我们都尽量将其纳入我们的球体空间之中，不用顶也不用抗，就是相合。这种练习是很重要的，能做到完全的相合，在对方的感觉中你就是空了、消失了，其实这是合二为一了。这种练习是太极根本，一定要去练习才好，这个属于相对的空。

再进一步解释，在推手中，相对的空，身体的运作是完全与对方运作达到一致；而绝对的空，则是对方接触我本体时，就进入如空气中的状态，触之无物，其结构自然解开而无从施力。也就是说，相对的空，对方运作仍如其意，但因为我方与其相合一致，致使其摸不着也施不着力于我本体。而绝对的空，则使对方结构破裂，对方无法使力如陷深渊之中。再简而言之，相对的空，对方有力无从施；绝对的空，对方无力可施。

不管是相对的空还是绝对的空都要将意念放自然，不要用意念去驱动形体及血气，就是说也要将意念放空。这个"空"并非真正什么都不想，而是不去执着，万相生，万相灭，不要去执着。若是用意识想着要空，就空不了了，如果勉强行之，以意念控制血气，还可能气血充脑而导致中风，不可不慎。

基本上，"合"与"空"是一体的，必须先能"合"然后才能"空"。以境界的区分，相对的空属于结构及柔体的境界，而绝对的空是属于空境刚体的境界。所以相对的空会先形成，而后才能修炼绝对的空。绝对的空是我们学习者的一个目标。这种绝对的空是一种不窒碍、无意念、自自然然的形体。绝对的"空"不是无，而是万有，包含了所有的东西，且与所有东西合一，只是不要执着于本体形态，放下自己，与万有合一。

进入太极散手的基本条件
——流动能量的使用

流动在太极拳中是一个重要的观念，可以应用于拳架、推手及散手之中。在拳架中，当虚实交换之时，流动即开始，而一旦流动开始，就无停止之时，直到整个拳架结束。学习者在练习拳架时，常常会拘泥于一招架式的正确与否，架子的正不正确固然重要，但其实从一个招式到下一招式之间的流动感，才是真正重要的东西。

以书法为例，初学者会在意字写得好不好看、工不工整，但时日既久，当字已端正时，这时会注意整个字体的流畅度及整篇一气呵成的流畅感，因为流动才能带给整篇书法生命力，如果只是呆板工整的字的组合，虽然也觉得好看，但就是缺少一种生命力、一种能量、一种让人感动的力量。

练拳也是如此，初学之时，会在意着单一招式摆得正不正确，但练习久了，就要注意招式之间的流动感，也要注意整个拳架一气呵成的流畅感。因为真正能为内在注入能量及为拳架带来生命力的，就是这种流动的感觉，而不是招式定式，而且真正能在推手及散手中使用的，也是这种流动的能量。真正体会出拳架内外贯串流动，而不是像美姿太极等舞蹈体操化的武术那种矫揉造作出来的外型流畅。

一般来说，拳架的流动方式有几种。

（1）以丹田为圆心的同心圆流动。以丹田为圆心，手指的重量所产生的离心力与向心力的圆形流动（结构体流动）。

（2）从内向外的流动。从丹田或涌泉向指尖及四方的流动，这是一种内部的流动，在外部是看不出来的。而这种流动大致是在定式完成前的一种向外的内部流动，也是内劲产生的一种流动方式（开展流动）。

（3）从外向内的流动。从指尖及四周回流到丹田及涌泉的一种流动，而这种流动也是在定式完成前的一种向内的内部流动，也是练习刚体产生的一种流动方式（收合流动）。

（4）大川流水般的流动。由拳架结构内外一体，自然形成的整合性流动，类似书法一气呵成，似一笔完成整幅文字的流畅感（拳架流动）。

流动是一种相当重要的练习，当流动完整而顺畅之时，就可以使用在推手及散手上。一般来说，其使用方式变化多端，随着个人对太极的体会而有不同的变化及应用，在这里提出几点常见的手法。

（1）随对方的流动而流动。当双方对峙时，要把对方的动作当作一种流动，不管对方如何攻击，都当作一种能量的流动。当对方攻击时，我们的流动要顺着对方的流动而流动，把两者的流动合二为一，再把对方的流动纳入我以丹田为圆心的流动之中，进而控制对方。

（2）渗透性的流动。当对方推或是攻击时，把被攻击的点走化，而其他部分的点则顺着对方的来势流入对方身体之中，此时可以发劲、可以控制、可以擒拿，随意而行。说说擒拿部分，由于此时对方之手已伸到我身后，只要依杠杆原理，可以很容易施展擒拿之法。

（3）攻击性的流动。这是一种截断式的流动，当对方攻击之时，从侧面切断对方的攻击，破坏其流动方向。

（4）连环攻击的流动。这是一种以接触点为圆心点的小圆圈连环攻击，对方每一个出手的抵抗都化为我方攻击的能量。

流动是一种内在能量的蓄积方式，也是一种散发攻击能量的方式，而在流动的方式上有几个特点是需注意的：

（1）唯有重量才能流动。要能流动若水，必须能将重量放出去，所以必须放松肌肉，使用骨骼的重量来流动。肌肉的使用通常是内缩的，一旦收缩就会影响流动的效果，越是当我们放松时，流动的效果会越好，流动的能量也会越大。

（2）流动必须自然，不能刻意。流动是一种自然完成的情况，不能刻意，刻意必有力，有力一定会阻碍流动的流畅性。而这种自然流畅的感觉自己是最清楚的，必须真实地面对，实实在在地去感受真实自然的流动体，而不是矫揉造作出来。

（3）流动是有范围的，不能流动太过。一个正确招式之定式的极限，就是其最大范围（详见随笔篇——圈内打人，圈外推人）。所谓太过，就是流动超过了正确招式范围之外，正确的架式必须有老师点明，明白后就以此为界线，不可太过。举个例子，一般来说定式之时，膝不可过脚尖，指尖和膝及脚尖应大致在一个球体的面上。

（4）流动到极限时要转动。当流动到极限的范围时，就要转动，改变流动方向，再向另一方向流去又到了极限，再转动，如此不断在一个球体上流动及滚动着，而形成一个完整的拳架。

拳架的流动快与慢都没有关系，只要自然流畅即可。初学者，我们会希望能练慢一点，慢一点流动才能真正去感觉内在的肌、筋、骨在流动时的感觉，一开始流动太快，有时会忽略了一些细微的变化及感觉。当慢慢流动能顺畅无碍时，可以加快一点流动速度，加快了还要能保持原来的流畅感。最后练到快与慢均无不同，同样地能流动顺畅，则代表已有小成。快与慢感觉均相同时，平日还是以慢练为主，偶尔才能快练。

前面已提过，常常有人质疑太极拳慢练是造成太极拳无法散手的原凶，导致认为想达到强身健身功效就慢慢练，想有散手的功效，就要练所谓的"太极快拳"，唯有快拳才能动作快速，才能散手。这种错误认知是因为不了解太极的慢，慢是为了培养一种流动的能量，在蓄积一种强大具有爆发力的能量，而只是单纯以过度简化的、外家拳锻炼攻击效果的眼光来看太极拳，这实在是太小看太极拳了。

太极散手的基本要求

俗语说：太极十年不出门，所谓"出门"，就是能达到散手的要求。如果还不能达到散手的要求，则还需在门内苦练，不能与人交手。在还未达要求之前，与人交手，就像是教还在学走路的小孩跑步，是没有什么用处的，反而容易受伤。路走好了才能训练跑步，拳架和推手训练好了才能散手。如何才能知道自己可以出门了呢？下面有几个要求，如果这些要求都可以达到了，那就可以与他派练拳者进行散手交流，如果达不到，或是根本不知道这是在说什么，那还是应好好在门内练习拳架及推手。

散手的要求有哪些呢？

一、要具备抗击打的格体。虽然使用各种"分聚之法""圆形应用""随风摆柳"等技法，要被击打到并不容易，但并不表示不会被击打到，所以要有完整的抗击打格体。所谓"抗击打格体"就是在被对方击打到身体时，能有强大的保护能力及反弹能力，保护本体不受伤，同时还要更进一步地把对方的力量弹回去。要具备有这个能力，就必须练出这几个必要的条件。

1.球体的结构需完整：球体结构中最重要的就是骨骼的结构，骨骼的堆叠结构要完整，不能有凸凹处，不能有断裂处。完整的骨架结构是提供球体稳定结构的基础，如果结构不完整，一击就散，根本不可能有保护能力。骨骼结构完整了，肌肉及筋就要松松地附在骨架上，形成一个完整的球体结构。

2.要体会出掤劲：掤劲就好像一个具有弹性的保护体，像身体充满了水，当接受了冲击后，把这个冲击的力道像水一样平均地散到全身，避免单一点受力过重，这种散开对方力道的能力就是掤劲。在散开的同时，还给对方一个反弹力，对方会好像打在一个充满水的大球上，其力量不但被吸入散开，还会被反弹。

3.要能使用截劲：就是在对方力量未完全发挥出来时就截断对方的力量，这样打入本体的力量就会大打折扣，更能达到防御功能。截劲的使用，有外在和内在两个方法，外在方法就是迎上去，让对方的力量无法完全发挥；内在方法就是在体内形成一个截劲体，外形不动，实际内在球体有膨胀，能把对方的劲截断而不露痕迹。当然最好是能有内在截劲，但能使用外在截劲方法也是可以的。

二、要具备各种的劲。当然这也是基本条件，如果不会使用劲道，如何攻击呢？所有劲道之中，下面几个是一定要具备的。

1.寸劲：又称为"入劲"，寸劲是一种贴身打的基本功夫，所谓"寸劲"即是在极短距离甚至贴住对方也能打击的一种劲道。贴身打是太极拳散手的一个特点，一旦沾黏上了，就贴身上去，一般武术完全贴身就不容易再出手攻击，只能抱摔，但是太极散手贴身打仍可以不断地攻击，取源于"内部空间"的使用。

寸劲在拳架定式时可以感受到由内在传递至指尖的能量，一波一波地推动出来，但外形上不能改变，只能感受内部的推动。推手时，在一个转换之中，要把内在能量贯注到掌或肘或指尖而穿入对方体内。

2.震劲：这是一种从丹田传递出来的能量，身体像一个大水球体，从丹田震动，一波波的水波向体表扩散出去，到了体表就是一个强大的震荡效果。震劲可以单独使用，也可以与诸劲合用，是一种能量强大的散发。

3. 钻劲：钻劲是利用螺旋原理来加强打击效果的一种方法，在拳要击入时，再加螺旋的能量一起贯入，这个螺旋能量是从丹田为始经手而旋出。这也是在短距离内加强打击效果的一种劲道。

4. 按劲：按是当胸按下，太极球体前滚而贯入，在使用之时会先分掌后按，分掌者，分对方之掌，也就是先带开对方的攻击。对方的直拳进来，我两手一分，将对方拳带开，而我掌刚好当其胸前，前滚而按下。

5. 挒劲：就是太极刀形的基础，挒者，斜转之意，其实就是斜劈砍。转动太极球体，以外圈为刀刃，做斜劈砍的动作。

6. 肘劲：肘是一个立体之肘，简单说，肘可以自成一圈，灵活应用，肘很尖锐，见缝即入，防不胜防。

7. 化劲：就是听劲、沾黏劲及球体旋转再加身法的总合，简单说就是让对手之打击落空，不能真正攻击到我本体。

三、要具备身法。所谓"身法"即是移动之法，散手并不是定在那里打，而是要移位，移位有法，并不是随意乱走或是乱跳。移动之法有以下几个注意点。

1. 方位：移动一般来说有八个方向，就是米字形的八个角度移动，前、后、左、右、右前、右后、左前、左后。这些移动方位都不难了解，但前移就比较难，前移不仅要攻击而前移，还要做到前移到对手的背后，这个就是身法，野马分鬃就是这个身法的练习。其中要诀需口述及亲自示范，学习者可以请教自己的老师此种移位之法。

2. 移法：左右斜角及往后移动之法中内滑步居多，也就是脚贴着地面滑出，而不是前跳后跳，滑步最省力而且不易让对方察觉我将移动的方向。

3. 身不动：移动时，脚不提、身不晃动，就是直接滑出去，事前没有征兆可让对方察知。虽还不用做到身形如魅，但完全不能让对方事前察知我的移动方位，这个条件是一定要有的。

要从拳架及推手能进入散手并不容易，而散手的必备条件在拳架及推手中就可以充分训练到。所以不用急，散手是一种水到渠成的功力，而不是勉强训练出来的，平日只要拳架练习用心，推手练习留意，慢慢就能具备散手的本领。太极散手并不是我们练拳的目的，而只是一种附加的效果，会与不会都没有关系。我们练拳的目的在于修身及修心，能让身体健康、心灵平静，这才是最重要的。如果为了能快速散手而去使用外家拳或是搏击的练习方式，使用力量及重量训练来达到散手的目的，这会破坏了太极拳最初练习的初衷，这样练出来的到底是太极散手还是外家散手呢？得与失之间，需细思量。

太极散手时应具备的能力

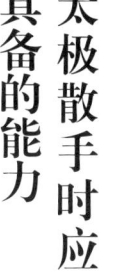

在散手时，我们要知己知彼。知彼就是知道对方的优势及劣势，知己就是知道自己擅长之处和劣势。例如，如果我们的对手是拳击手，则应清晰明了其特点，他们擅长重拳攻击，而且拳的速度也很快，他们的缺点就是必须有一定的距离才能发挥重拳的威力，如果靠在一起没有距离了，他们就无法攻击了，如果在擂台场上，则会被裁判员分开而重来。面对拳击手的我们，有什么优势呢？太极擅长近身的攻击，所有的劲道几乎都是近身的攻击，劲走我们体内，所以不需要外部攻击距离，可以使用内部空间贴身就发动攻击了。

那么，想象一下我们正在与拳击手交手，我们采取被动势，等待对方攻击，于是在对方的攻击下使用沾的技巧，巧闪腾挪，侵入对方的格体内，几乎和对方靠在一起了，黏住对方，让其无力可施了，打不到我们，这时候我们应该如何？当然是会按劲就用按劲，用挤劲也行，用肘刺效果更好，用缠摔也行……会什么就用什么。而这时候最不需要的劲就是"推人劲"，我们好不容易闪身侵入，推开对方就正好帮助对方拉开距离，方便出拳进攻我们了。

在前面的内容中，我们已经介绍了许多劲，我们需要学会这些劲的使用，才能在面对对手时，沾黏侵入后施以这些劲，一个穿透劲就能重伤对方，不会穿透劲，用按劲也能重击对方，学会什么劲都好，起码有些东西可用。我们能掌握的劲越多，就越能变化多端。咏春拳攻击就一个"日字冲拳"就十分好用了，我们学习太极拳者，怎能不知自己能有什么东西呢？

　　再来检视一下，如果学会了这些劲，我们可以如何应付拳击手。首先我们会侵入沾上对方，进而黏上对方而察知及控制对方的肌肉动态，使用沾黏法及听劲就可达到这个效果。日日推手练习沾黏及听劲的太极爱好者应该很明白，利用沾黏法及听劲要侵入对方格体内是不难的，只可惜大多数人侵入后就只会推人，把人推出去又来循环一次刚才的攻守。推手练习就是要练沾黏、要练听劲、要练柔化，就是不需要练推人劲。推手要学习到的功夫就是沾黏住对方，明白对方的肌肉用力变化，察觉对方的空隙，这样才可以让我们的各种劲来打击对方。用肘刺、用肩靠、用冲击劲、什么劲都可以用，唯独不要让对方离开我们身体，除非对方倒下。

　　很难得地在对方猛攻之下侵入，怎可以使用推人劲让对方轻易离开，不但不可以把人推走，还要沾黏住对方不能离开，此时我们才可以不断地施以各种劲来打击。如若体内的空间练的扩展不够（内部空间的扩展一定要从拳架中练习出来），打击力也会不够强，而能够加强各种劲的攻击力及连环不断地攻击的能量来源是来自震劲。震劲在太极拳散手中占据特别重要的地位，从丹田内球不断炸开的能量让所施的各劲能够源源不绝地产生而不中断，缠绕着对方打击直至对方倒地为止。

　　除此之外，我们也要了解各种武术的特点，知彼知己，才能攻守有据。跆拳道擅远攻，在脚踢的大范围内，他们有绝对优势，只要腾挪闪进内圈，他们就几乎没有什么攻击威力了，施以摔打拿均可。空手道的手刀端很厉害，利用腰力强化攻击，劈砖碎瓶不眨眼，但我们的捌劲也不差，利用丹田内球斜转快速而连续劈砍，佐以肘刺，刀刀中带刺，变化也多端，可以拿来与空手道较量一下。咏春拳善守，短距离的攻守是所长，但却不擅摔，蛇形的缠摔会令他们困扰。摔跤及柔道者，搭手即摔，佐以脚绊，十分快速，但近身攻击，我们的缠摔也不输，再佐以肘刺其眼、鼻、人中、喉要害，令其芒刺在背。拳击者，连续刺拳、正拳、勾拳交互使用，十分快速且厉害，利用沾黏及听劲侵入其内圈，他们的攻击力就会消失，再施以震劲等快速贴身连环打击可以奏效，艺高胆大者，可以做更完整的化劲及随意打冲击劲的攻击，你来一拳我回一锤。

任何武术项目均有擅长的地方，散手的对决，一定要了解对方有什么优势，缺点又在哪里？而我们自己的优势又在哪里？你学会了什么攻击手法？如果欠缺应如何去习得呢？这才是我们要去思考的重点。如果书上的诸劲你都掌握了，那真是优势一大堆，就任意使用了。

太极拳散手，大部分劲都需要，基本八劲、钻劲、穿透劲、冲击劲、震劲及各种身法和摔法都要学会，唯有推人劲不需要。太极拳作为一种武术，其训练及使用是很完备的，而且自成一体，完全不需要借用其他武术的训练方式来混合，也无法借用其他武术的训练方式来混合，最重要的原因是训练原理不同。太极是利用松来训练，松柔成格体、松柔锻筋骨、松柔化成球、松柔凝成劲；而其他拳术是力量成格体、力量锻筋骨、力量成攻击，这是两种完全不同的概念和原理，是无法融合的。觉得太极拳不足而要借用他种武术者，是因为对太极拳了解尚不透彻。

学习太极拳散手，我们应该知道具备什么样的能力及如何获得。这样我们在练拳架及推手时就会有一个学习目标，不至于盲然无从。

（1）抗击打能力：抗击打能力有两种，第一种是使用掤劲的弹性及配合截劲的使用，使对方的力量弹回而无法击入；第二种是使用化劲的球体能量传导，让外力最后层层卸于体内于无形。

（2）沾黏及听劲：主要在于接触时控制对手，这个必须在推手中练习。

（3）诸劲：捋、挤、按、采、挒、肘、靠、钻劲、穿透劲、冲击劲、随意打等攻击手法都要掌握。

（4）摔法：从初级摔法到中级摔法再到随意摔也要了解。

（5）身法：有左、右滑步法，脊椎涨缩如虎扑之势、如蛇形变换移位，野马分鬃闪身入对方后面等。

太极散手可用之法很多，上述所列只是一部分，每一个掤劲完成之后，进入太极之门者，都会发展出自己的太极拳散手模式。学习太极拳就应当潜心去研究这些方法，当你的优势越多，你在散手的应敌应用就更灵活。当我们把这些散手法门都练到骨子里了，就会如歌诀里的一句话"若言体用何为准，意气君来骨肉臣"，意即：若问太极体的用法准则是什么呢？意念一动，则全身骨肉瞬间配合完成攻守、发挥无比强大的爆发力。

但无论是多么厉害的功夫，都不是练习太极拳的主要目的。"详推用意终何在，益寿延年不老春"，我们最终练习太极拳的目的，就是要强身健体、延年益寿。

散手技巧的使用

一、"分与聚"之法

太极拳在散手中并无定法，完全是依照对方的情况而变化，下面将介绍几种常用的方法，但绝非固定之法，真正的散手依势而定，不能拘泥于法，而介绍的所有方法中，全部都可以混合使用，使用时机及方法全凭一念之间。

首先介绍"分与聚"的散手之法。何谓"分"，就是本体撤散不受力及拆解对方结构之意；何谓"聚"，就是全身凝聚一体之意。分则全身撤散，似有实无使对方无从着力；聚则结构体凝聚，攻击如波涛涌出。

当两人对峙时，对方攻击过来，我则全然松空，有如一个充满小球的大球一般静立。对方打到我肩，则肩的小球自然旋转及退缩，把对方攻击的空间让出来；对方攻击我腹，腹中小球自然旋转及退缩，让出空间给对方。我虽站立于对方之前，但对方攻击时，我均随顺于对方，对方急攻，我则急让，只要拳头或是脚刚刚碰到我表体之时，再做闪让动作即可。倘若初期担心动作来不及，可以在对方攻击动作完成七分时，就闪让。为何是七分？因为攻击若是已足七分，则其势已不可挡。如果可以灵活掌握动作，应是接近体表之时才做闪让动作效果更好些，因为此时，对方就会进入我的攻击之中，当他的攻击因我的闪让而结束之时，就是对方被我击倒之时。

其实拳术有一句谚语："不招不架，就是一下"，对于这句话的使用方式，各个拳术都有，有的是求速度上的取胜，在对击到之前就打到对方；有的是步法上取胜，使对手击空，同时我出手击中对方。这两个方法在太极拳中亦可使用，但太极拳有更特别的处理方式，就是对方击来之处，原本是有，但击到之时变成无，而我则使用借劲，借对方之力同时回击。好似太极图，对方的能量流入，我则空以待之，而此能量则是化成我攻击对方之能量。

举例来说，对方一拳击我胸，在快击入时，我胸配合着对方之势而空，把对方之势化成我右拳回击其太阳穴，就好像围成一个圈，这个"配合着对方之势而空"就是"分"的一种应用。

"聚"是凝聚全身之格体，其实所凝聚之体就是太极拳的结构体。分则撤散使敌无着力之所，聚则整合结构而击之，有势如破竹之威。结构整合则出，出的就可以是太极拳的八劲及其他诸劲、寸劲等，随势而为，但一定是要整合自身结构。而所谓凝聚并不是僵住、硬掉，而是一种完整结构的表现，所有骨头、肌肉、筋都结合成一个完整攻击之势，如猛虎下山，气象万千，有一种完全的气势。下面是"分与聚"之法的练习步骤。

（1）先从推开始体会：先由两人对立，一人负责攻击，一人负责闪躲。先慢慢地用推，闪躲者并不用手去招架，只是随着对方的推而摆动，全身都要放松。随着摆动，但不要自己闪，就是要松着让对方推而摆动，当对方收手，则又摆回原处。推者可先由慢入手，待熟练后加快速度。

（2）再从打击开始体会：这次把推改成拳，先轻轻击打，我方身体放松，去感受这个击打的力量，身体随之摆动来化解其势。等熟练之后加快速度，但要注意循序渐进，等身体能够熟悉摆动和接受强度后，力量和速度才可以慢慢增加，避免受伤。打击的点除了头及要害，其他地方都可以练习。

（3）转化对方之力：对方击入，我趁势摆动后，借此摆动之势引导出我们自己的攻击。也就是去感受对方打进来的力量，我随势摆动化开后，这个摆动的能量能够把我的拳带出。刚开始也是慢慢去感觉，到后来能体会到对方击入的力量能全数转化成我方出去的能量。

（4）加上本体的重量：当然全数转化对方之力时，就可以再加上我们本体的重量及动能，加速击出。对方击出的重量是一，以圆周运动还之三，但在练习时，回击不可真打入，点到为止即可。

如此练之既久，速度越来越快，则回击的重量会越重。当身体越熟悉整个运作过程，练习时不必真去接受对方的击入才做出反应，而是只要接触身体就可以开始反应了。任何一个点都是如此，而回击也不仅限于一手，可以双手互换，可以配合脚的使用，也可以同时手脚齐出。

当然要能练习此散手也有必要的条件，分述如下。

（1）柔体最好能完成：要能如此运作，最好的情况是柔体已完成之时才练习，这样比较能快速使用太极球体的感觉，并且不容易受伤。练习时一定要特别注意"放松"。放松去感觉，把全身的重量都沉下去，松松地站着，去感受打击时身体的动荡，以及球体依此重量的摆动情形。如果柔体尚未完成就勉强练习，被击打时很容易本体破散，非常危险，且容易变形成不良动作，或是反击只是一方之力，并无法融入对方的重量为我所用。散手本就是应该在拳架熟悉及推手练习已成之后才练习的，并不是开始练拳就可以练习的，学习者切不可躁进。

（2）能够熟悉诸劲的用法：一方面对方攻入，我则分而迎之，但另一方面却要借此攻入之力来"整合本体能量"击之。整合出击并不是随便出拳或是打击，而是使用八劲还有诸劲之法响应之，这样才能产生最大的效果。回击完全不可用力，只用重量，因一旦用力就会断劲，就只能用一手之力回击，完全无法借到对方的重量，就做不到把对方击入的重量融合入体内再加上本体的能量回击之。

（3）刚体不必一定要形成：虽然刚体形成有更强大的效果，但此分聚之法，只要柔体和结构体完成即可应用，不必一定要在刚体已经形成之后。但如果刚体形成后做此法，则转动弧度会小很多，甚至好像根本不转动，完全做到"不招不架，就是一下"的程度。其实内部也做了"分与聚"的运作，只是外在实在看不出来。

分与聚是太极拳一个很重要的手法，在陈微明所著《太极拳讲义答问合篇》一书写道："太极拳之散手，是由黏住、听劲而出。他拳种之散手，是离开而各施其手脚。远，则彼此不相及；近身，则互抱扭，仍有力者胜焉。"观现今媒体所现之所谓"太极散手"的类搏击打法，对照此句，只能掩书而叹。

二、圆的应用

在太极散手中还有一个常用的手法就是"圆"，这也是一个很典型的太极拳手法，应用得好也很有太极拳的味道。所谓"圆"的应用，就是把自己当作一个太极球体，运用球体滚动的原理来做散手化拿的动作。使用圆的运作是以自己丹田为圆心，对方的攻击在圆切面上。当然对方并不会故意攻击在圆切面上，而是我们要利用虚实重心变化或步伐的移动，让对方的攻击维持在圆切线上。

说到这里，就想到了合气道，其也是大量使用圆的道理。合气道是依力学原理，利用圆的离心与向心的旋转，配合对方的攻势，以圆形切线模式，制服对方。其中最重要的就是"合气"也就是与对方合成一体，先顺着对方的攻势再瞬间合住对方。无论对方是用拉、推、打等何种方式施加而来，合气道者总是不硬碰硬地抵抗回去，而是以本身拥有之力，与对方施加而来的力道融合为一，导引其破势时，趁机施技控制对方。若从这个方面来看，合气道实在是很符合太极拳有关圆的应用上的技巧。合气道有一连串的练习方法，但没有拳架，一开始的练习就是实战性地与对手进行这些圆形的应用训练，再加上其独特且稳定的技法规格，让学习者都能在几年内就掌握圆形技法的应用。

然而太极拳则不同，因为有一套拳架，要先修炼本体，完成结构体，形成一个稳定的太极球体后才能施展这些技法。相较之下，在圆的运用上，学习合气道更有效率。太极拳讲求的是一个"悟"字，原理与运作都很抽象，并没有太多实际的技法来教导，所有技法完全都要自己"悟"出来，好处就是如果能"悟"出来，则变化无穷，不限一方，反之，如果"悟"不出来，很容易一事无成。

圆的应用既然是太极散手的基本运用，我们一定要明了其道理及使用之法，不会"分与聚"之法还没有关系，但一定要懂得"圆形的应用"。圆形运作使用的是圆切面，对方的攻击不管如何，都要将之置于圆切面上。圆球的大小由本体完整的程度而定，如果身体的太极球体尚未完成，可以使用外部球体。

对于球体的应用，大致分成三种。第一种是大圈，就是外部球体，是身体到手指的部分；第二种是中圈，属于内部球体，是丹田到体表的部分；第三种是小圈，属于内部球体，是丹田到胯、尾间围成的部分。圈越大，动作越大，速度上也比较慢，常要配合步法才能转动，到了最小圈，动作就不太明显，只要轻微的动作，就能制住对方。所有圈的使用方法皆同，只是弧度大小、速度快慢及细腻度不同而已。

当对方攻击进入时，通常攻击的是中心线，我只要移位就可将中心线移开。如果是大圈外部球体层次，可以使用步法来移位，让对方的攻击在我身之外；如果在中圈及小圈内部球体层次，则不一定需要步法辅助，直接自体旋转即可达到让对方的攻击顺切线而出的效果。当对方的攻击出现时"动急则急应"，移位后以丹田为圆心转身，手则急速沾上对方，再合对方之势带对方旋转破对方之势，之后再施以擒拿、打之法。只要能沾上，则能施以太极之法，若对方急抽而回，则随其抽回之势回击，万法无法，一切唯心、一切随意。

若把对方的攻击看作一条直线，通常实际上也是一条直线，而我是一个圆球，圆球的转动除了前述的左右转动外，还有上下转动及斜转，这几个转动都会带来不同的效果，而且圆球还可以滚着直线而上，侵入对方内部或是转到其后面，施用之法，千变万化。下面试做一些简单说明，虽然是一些操作方法，但切不可拘泥，圆球的转动及滚动变化是无穷的，只是能掌握其原则，使用上是随心所欲的。

（1）左右旋转之法：右移则左旋，左移则右旋，端看对方攻击之势。例如，对方直拳攻我中线，我则迅速左移，以丹田为中心，随着对方之势右转身，手则趁势搭上其手腕，再导引对方之势顺着我的圆切线再向前伸，则对方必定势破，此时可以施以擒拿之法。如何擒拿，并无定法，可以施于腕、肘、肩处，只要是反关节或是扭转即可。则对方必定顺势摔落，而扭转或是反关节擒拿也是配合身体球体的滚动即可，不需出力去做，手只要扣住对方，利用身体滚动即可达到效果。要注意的是步法是一直依着运作而变动的，并不是左移或右移后就不动了。

当然还有其他方法，例如手一沾一引，对方前倾，则头自然前倾，此时我提手而起，对方颈部会迎上我手臂，施以颈部扭转擒拿。但此法太过危险，容易伤人，使用时一定要十分小心。只要沾黏住对方，其他施法则依势依意而定。

（2）上下旋转之法：上旋配合前进步法，下旋配合后退步法。对方攻来之时，我欺身而进，从下而往上旋，可以打击也可以让对方破势而跌出，此势以玉女穿梭为代表。

当对方攻来拳快要近身之时，我丹田迅速将身体往后带，要注意的是，退后的同时，要与对方的拳保持相同距离，不可退太快，太快则易被追击，亦不可退太慢，太慢则被击中，当对方的拳头近我约两个拳头距离时开始退（艺愈高则可以更近），在退的过程中一直都要与对方的攻击保持两个拳头的距离，当对方将势尽，我也将停止，此时快速沾黏上对方，施以下旋之法，则犯者立仆，整身都会趴在地上。此势以海底针为代表。

（3）斜转之法：此势是左右旋再加上下旋的综合，左移后将对方之势右斜下转，则犯者立时趴下，手部被擒。这种综合之法比较快速有效，且伤害性较小，适合于警擒盗匪之用。

（4）滚动之法：我本是一个球体，可以沿着对方的攻击，直线滚前去，就好像扯铃的"蚂蚁上树"一招，铃随绳直滚而上。滚上前去主要是侵入其侧面及背部，这个是对方最弱之点，可以抱颈擒拿，可以肘击头部，可以掌击后颈，但这些都是相当危险的动作，如果无相当之把握，近身侵入对方，自己也有很大的风险性。

圆的应用练习初时也可以与"分与聚"练习法一样，先慢慢地做，两人互相练习，直至熟练才可以慢慢加快速度，但是千万要注意不要伤到对方。这个看似简单的动作，如果熟练了，有十分大的威力。球体的使用，一般来说是被动之法，也就是对方攻击了，我方才响应。就算是响应，也应以平和为主，不要伤及对方，学武要修心修身，避免伤到别人。

要能做到球体圆形应用之法，应有几点需要注意的。

（1）本体的太极球体最好能够完成：能应用圆形运作，虽然不一定要刚体完成，但最好是能完成结构体的太极球体。不然就算是依上述之法施行，效果仍会大打折扣，能够使球体流动，当然是要球体完成才好。但如若真的球体未完成，一定不要勉强使用，可以使用外在球体的滚动，虽然效果差些，但只要不是碰到高手，对付一般人应该是足够了。

（2）要放松：做任何动作，放松是必然的条件，如果不放松，球体的滚动一定生硬，破碎的球体滚动，可能带给自己更大的麻烦。放松，沉稳以对，才能达到效果。

（3）不要恐惧：恐惧是紧张的来源，紧张就无法放松，但面对对方的攻击，除非是老手，大多人一定会恐惧，如何避免恐惧呢？那就是多加练习，与对手多多练习，一方试着以各种角度来攻击，一方试着依前述之法行之。初时只要慢慢做，两人互相体会、互相讨论感觉，之后慢慢加一点速度。练习是祛除恐惧的重要方法。

（4）沾黏之法要熟悉：沾黏是圆形运作的一个重要条件，千万不要用抓的，用抓的自己的手会用力，则施展的角度会大打折扣，双手只要沾黏住及扣住即可。关于沾黏之法一定要在推手之中多多练习，而推手就是练习沾黏之法的一个重要手段。

（5）安静平和：武术愈高者，愈要有保护对方的意识，如果能平和解决问题，绝对不要使用武术，武术是修身修心之法，合于天地自然之法，不是用来伤人的，如果真要使用，也尽量保护对方，使一切能在更和平的方式下解决。

圆形的应用是富有太极味道之法，处在被动的状态之下，并不主动出手，除非对方出手，我才响应，不然一切以平和为主。但太极拳并非只有被动出手，也有主动出击之时，只是很少被提及。

三、内部空间的应用

我们试着自己反思一下，学了这么久的太极拳，真正需要面对实战了，能拿出什么功夫来应战呢？如果一辈子只学会了推人，看着握着拳头摆出战斗姿势的对方，你能要求对方来搭搭手推一推比出高下吗？学了这么多年的太极拳应该要具备什么能力才能应付这种状况呢？从结果来推论学习应该有的路程，也是一个不错的辨证方式。

首先来看看散手实战的分类，散手大致分为两种方式：一种是远攻，一种是近身攻击。太极拳是属于近身攻击的武术，大部分武术采用的是远攻，因为需要外在空间来创造速度、重量来完成打击的目的。例如，拳击、跆拳道、空手道等都是属于远攻的武术，两者拉开一定距离，互相以速度及打击重量攻击及闪躲。近身搏斗的武术比较少，如摔跤、鹤拳、咏春拳、柔道、巴西柔术等，需要贴身才能施展。

太极拳属于近身搏斗的武术，但事实上，太极拳是中华文化偏属道家所衍生出来的武术，博大精深的老子思想所创出的武术在意涵上是完美的武术，也就是说虽然太极拳看似是近身搏击武术，但实质上却是综合格斗武术。综合格斗自成一体，不必分别学远攻近摔两种武术，如果真正了解了太极拳散手的设计，绝对会惊讶于中华文化所蕴含的智慧，换句话说，太极拳同时具有远攻及近打、近摔的优势，但却没有远攻及近打、近摔各自的缺点。

为什么这么说呢？远攻的武术必定要拉开对峙两方的距离，使用的是两者互相的外部空间。没了距离，远攻型的武术就无法施展。近身攻击是必须接近或接触后才能施展的武术，其使用的还是两者之间外部空间，只是把这个外部空间缩小到几乎贴身无距离而已，贴身无距离就只能抱摔无法打击。而咏春拳的距离还有近寸，所以咏春拳要练习一寸距离的攻击就是"寸拳"。

太极拳不但具有外部空间的攻击能力，还特别具有其他武术所没有的内部空间的应用。所谓的内部空间就是身体内能够有如"装满水般流动""像空气般流动"的能力，攻击时使用的距离是内部空间，外形上不动或微动却能产生强大的攻击劲。

分析一下太极拳散手使用内部空间所产生不同于其他武术的打击法，在此大约列举如下。

（1）贴身打的能力：这是太极拳很特别的攻击方式，是使用内部空间来取代一般武术如搏击打击的外部空间。任何的武术打击都需要距离，所以"唯快不破论"一直是真理。这的确也是真理，在一定距离的状况下攻击是以速度及重量为胜，速度和重量通常有牵制，求了速度，重量就会减弱；求了重量，速度就会慢些。如果是既有速度又能同时具有重量，那这个威力就很惊人了。拳击手天天挥空拳、天天打沙包就是在求这两者能够兼具。但是这种武术最大的缺点就是如果双方距离接近空间不足，则无法施展。

太极拳能够利用内部空间，在空间不足甚至毫无外部空间的状态下依然可以达到攻击的目的。使用近身内部空间，对方无空间无法打击了，而我方利用内部空间正好可以攻击，这才是面对远距对手时的优势存在。内部空间使得体内传递速度是瞬间的，所以可以制造贴身瞬间打击的效果。

（2）借力打：借力打是指利用对方击打到身上的力量，加上自身的打击力做反击的动作。借力打都是利用球体旋转来借反击。依本体球体旋转的大小而有不同的情况，如果是以身体为一球体，则左受力经脊椎旋转右回击，比较有效率的是以"接触点"为球体，当点旋转传入手上而回击，也可以接触点之力传入肩或肘旋转而回击。反正都是球体受力旋转回击，依球体大小、传动球体数量而有千变万化，最终目的就是对方之力为我所用，透过转化加成自身重量回击。

（3）具有沾黏性的连续攻击：长期练习推手就是在练沾黏的功夫，沾黏的目的就是控制，可以单纯控制对方不能动或是作为打击的根源。沾黏着打是太极拳非常重要的特点，不分离，这一次攻击是下一次攻击的开始，黏着对方连绵而不断地打击。打击能量的来源在丹田的球不断地开合，传到手上顺着黏着对方的点为圆心击打。游身劈掌的手法就是根据此原理而来。

（4）柔化：柔化的定义是"对方施力无效"或"对方无从施力"。当一个力量击来，使其力自然偏侧、吸收其力在体内转化消失属于"施力无效"。而让来力似乎遇到了阻挡，如打在棉包铁上属于"无从施力"。

柔化是一种接受、一种融合，透过内部层层的球体传递转化，让对方的力量自然消失或是无从施展，在那一瞬间对方会产生停顿。这是旧力已尽、新力未生的空当停顿，是一种自我平衡作用的自然停顿。我们需要的就是这一个停顿，黏上去可以施展连续性的攻击。柔化不是玩对方打不到的游戏，是一种身体高度协调及融合能力，这是将内球拆解成许多小球后自然能产生的能力，使用时可能是瞬间而化就反守为攻了。

（5）随意变化的全身击打：随意变化的击打包含了攻击方式及攻击方向的随意变化，攻击方式可以是拳、掌、肘、肩、膝等，哪一个接近对方就用哪一个打，只要将丹田能量从内部传到那个位置即可使用。攻击方向也可以随意而变，碰到阻碍就自然换方向从对方缝隙侵入，就好像从四面八方包着对方攻击一般。

（6）开合震劲能量的使用：震劲是贴着身体攻击时的能量来源，而开合则是震劲形成的基础，所有的攻击都可以配合震劲的使用而使攻击威力强化，配合着内在空间的建立使流动能量及波动能量传递到攻击点时能达优化。在太极散手中，震劲一定要练出来，在快速的攻守之中就更能掌握先机，如鱼得水。

（7）高阶的擒拿及沾衣跌：专注在擒拿上的武术就是合气道。擒拿切忌拉扯，死拉硬扯的擒拿只会形成对抗。擒拿就是在拿对方的过程中，其不知道被擒拿，直到被制住的那一刻才意识到。合气道强调合一，也就是我们所说的融合。初阶合气道都是利用球形切线的摔法，要到了高深的呼吸摔才能有与太极拳相似的内部空间融合摔法。

太极的擒拿是随对方而变化的，目标就是反关节擒拿，但并没有一定的方法，完全是依照对方的施力而为，对方初期也不觉得是要被擒拿，好像一切都是顺自己意的抓拿，直到被擒拿了才知道。能够有这样的效果就必须将完整的球形格体练出来，练出一个大球体可以做出基础擒拿，此阶段就好像合气道的初阶。等到内部球体越来越多，擒拿的手法才能越来越多，最重要的还是要对方陷入球内滚动而不自知,我们完全融合对方,就好像合气道的合一。当身体越来越具有流动能力,可以使用内部空间,当对方碰触到衣服这么轻的重量就可以进行融合而依对方来力擒摔对方了,是为沾衣跌。

内部空间的形成和建立对太极拳而言十分重要,如果没有形成内部空间,那根本无法展示太极拳的特点。近身的打击是需要内部空间,空间越大,则击打的威力越强。内部空间是由筋膜流动及球体开合形成,首先一定要松,肌肉松了,筋膜才能流动,而流动的范围则是在完整的结构之内。

在练拳时要注意内部的流动及空体的开合练习,在推手时则要借由吸收对方之力到体内来顺着自身的筋膜柔化消失,透过对方之力来磨炼自己的内部空间使之扩大,练拳也要如此流动,借别人的力量能让自己更明白内部空间所走的路径也是好的方法之一。所以推手时不要只想胜负,推人出去的一步之胜根本不重要,重要的是能够借由对方之力来磨炼自己,明白这个道理,就不会着急地要推对方出去,反而是练习沾黏、承受、融合。再以球体而言,内部有三个球的传递范围不大,球体越来越多则表示可传递的范围越来越大,所以将自己的内部球体越练越多也是内部空间越大的一个表现。

拳架及推手都是为散手做准备而练习,所有的目的都是要制造攻击的时间及空间点,而不是把对方推出去。一直强调太极拳是一种修炼的方式,使我们身心融合天地间,安适存在于这个空间之中,而随着境界的提升,武术功能自然产生。如果是对武术相当有兴趣的学习者,真的建议能够按部就班地学习,任何学习都需要确立目标一步步往前,练了一套太极拳,想从里面提炼出什么,心中要有定数,这样日练才有功,才不会越练越迷惘。观念就是方向,十分重要。书中所说的观念如果和你自身学习存在不同,希望能理性思辨,找出自己的路。学习是自己的、时间是自己的,目标确定,修正步伐,才能真正走入太极拳的殿堂。

太极散手的特殊手法

一般人认为太极拳是平和的武术，是不主动攻击的。当然大半情形是如此的，习武，尤其是太极拳，总是避免伤人，太极拳威力极大，非到必要时，尽量不要使用，毕竟"止戈为武"，使用武术通常是最后的手段，所以太极拳不尚主动攻击，但并非不能主动攻击。以下介绍几个主动攻击之法，名称是我个人自创的，所谓刀形、剑形只是取其意，或许其他人有不同称呼。

一、太极刀形

太极刀形一种是以太极球体为根本的攻击手法，以小指尖到肘为刀刃，运作的模式是以丹田为圆心，以刀刃为圆周做滚动弧形劈砍的动作。两手就是两把刀，一个是劈砍，另一个就是防护，但两者交换不停。右手劈完，左手马上接上，就好像滚动机器的刀刃一般，一刀接一刀，并不停顿，一旦展开，就是连续攻击，直到结束。刀的劈砍并不是只有由上往下，而是由四面八方从对方的空隙中劈入，有由上往下劈砍，有斜劈砍，有由下往上劈砍，全部变化就像一个球立体转动一般。使用太极刀形有下面几个必要条件。

（1）手不可以用力：这个刀刃的运作，完全是以丹田为圆心的旋转动作，手部只形成刀形但却没有主动劈砍，也不能用力形成刀形，只是一种刀形的结构。保持沉肩坠肘，不可用力，一用力刀形就破坏了。

（2）球体必须完成：整个运作都是一个球体的旋转运动，所以球体完成是必要条件。如果球体没有完成就勉强使用，不但没有效果，碰到高手，反而会有危险。而其动能来自丹田及胯，以这个小球体为主，带动全身大球体的运作。在运作中，手肘及肩并不抬高，维持沉肩坠肘的基本状态。如果肩抬高，代表球体的形态未完成，切不可勉强使用。

（3）柔体必须完成：如果只有结构体完成，虽也可以使用，但弧度比较大、效果比较差，柔体最好能完成，劈砍才会具有强大的效果。

（4）刀刃的劈砍是走圆切线的弧线：就像球的圆切线，顺着球面有许多不同方向的圆切线，这个就是刀刃走的方向，所以不是直向下切，而是砍带拉的一种弧刀。

太极刀形的使用是一种主动攻击的方式，只要出招就是不断地劈砍，并不终止。当然为了增加变化，在刀形之中，可以增加太极剑形及肘刺。

二、太极剑形

不同于刀形的弧线运作，剑形则是直刺，就好像是刺拳一般，但内涵不同。刀形的劈砍以威力取胜，剑形则以速度取胜。快速的剑形拳击出时，要以对方只能看见拳影子作为基本要求，这与咏春的直拳（日字拳）有点类似，与搏击的刺拳也有点类似，但仍有差异。

握拳方式是握半截拳，也就是除拇指外，其余四指向掌心轻轻卷曲，凸显出手指的第二节，掌心微凹，四指轻靠，拇指伸直而压在食指的第二节之上。要注意的是腕要直，不可弯曲，刺出的主要点在中指的第二节为最突出点。

剑形的施展并不是转腰带动，而是直接从丹田涌出，直刺而出，就好像刺剑一般，以速度来取胜，攻击点为人体脆弱之处，如眼、喉、脸部，先取其快再取其重。剑形的另一特点是可以连续出拳,双手双剑可以连绵不断而出,不用转腰,只动到胯,从丹田直射而出,不用缩手再出。如此拳法可以与刀形并用,一手圆弧形刀劈,一手直线刺出。使用太极剑形需注意下面几点。

（1）中指第二节到肘属于剑的范围：剑是整个刺出去,完全放松,刺出后会自然用筋弹回。但若接下来要施展他法而不是连续刺剑,也可不弹回。

（2）剑形以速度为主：初时可以慢练,但最后刺出时,最多只能见影子,最好让对方连影子都见不到为佳,快、准刺入对方最脆弱之处。

（3）直接从丹田而出：不转腰,转腰会拖慢速度,直接从丹田刺出,就好像把太极球体当作一个圆形锥,从丹田透过脊椎就直接送出去了。

剑形在实战上非常实用,因为前端尖锐,具有阻力小、穿透力强及速度快的特点,其刺出后弹回的弧度并不大,略一回收就可再刺,两手交替,连绵不断,在实战中是一个相当好用的手法。

三、游身劈掌

游身劈掌是常用的手法。这是一个混合型的攻击手法。简单说是游着对方四周出手,但实际上却是铺天盖地、整个人扑上去拳脚同时攻击。当然不是乱打一通,所有的出手都包含球体、震劲、寸劲、挂、刀、剑、肘、靠、脚等,在瞬间全部都施展出来。其中,有两个主要的球体,一个是本体丹田,一个是与对方接触的点。本体丹田的旋转产生主要的打击动能,与对方接触之点则是以接触点变成圆心,借对方之力,再把攻击变化。

其实这招说起来很复杂,用起来更是复杂,不要说被攻击者,就是连旁观者都看不出所以然,只能看到很多拳脚同时出现。

举例来说（此例只是举例,实际用法是随意产生的,并无定法）,当我刀形劈出,对方伸手格挡,在碰触的同时,以接触点为圆心,肘从下而出,同时一个旋身,另一手肘从旁而入攻其太阳穴。如果被挡到,则以挡到的点为圆心,再做小圆旋转,变换攻击；如果没有挡到,重量贯入的同时再以打击点为支点,做小圆旋转转换攻击,也可以用肘、剑、寸劲、震劲、刀形、肩靠、钻拳等，同时出脚。只要开始启动就没有停下来的时候，直至结束。游身劈掌有以下重点。

（1）以本体圆为主轴，接触点圆为加速及变换的主轴：本体的球体旋转是主要动能来源，而接触点的小圆是借对方之力且感知对方的空隙处，再换形从空隙点攻入。

（2）刚体震劲最好要完成：几乎都是近身攻击，小圆圈的转动，所以寸劲一定要练成，刚体一定要完成，震劲等也都要能掌握才行。

（3）此法是一点定住，三点齐出：除站立的脚不动外，双手及脚是同时出手的，脚步可以换，可以移位，但定住之时，都是三点同时攻击。而以右手而言，一手可以有掌、肘、肩，所以交换变化下来是相当复杂的。

游身劈掌算是一个攻击的总合，把太极拳能用的都一股脑儿全用上了，不但速度快、变化多，同时攻击的点也多，是相当复杂的一种用法，学习者不用急，只要从"散手式推手"中就可以慢慢体会出来了。其实本章所提之法并不绝对，每一个学有所成者都会有自己的散手之法，不管如何应用，都不会脱离太极之理。毕竟太极包含万物，只要依太极变化之理，依太极变化之手法，都是太极散手。

随笔

敷

武禹襄有四字不传密诀就是"敷、盖、对、吞"。其中"敷"字，他解释为"敷者，运气与己身，敷布彼劲之上，使不得动也"。但其实这样解释是不易理解的，他还在字末解释：此四字无形无声，非懂劲后，练到极精地位者，不能全知。是以气言，能直养其气而无害，使能施于四体，四体不言而喻矣。

敷是一种弥漫性的覆盖，将自身的内部流动变成水蒸气般轻柔覆盖住对方。所以敷，是指在和对手将接触之时，依对方表现出的结构状态，调整自身内部流动轻若气般，与之相合，使在接触之时，毫无阻抗完全融合，这些在接触当下即完成。能够在接触当下完成，取决于接触前依对方状态来完成自身内在流动而成的相合形态，而这个内在筋膜流动如水蒸气般轻灵就是武禹襄所言"运气于己身"。而"敷布彼劲之上"就是用这个轻柔之气包裹对方，渗透到对方体内，进一步操控对方，而使举手投足处处滞碍，无法自主。

这种似水蒸气般的流动，就是我们一直强调的空体，虽然在流体时亦能有敷的能力，但毕竟重量仍是过重。

要真正达到如气般的敷布，仍是以进阶流动到空体才行。

空

太极拳的空，并非虚无一片，并非什么都没有，反而是万有。有什么呢？有无限个结构。

无限结构静静流动会形成如水般的流动，再渐渐地练到轻柔如水蒸气般，此时就会和周遭的空气融合，形成一种空的状态，无所执着，无所挂碍。这是一种绝对的空。

任何一个物体、结构、力量进入这个空所形成的空间之中，都会被包容、接纳，进而被改变，融入这个空间之中。这种融合能力也就是武禹襄所谈的"敷"。

被敷的对象，不会感觉空间压力，只会有似乎被缚住的感觉。感觉动弹不得，因为其被限制了结构变化的能力。在结构流动形成的空之中，太极拳会因结构流动变化蓄满能量。

流动是太极拳能量的根源。

对错

一位勤奋工作的富人，感叹整天游山玩水的人浪费生命，没有人生目标，却不知游山玩水之人可惜富人只知赚钱，不懂享受人间的美好。其实所有人的生活方式都是一种选择，没有对错。

曾经看着公园里奋力推手的人，感叹其不知太极真义，愈推离太极愈远；又看着似跳舞的太极操，感叹其不知太极拳一举手一投足均有其含义，如若不理解，变成空练而无效。

但什么是对错呢？人生很短，只要自己喜欢去做就是对，只要做了很开心就是对。

于是释然了，任何人都有其缘分，而缘分取决于其内心倾向，一切都是随缘的，本书要做的就是将一套完整的太极拳练习方法和理论，传承给有缘且喜爱这套理论的人。

一切都是选择，都是缘分，没有对错。

不动手

不动手的意思是指不论在练拳，还是推手时，手是由身体推动而不主动，且相对于身体的位置是差不多不变的。

这是一个基本的概念和基础练习。在练拳时，注意身体的虚实、流动、开合，手随身体而动，是被身体带动的，不可主动。手只要一主动，结构一定破裂。

在推手时，接手当下要感觉对方的力量推到了自己的胯，再借由胯被推动的力量形成转动。初步可以把胯的转动和接触点的转动同步运作，来让对方的施力自然偏离，进一步也可以把胯的转动化成一种拧转，经由筋膜拧转传递至接触点来锁定对方的筋膜，此拧转之势将带动对方来形成对方结构破势。感觉起来就是对方用自己之力将自己破势，而我方只是一个介质。

要达到上述效果，最基础的条件就是"不动手"。不论是在练拳或是推手，手基本上是不动的。

所谓不动是指不主动、被动运转。

镜子

常有学生问我，推手时，如果对方很用力怎么办？有趣的是，有时候互练推手的两人，推完后都私下个别跟我抱怨对方很用力。

力量可以施展在固体等受力体上，面对不受力体如水，用力去推水只会失控自摔。所以面对一片水，力量无从施展，水也不会感到对方有什么力量。

当自己可以感受到对方的力量，代表自己是一个受力体，成为受力体无非就是自己僵化而受力或者是自己也用力与外力对抗。

所以当感受到对方力量大时，要反省的是自己而非指责对方，反省自己为何成为受力体，哪些地方需要修正，如何放松流动使自己成为不受力体。

推手之时，当自己觉得对方用力之时，也代表自己也用着力。感受到的对方的状态，恰好就是反映着自己的现况。

与人搭手之时，对方其实就是自己的一面镜子。

有与无

几乎所有的功夫都在追求"有"。追求肌肉强健、学习各种攻守技巧,学习各种用法,一种武术学不够,就多学几种,务求得到最多的技术及方法来应用。人生之中,追求"有"是一种习性。但太极拳追求的却是"无",不用力、自然、虚静。

"有"是生活、是习性;"无"则是一种修炼。

人生总被教育积极生活及追求,所以追求功夫是很自然的心态,不断地追求增加"有"的数量,容易神耗。太极拳追求的是"无",不要用力,一切自然流动,练习之中就是守神而不散。如果真要说太极有什么,其实只是神识守住"身与心"的端正,其他的就是身与心的自然流动而已,由"外流动"到"内流动"而到"静流动"。孙禄堂先生的《拳意述真》一书有云,"得来万法皆无用,身形应当似水流"。在太极之中,万般追求用法技法皆无用,唯有练到如水一般流动,如空气般的空无才是正途。

"有"易懂,"无"难解。而"有"一定来自"无"。执着于"有"是本性,敢于放弃"有"而入"无"则需要顿悟，需要在宁静中自我观照。

又或问，那如何在"无"中习得功夫呢？

本来就没有功夫，只是对于外在状况而自然生成的一种对应状态而已。

健身

近年来，年轻人流行去健身房锻炼，特别是肌肉练习成风，以达到美体塑形的效果。

肌肉力量训练一般的运作是以肌肉为主，且其肌肉的练习是以收缩为主，练习健身的主要目的也是要锻炼肌肉使其健壮美观。主要的方法是用力来练习，以医学观点来看其形成的肌纤维是属短纤维。而太极主要的方法是放松，肌肉的训练是以伸展肌肉为主，所形成的肌纤维是属长纤维。

从这两者来看，健身和太极是两种不同方向的训练方式，所以我们并不建议两者并练，并练的话两者互相影响，对两者的效果都不是很好。

但是这年头又有什么是绝对的呢？如果真的很喜欢健身，在用力训练之余来练太极拳，放松一下肌肉也是不错的。没有什么是一定行或不行，只要是喜欢都可以去做，除非你是职业训练者，那就不建议了。职业训练不论是哪一种运动都必须专一才能有效果。

健身和太极对于肌肉的形成大不相同，但肌肉的训练都有一定的强度，健身者并不会因改学太极而让肌肉消失，只是改变肌肉的形态。一般人的错误观念总以为太极拳软而无力，对肌肉没有训练，其实是不对的，太极拳对肌肉的训练要求也是很强的，只是方式和一般的力量训练方式不同，所形成的肌肉形态也不同而已。

假设积极健身者要改学太极拳，我想困难的地方并不是担心肌肉会不会消失的问题，而是要面对从利用器械来强化肌肉换成使用自身骨架重量来强化肌肉的不同。从训练收缩型的大块肌肉换成延展型修长而有弹性的肌肉，这两者有很大的区别。

在心态及肌肉使用习惯上彻底改变，这才是真正的考验。

「挺立」

有一次在高雄上课，上课地方附近的廊下，有一位男士很认真地练着太极拳，待他练毕，趁着学员仍在自行练习时，我过去和他聊聊。

我：你练太极拳多久了啊！看你练的样子，应该至少有三年了吧！

他：（想了一下）差不多三年。

我：在哪里学的呢？

他：就在附近一个公园，有一位老师在教。

我：大概有多少人在学呢？

他：多的时候大概有十来位学员，不过平常大概四五个人在练。

我：那你今天没有过去练？

他：老师前阵子已经不教了，所以现在都自己练习。

我：练了三年，难道你的膝盖不痛吗？

他：本来有一位朋友跟我一起去练，他就是因为练到膝盖痛就不练了。

我：那你呢？不会痛吗？我看你练拳的姿势及动作，应该会膝盖痛才是。

他：我本来也痛的，就去问老师，老师说我的胯没有坐好，尾闾要勾，这些没有做好才会痛的（随后摆了一个姿势来表示胯坐好、尾闾勾好的动作。其实这个动作更惨，更伤膝）。

我：那后来怎么处理呢？

他：我的老师告诉我说，如果练拳膝盖会痛，那就去吃"挺立"（挺立是一种膝关节修护及止痛的成药，一种钙及葡萄糖胺补充剂）。不知道是不是心理因素，吃了以后真的不太痛了，所以我练拳，每天都会吃"挺立"。

我：你会不会觉得逻辑上有些问题呢？我们练拳是希望从吃药练到不吃药，而不是从不吃药练到要吃药啊！你的根本原因是在拳架的姿势不正，你可能要多多思考。

因为学员的自主练习结束，我也就结束与他的对话，回到场地把这件事和学员们说了一下。旁边刚来练习的十八岁小女生（她刚来我这里练习，之前十岁就开始练太极拳，在外面练了有八年了，时常参加比赛得奖，下个月她又要参加一个由之前老师帮她报名的比赛）就突然说，她比赛的太极拳是跟那个人练一样的太极拳，膝盖也是痛的。

从以上对话来看，膝盖痛在太极拳界真的是很常见的现象。那是什么原因困扰了这么多太极拳的爱好者呢？练拳膝盖会痛大致可以归纳有几个现象：

（1）胯不正，胯不正则身体的重量会落入膝盖。如若此时，不蹲低，膝盖不超过脚尖就还好，顶多练不出功夫而已。如果胯不正又蹲低就麻烦了，此时膝盖一定会超过脚尖，造成半月板的压迫及磨损，则非常容易伤到膝盖。

（2）胯会不正的很大原因，就是因为勾尾闾之故。尾闾一勾，盆骨及胯前翻，胯一定不正。这是我在多本书上一再强调的重点，拳论只有尾闾中正，没有尾闾前勾的相关表述。

（3）练拳时，在转动过程中，重心脚的膝盖就跟着转动了。只要膝盖跟着转动，此时就会磨损半月板，配合着前面的膝盖过弯的压迫，对于膝盖有十分大的伤害。一般来说，一年左右膝盖就会磨到痛了，持续不管膝盖认真练，就是换人工关节金属半月板的热门人选。

我常说，练拳可以练不出功夫，但不要伤了自己，真的非常重要。如果练拳时膝盖会痛，请停止练习修正姿势，如果无法修正，就去走路散步就好，不要练太极拳了。

观念的错误，练不出功夫还伤了自己，何必呢？

蜕变

任何一门技艺的成熟一定要有一个蜕变的过程,太极拳也如此,必须经过一定时间的锻炼才能同时拥有健康的身体及技击功能。初学者因为格体还不稳定,无法达到技击的要求,所以要先改变格体后,才能渐渐发挥技击的效果。

所以我们刚开始练拳之时,是以改变格体及健康为首先的目标,而技击的功能需要等格体有一定基础后才会见效。养生和技击同时发生是练习若干年后的事,而不是初学没有练过,一开始练就有养生及技击功能。以初学者而言,还是以养生及改变格体为首要任务。

太极拳之所以能够改变格体,最重要的是因为在练习的过程中就不断地做结构的变化,所有的动作都必须是在正确的结构下运转。结构运转就是骨架运转,要能做到骨架结构一致性的运转,很重要的两个因素就是胯坐正、手不能乱动。举手投足都必须是身体去带动,这也是先贤强调太极要落胯及太极无手、不动手的原因。若胯不正或手一旦乱动,结构都会破裂,如果拳架中结构一直破裂,那就是无效的拳,怎么练都不会有效果的。

太极拳在真正练成之前,都是不断地在正确的结构运转下琢磨。

在磨出结构如水的流动前,就好像一只蝴蝶的蛹一般,等待蜕变。

默然

在书里，一直都有提到现在流行的推手，其已经是类角力、类摔跤，而非太极真正的推手。我称这些推手模式为推手运动或游戏。

什么是运动游戏，就是在一定规则下，比出胜负，娱乐效果比较强，实际应用效果比较小。类角力推手就属于这种，训练力量、训练技巧，真的要说训练出了什么功夫，可能接近角力，完全没有太极味道，真的实际中要应用，也只能近身去抱、推、摔。

但沉浸在这些推手游戏的人，真的以为自己练的是太极推手，真的以为这样练出的就是太极功夫。

前几天就碰到了这样的人，据言曾获推手冠军，破百公斤的体重。当然接手我就破其结构而将其发出，连续七八次。交流后，我试图改变其推手观念，与其交谈了以下几句话。

我：其实你这种推手只能称为推手运动游戏，并非真正太极推手。

他：是啦！不用学习太极拳也可以练这种推手的。

我：为什么叫推手运动游戏呢？因为练了这个，真的要实战了，如碰到搏击、散手的人，你也只能近身去推对方，但这有什么用呢？

他：可是我可以化开对方的力量然后推他啊！

我：但这有什么用呢？你只能推开对方，但对方是要攻击你的。

他：我也学过跆拳道啊！我可以用跆拳道对付他。

于是，我默然了。

抗击打能力

要练出抗击打能力，条件就是格体的稳定及截劲的运用。太极和硬气功在抗击打上最大的不同就在于格体的形成方式不同。太极是通过长期的练习改变格体的结构，再进一步训练肌筋到柔韧的程度，而有强大的抗击打能力。硬气功则是利用吸气撑开内部结构，再辅以锻炼坚硬的皮、肌、筋，形成强大的抗击打能力。硬气功着重于外部皮及筋的锻炼，使其坚硬而对痛的敏感度降低，对于骨骼结构则以吸气充满来替代。

两者优劣分述于下：

（1）硬气功的抗击打相对容易练习，只要吃得苦中苦，就能不怕打，三年就可以有不错成绩，一分努力一定有一分收获。但缺点就是要时时练习，一旦停止练习就会退步，练习过程痛苦。太极抗击打能力十分难练成，十年小成，二十年才能大成，且不一定能成，成功率并不高。但练成后对身体非常好，且不易退化，练习过程很舒服。

（2）硬气功使用时必须吸气涨满身体，才能有抗击打的能力，使用上相对不方便及慢了些，与其说是运气于抗击打部分，不如说是集中意志力及全身的力量于一点，与来力相抗。太极的抗击打则不必吸气以对，是一种就像完整的球体把来力弹开的抗击打能力。

任何一种功夫都没有好坏，完全是看自己的需求而定，真正的硬气功练到功深时，亦有骨壮肤柔的程度，但硬气功能脱胎换骨练至此者少之又少，比之太极更为艰难。太极并不以抗击打为主要的练习目标，抗击打能力只是太极众多能力之一。

太极拳中的"气贴背"的练习则是太极抗击打的重要训练方法。

易筋换骨

"易筋换骨"说来神秘，但其实就是在一个特定的训练下，提供了筋骨重新生长的机会。也不是只有太极拳可以如此，很多拳术只要是正确的练习，都可以达成这个目的。

在讨论练拳能易筋换骨之前，要先注意的是练拳不可以磨膝盖。膝盖是人体负担最重的关节之一，日常生活膝盖负担就很重了，其训练也足够，所以我们要做的就是避免过度使用膝盖而受伤。练太极拳因为强调放松，当放松时重量就会下落，如果放下的角度有偏差，则身体的重量就会被膝盖承受，时日一久，膝盖就会磨损而受伤，这也是为何许多练太极拳的人膝痛的主因。而角度会有偏差一般来说和"胯"能不能坐正很有关系。所以练太极拳不是随便练练就行，而要十分小心才行，我们要十分小心要求正确的姿势以避免受伤。会让膝盖受伤的拳一定是偏差的，这种拳自保尚且不足，何来强化自己。

正确的太极不但不会让膝盖受伤，反而能强化膝盖。强化的过程中要注意：一是用正确结构方式练拳避免磨损，二是强化膝盖周遭的筋肉及韧带强度，以保护膝盖。当然各派有其训练方式，本门的腿功就有十分好的训练效果。腿功能强化膝盖附近的筋肉及韧带，依教学经验而得，练腿功而治好之前膝痛有十分好的效果。如果有"先天或后天膝盖韧带或软骨不良"则更要小心练习，腿功能强化膝盖附近的筋肉及韧带以保护膝盖，使膝盖达到良好的修正保护效果。

练拳的结构正确了，我们才能来谈易筋换骨的可能。内家拳在易筋换骨之际有时候可能会有疼痛的现象，就如同孩子成长期间也有所谓的生长痛。但练拳发生疼痛并不一定是在易筋换骨，很多时候反而是受伤了，那要如何分辨呢？

（1）易筋换骨的疼痛期为两周到四周时间，完成变化后疼痛消失，若超过两个月或更久仍在疼痛，则以受伤居多。

（2）易筋换骨的疼痛会突然发生，且疼痛感在深层的骨骼之内，完成后突然消失。练功受伤则大都由结构性损伤或姿势错误导致，且疼痛感则依受伤点而有深浅之不同。

（3）易筋换骨之痛全身骨骼皆可痛，就是膝盖不能痛，所有疼痛必须在一个月内自行消失，否则很可能是伤。如果是筋骨受伤，马上修正姿势或停止练习而休养，"伤筋动骨一百天"，三个月到半年人体可自行修复。如果持续半年以上仍痛，则是受伤原因未消除，持续错误的练功及姿势一直让筋骨受伤。

练拳最好是不要产生疼痛，如有疼痛一定要注意，和老师多讨论原因，是正在改变骨骼还是受伤了，这两者一定要能分清。

我们可以练不出功夫，但身体一定要健康，千万不要辛苦练习还伤了自己。

借劲与接劲

借劲不同于接劲。接劲是接受对方的力量为我所用，前提是要吃到对方的劲；而借劲则是不受对方的劲，纯粹只是转换作用而已。严格来说，借劲才是太极拳的方法之一，而接劲则是属格体对抗，其手法其他武术也有，不限于太极拳。

借劲的本质是不受对方之力，我们只当作一个介质，对方的力量透过我们身体的转换而回到他自己的身上。举例来说，水中有一浮球，如果用手去推球，则球自然旋转而使施力者的手偏折或是失重滑开。浮球并没有施力或是意念，单纯只是施力者的力量透过球的转动而变化，此时球所做的就是借劲。又如旋转门，当对方推一侧门时，另一侧门会顺势击向对方。我方不受其力，反而借其力引其势破或反向还之。

接劲为直线来回，将对方之劲引导入地下，再利用作用力、反作用力之法，将对方的劲反弹而发出。借劲还劲之法则是球形运作，借劲的球形运作有大球、小球之分。大球是透过丹田的球来返还，左来右还，右来左还；小球则可以胯球还之或肩球还之，或接触点球还之，接触点的球从拳头大小的球还之愈运作愈小至真正的点还之，这些都是依程度而有不同的进程。

借劲依接触点的重量，亦有骨、肉、皮、毛重量之分，也是依程度而有不同。碰到骨才还，对方会感受还返的压力，到了毛肉就还，对方就会莫名所以，处处被受制。

借劲本身就是一种介质作用，本体并不受力，要做到借劲之法，有两个基本条件。

1. 结构要稳定：最好能做到球形结构的稳定，才不会对方劲来格体就破裂，格体破裂就只能对抗，无法借劲了。而未达球形结构的较为方形的结构就只能做接劲还劲或是直线的借劲运作。

2. 初期返还的重量要一致：初步练习一致性，如对方推到了骨头重量，则返回就是骨头重量，二者要一致，不可重来轻还或是轻来重还。等待熟练，则不论来力轻重均可吸入，依旋转之势随意而还之。

身体放松，沾黏要做好：松是基本的条件，而沾黏则要时时注意不丢不顶，接触点重量时时保持一致，就好像与对方合成一体了，则其施力自然能返还彼身。

意识上放松：借劲纯然是身体的自然运作，不可掺杂太多的意念，意念太多则运转不见得自如。对方之所以会被借劲使其力返其身是因为对方无所察知，如果我们本体意念太重，则对方易察知而闪避，没有一个人愿意被借劲的，只有借在彼不知不觉，只有借在彼自以为得逞之下才行。

虽只是一句借劲之法，但其包含了听劲、球形结构、流动而至于空的概念运作，其实并不容易。

比之接劲，借劲才是真正具有太极味道的推手方法。

对抗

一日,有位学生和我对话。

生:老师,我觉得练拳很累,常常到练拳之时,心里就会产生排斥的情绪。

我:是哪里很累呢?

生:就觉得练完很累,虽然练完很舒服,但练的过程很累,不像老师说的很舒服。所以每次要练习时就会有排斥的情绪。

我:这么辛苦还练习,表示你真地喜欢太极拳了。

生:我是真地喜欢太极拳,我要如何才能享受练拳时的快乐呢?现在我练拳一点都不享受。

我:就像健身一样,挥汗练习非常辛苦,就是为了拥有健美的身材才能坚持。你现在的累还能坚持,就是为了能够练出太极拳的功夫。

生:难道就只能咬牙坚持练习吗?

我:其实在练习或是推手中的不舒服都是来自"对抗"。

我:在练拳的时候,可能结构不够正,导致肌肉仍在用力,可能想练出功夫的意念太重，导致内在的僵硬，但不论如何，就是身心的不放松而产生对外在环境的对抗，觉得累就是因为如此。任何的拳术都是为了练出功夫，才要咬牙练习，而太极拳恰巧相反，咬牙练习反而很难练出真正太极的高级功夫。练习者必须要端正结构、全然放松，让身体流动全然融合于水中进而融合于空气之中。

没有任何的对抗就没有任何的不舒服，练太极拳就是静静地流动而已，融合、流动是非常舒服的。不要有太多的意想、目标，就是流动。不要去求功夫，练出功夫的意念会让你产生肌肉的控制意念而产生对抗。练拳只需要注意身体的端正及内部的流动即可。

生：但是没有想练出功夫？怎么会练出功夫呢？

我：这种想法放在各种武术都是对的，但太极拳不能如此，太极拳必须统合内部所有筋膜骨骼，从流动进而开合，而开合的目的也就是与自然、与空气融合，有我也无我。

练拳的不舒服来自肌肉的对抗，推手的不舒服来自与对方的对抗，如果一切能融合，就会舒服了。其实生活上很多的不舒服也是来自对抗。

人生和太极都是一种修炼。

有为法

在高雄，有一位学生自幼习武，历五十余载。举凡咏春、跆拳道、柔道、螳螂拳、八极拳、太极拳无一不涉，均师从名门，喜擅散手。

六年前经介绍来高雄交流后，留下来随我学习太极拳。但有整整四年的日子，该学员并不积极练习太极拳，而是在上课时不断思考如何用他的拳术来和我试手。试手完不行，就边上思考，想完之后再来试手。

但不论他招式如何变化，总是晚我一步，这样的试手日子整整有四年，直至他用八极拳的"靠"和我太极的"靠"做一试手之后，才真正心服口服地认真学太极拳。

一日，这位学生和我讨论。

生问：为什么我用了这么多武术的这么多应用手法对太极拳都没有用呢？太极拳也有这么多应用手法吗？

我答：太极拳其实没有什么固定手法，而是学习将自身的肌、筋、骨融合，再进一步与周遭空间融合。与对手交手时，也是依对方的变化进行融合而产生应对的变化，所以太极拳学习的是一种身体应用法则，不是各种手法。所以太极拳没有手法却能应付各种武术的手法。

我再继续解释：可以说，你学习的各种武术的各种手法是一种"有为法"，有为法就是练习和记忆各种应敌手法技巧。假设你学习了一百种手法，那应敌时就在这一百种手法中找最熟练、最合适的招式来应用，如果对方的手法超过了这一百种可应付范围，则技穷。于是乎，就想学习更多、更全面的技巧和方法才行。

其实这符合人性的执着行为，越有越想有，无止尽地追求没个了头，但生命有限，而招式无穷。

而太极拳学习的是一种融合自身及融合对方的能力，不论对方使用什么招式，均可依其招式变化出应对招式且总能后发先至地快了一步。学习的是一种法则而不是无穷招式。所以称此法则为"无为法"。

是故有言，"有为则有所不为，无为则无所不为"。

松与开合

一日，上课中讲解杨式太极拳的核心是开合，核心就是一个拳架的灵魂，不论在练何种拳架，一定要知道其灵魂所在，不然练的就是空拳。

一位学生突然发问：老师，开合是杨式太极拳的核心，那松呢？难道松不是太极拳的核心思想吗？

我答：这是一个很好的问题，我们一直强调太极拳松的重要性，练拳时，时时刻刻都要端正骨架，然后全身放松。所以松是一个方法、一个法门、一个路径，而开合则是目标，我们是透过松的方法来得到开合的能力。

就比如，松是车子，而开合则是目的地，我们通过车子到达目的地，所以要使用松的方法，注意从松中体会了什么，而不是只在意松。

在学习的过程中，姿势端正是一个法门，松是一个法门。姿势端正加上松可以得到结构体，可以得到流动体，可以得到刚体的开合能力。常常很多学习者只在意松，以为松就是目标，就好像以为车子就是目的地，那就只是坐在车子上而已，终究无法到达目的地。所以一味讲松就容易忽略了其真正松的目标，只有松终究到不了开合之门。

　　这就牵扯出一个严肃的问题——对松的怀疑。因为许多人执着于松却练不出太极拳的功夫，松变成太极拳人心中的痛，所以有许多人根本不相信松可以练出功夫，因此那些拼命发劲的太极拳才会吸引人们的目光。太极拳的功夫在于开合而不是松，松只是一个法门而已。

我们要注意的是松带给身体的感受及变化，而不是只注意松而已。

松与结构

一日同学生分享其练拳心得。

生问：现在练拳轻飘飘的，非常舒服，是不是代表我已经松了呢？

我答：能够练拳轻飘飘的非常舒服，的确是松的一种表现。但是我们练拳不是只着重在松而已，正确的骨架结构才是根基。没有正确的骨架结构，松只是浮云。

松与结构有着相当密切的关系，如果松配上了不正确的骨架结构，练拳不但练不出功夫还会伤了自己。有很多练太极的人天天讲松很开心，却没有注意结构的正确性，最常见的是伤膝盖。

只有松配上正确的结构时才会有练拳的效果。初期练习的十年之内，松配上正确的结构，练拳是十分辛苦的，因为结构正确再加上松，对于筋膜会有很强的拉拔效果，所以初期是酸痛辛苦的。唯有通过这样高强度的练习，我们的筋膜才能强化，筋膜强化就会进一步拉动骨架结构而达到易筋换骨之效。当拳架从流动进一步要入空时，这种轻飘飘的感觉才会出来，才能真正悠游于天地之间。

如果一开始几年练拳就有轻飘飘的感觉，很多时候并不是通过了严格训练而成，反而常常是求松却弃结构而成。简单来说就是有松而无结构，这时候的松其实是散，散的感觉也是轻飘飘，这种松散而舒服地练拳就纯粹只是自我感觉良好，没有什么实质效果。练久了，感觉良好，大谈太极，轻轻摸手，谈谈小劲其乐融融，但是真正要实战了，却一无所用，这也是太极拳为人所诟病之处。久而久之，物极必反，现在变成猛力发劲的太极拳兴盛起来，这两种好像太极拳的两个极端。

松配上不正确的结构会受伤，松而无结构会散乱，唯有松配上正确的结构才能真正锻炼出太极拳的功夫。但初期的练习是十分辛苦的，至少要几年的时间来变化骨骼，在这个过程的感受应该是松沉，之后当筋膜可以带动骨架流动时，才能进一步进入舒展悠游的境界，慢慢进入一举动周身皆轻灵的状态。

练拳不是要一味地追求舒服及轻飘飘空的感觉，初期要严格执行结构的正确稳定再加上松的坚持。

练太极拳初期的感受应该是松沉而非轻灵。

圈内打人，圈外推人

太极拳界流传着一个故事，当年祖师杨露禅教了吴全佑功夫，是为吴家太极之始。后来杨露禅告老回乡，吴全佑尾随不舍，杨便下轿对吴说：我对天发誓，全部功夫都已教你，没有一招留起，总之你记着"圈内打人，圈外推人"便是。

姑且不论此故事的真假，但"圈内打人，圈外推人"这句话是很有意思的一句。首先我们得知道圈在哪里？圈的大小为何？

基本上来说，太极圈指的就是太极球体。其范围是从丹田开始，透过筋膜的传递开展到最大的范围为太极球体范围，也就是太极圈的范围。这个范围内太极拳从胯传导的各种劲都能完整呈现。

但这是有点儿抽象的，在太极球体未完整之时，我们就要在外形可视的状况下，先确认好圈的大小及范围。在练拳的时候，拳架就不能过圈，过圈则称之为拳架散了。圈在哪里？依步幅而不同，基本上就是两脚掌尾指的指尖连线为直径，画一圆形，再从这个圆形，直筒而上把自己包起来的范围，这个就是练拳架时的太极圈内圈范围。所以这个圈的大小依练拳步幅大小而有不同，也就是说，步幅不同，手能伸出的长短也不同。不过也有例外，如果拳架招式是完全一脚实、完全一脚虚之时，此时虚脚只有拇指点地，那么这太极圈就没有边际，要两脚均吃了重量，如三七分、六四分等才能划出太极圈。故如果手有伸长过圈之际，则虚实脚的变化一定会产生全实及全虚的情况。

在练拳的时候，指尖尽量不过内圈，最大范围的极限是腕不过内圈。整个拳架保持沉肩坠肘、手不动，丹田为中心，骨架结构尽量撑开，这时候基本上手是扶着圈边在运行的。如果一练拳手就过圈，就称为拳架散了，结构破了。只要没有沉肩坠肘，就一定出圈。但为了不过圈而缩着手打拳也是不对的，是拳架扁了，没有开展。这就是一个难题，尽量开展却不能过圈，这并不容易，但这就叫作拳架结构要求。我一直谈结构的重要性，但结构是什么，拳架开展而不出圈就是首要的拳架结构要求。

当知道了圈的内在范围，也就是内圈范围，那什么是圈外呢？太极内圈之外都属于圈外吗？并非如此。圈外的范围是指当手腕在内圈边之时，手腕到手指的范围为圈外，我们也可以称此为外圈范围。

再换句话说，身有两圈，圈内可以用内圈来说，圈外可以用外圈来说。内圈就是两脚掌尾指的指尖连线为直径，画一圆形，再从这个圆形，直筒而上把自己包起来的范围，这个就是练拳架时的内圈；而当腕在内圈边上，腕至指尖的这一个圈就是外圈，外圈就是拳架及推手的极限，手不可以伸出外圈之外。当手伸过外圈之外则结构破裂，也易为对方所借劲，只要指不过外圈，则对方就无法借劲了。

当对方在我内圈之内，就在自身开合的范围内，则可发短劲击之；当对方在我外圈之内，则只能发长劲将其推出。极限就在外圈边缘，到了边缘则结构保持不追击，等待对方入圈，对方如果想要攻击我，则必入我外圈范围或甚至到我内圈范围。

太极拳是近身的武术，严格要求自己的拳架结构在圈之内运行，则球体内部空间才有可能进一步形成。

如果练拳不在意或是为了美姿而随意出圈，终究一辈子就是练个太极操而已。

听劲

听劲是一种触觉。当两人搭手之际，能够感知对方的动态，再依其动态来变化应对。

常见推手时，两人快速拨手，趁势抢攻，或推或拉，急于求进，完全不在乎对方，只在意自己的趁势抢攻。如此推法若是玩个推手游戏无可厚非，但想要练太极拳的功夫则是缘木求鱼。但现在众多学习者的思维，误以为推手就是太极拳功夫，因此很容易就陷入这个现阶段盛行的对抗推手模式之中。不论是比赛场上、公园里都是这种认真拼斗的状态。

这种环境对真正纯练太极拳的人是不友善的，真正在场上称霸者都是混练着其他摔跤、角力、柔道或者形意或者其他外家武术者。纯练太极拳者在这个对抗的推手中几无空间，只好高言练拳养生。而这些拼斗的太极推手者，如果不能明白自己现在处在什么阶段，以为在不断争斗中就能学习到太极拳的功夫，可以十分肯定地说，未来终究将湮没在太极拳洪流之中，终无所得。

要知推手主要是太极拳功夫的一种练习方式，而太极拳的功夫主要来自内部空间的形成，让所有的能量能在体内流转。要形成内部的空间，除了在练拳时注意虚实、流动、开合等能量外，另一个方式则需要借着对方的力量来扩展自己内部的空间。而能借对方之力，就需要去感受对方的动态，这就是听劲。听劲主要就是在感受对方的力量方向、大小、角度来做应变。要练出真正的听劲功夫，有几个重点：沾黏的练习，被动的状态，稳定的结构，全然地放松。

听劲不是一个功夫也不是单独一个劲，而是一个触感能力，是感触对方身体结构分布及运作的一种能力。

听劲就好像中医把脉，借由微弱的感触信息掌控对方身体的所有变化。

被动

练太极拳时，无论是在练拳或是在推手之时，都要时时处在被动状态。

有句拳谚，"太极不动手"，就是指在练拳时，不可比手画脚，手脚主动就是比手划脚。手脚不能动，全部由内球去推动，而内球也是由虚实、流动、开合的能量推动。

虚实、流动、开合的能量很细微，必须静心去感受，这也是练拳需要放松的原因。只要是肌肉用了力，则这些能量就消失了，感受不到这些能量的存在就无法去推动内球的运转。

练拳只有几个重点需要注意：首先就是注意格体的正确及完整；其次就是注意虚实、流动、开合的能量的运作；最后就是运转时注意轴心的稳定。有了这几点，其他就是被动运作而已。

之前有提过练拳时，注意太极圈的范围，手不能出圈。练拳之时就好像有一个太极圈在身体的四周，手是扶着圈边在练习的，而要能够练拳时"不出圈"的最重要的几个要点就是：胯要坐正，胯一歪必出圈；沉肩坠肘，肩肘一抬必出圈；手不动，手一主动必出圈。

练拳的规矩好像很多，但仔细分析一下，不外乎结构的正确及运作由内在能量去推动，全身都是被动的，尤其是手。练拳之时任何举手投足都要留意其驱动能量的来源，如果无法感觉就站着等待，只要注意格体放正，全身放松即可。如果这样做了还是无法感觉到呢？那就去练习站桩，如果觉得放正了，觉得放松了，却仍然无法感受能量的运作，那就是因为只是自己觉得松而已，其实格体的松与正仍是有问题的，如若真无法体会就必须请教明白的人帮忙修正。

"全身被动，不动手"，却是练出"手非手，全身是手"的唯一方法。

傀儡（一）

要进入柔体之前，必先完整自身的结构。而要完整自身的结构，必须专注于骨架练拳。之前有提过，在结构的层次中有纯肌肉、肌肉混合骨架、纯骨架三种结构，太极拳需要的是纯骨架练拳的模式。可惜的是大部分的人都沉溺于肌肉和骨架的混合模式中，几乎所有武术都是这种模式，一直在这个层次中是能练出功夫的，只是练出来的并非太极拳的功夫。不是挂了太极拳名字就是太极拳功夫，这也是其他武术的学习者来太极拳界逞威的主要原因，用其原本学习混着肌肉和骨架的武术，挂太极拳名字来用。

出现这一问题的最大原因就是太极拳概念的模糊。何谓太极拳的运作模式和功夫？前辈高人并没有做一个完整的定义，后人只能从拳论中得到些许模糊的概念，明白的人太少，当然给了其他武术可乘之机。

如何分辨何为真正的太极拳，只有知道太极拳的基本运作原理，才不会在众多的太极拳海中迷失。其中重点之一就是练拳要像傀儡一般。傀儡就是指只能用骨架练拳，所有肌肉的力量都不能使用。那支配着傀儡的线是什么呢？这个线是一个虚拟的东西，是一种能量。

这个线就是虚实交换所形成的线性能量，还有偏心轴所形成的转动能量。这两个是基础能量，慢慢地在运作中，会产生螺旋传递能量及开合能量。一开始就是虚实和偏心转动两个能量，像丝一般指挥着我们进行骨架运作。这两个能量非常细微，只要肌肉稍微用力，这些能量感觉就会消失。这也是前辈们一直要我们放松的主要原因。放松不是单纯放松而已，是要在肌肉不用力的状态下去体会虚实等能量的存在，体会到丝的存在，才能用丝来牵动骨架练拳。不放松就体会不到丝的存在，那要如何如傀儡般练拳呢?

我们在判断一个人练太极拳正不正确，不是看拳打得好不好看，而是在于分析练拳者是用肌肉力量拉动骨架练拳，还是用虚实等能量在牵动骨架练拳。当然在自己未放松到体会傀儡丝的存在前，是无法判断别人练拳是用肌肉力量拉扯还是傀儡丝牵引的作用，所以我们就只能找出一些傀儡运作的外形特点来判断。

练太极拳并不是困难，而是太多似是而非的观念，导致练太极拳变得很困难。要开太极之门，一定要在纯骨架状态下练习才有可能成功。

如傀儡般练拳其实是前辈们给我们的一个指引。

傀儡（二）

像傀儡般练拳，就是专注于骨架的运作来练拳。肌肉完全放松，用虚实交换和偏心轴转动来带动骨架运作。因为这两个能量初期很细微，只要肌肉稍微用力就体会不到，体会不到这两个能量的存在就无法利用，那么练拳就依旧是肌肉拉着骨头在练习。当然体会能量的运用不是绝对有与无，而是比例关系，越是放松就对这两种能量越有感觉。

松的主要目的之一就是要体会虚实和偏心轴的能量存在，如果不松就永远在肌肉拉扯练拳之中，而无法真正体会太极拳的精髓。但松不是茫然而随意的，只有松而没有骨架正确的结构，会成为一滩烂泥，就算体会到流动也是假象而已。偏心轴的能量要确认两个轴心，一个是偏轴，一个是中轴，要先确立中轴。拳论里一直强调要学习者松腰落胯、立身中正、涵胸拔背，最后能有虚灵顶劲的感觉。有虚灵顶劲的感觉产生，就是中轴稳定而确认的现象，而虚实流动也必须建立在中轴稳定之上。

松必须建立在正确的骨架结构之上才能达到效果，不然只注意松而忽略骨架结构很容易成为一盘散沙。当松和骨架结构正确这两个条件能尽量做到了，这时，虚实流动和偏心轴能量就自然能够产生了。如果一直无法体会这两个能量的存在，就是在稳定结构和松两个地方出了问题，要细细地自我反省。太极拳本来就是不断内省、不断反省的一个拳术。

当使用这两个能量带动身体练拳时，初期会像傀儡一样，其特点简述如下。

一是被动：全身都是被动拉扯而不主动运作，所以太极拳前辈会告诉我们练拳是"不动手"的，所谓的不动手是指"不主动用肌肉去拉动手臂"而不是"手不会动"。其实不只不动手，连身体和脚都不能主动拉扯，而是要用前面讲的两个能量像傀儡牵丝一般被动拉着。

二是一致性：所有骨架是被动地且被一致性地拉扯，所以不是只有手被拉出去，而是会整体性被拉动。

三是初期拳打得有点儿像机器人：被这两个能量像傀儡牵丝一般地被动拉着的是骨架，没有了肌肉的运作，就只剩骨头运作，骨头被拉着运作的初期现象就是会在拳架招式中有顿点，看起来就好像机器人在运作一般有点儿生硬。吴式太极拳有方架功法，也和这个理论及练法相似。

全神贯注在骨架的运作，放弃肌肉的拉扯，体会出虚实和偏心轴的两条能量丝，牵动拳架。

像傀儡一般地练拳，是开太极拳之门前的必要修炼。

松的感觉

以武术而言，松并不是太极拳的专有名词。几乎所有的武术都有强调要松，不过不同的是其他武术强调的是"松""紧"之间的比例，而太极拳强调的是真松，不存在与"紧"做搭配。而现今有许多人在谈太极拳的松时，会强调松、紧搭配，这是以其他拳术的运作模式来推断太极拳的发劲模式而产生的理论。当然松与紧的配合也可以练出功夫，但已失去太极拳的本质，练出的是其他武术的功夫。

也是因为太极拳真松的功夫难出，所以有许多太极拳学习者暗中学习其他武术，甚至是其他武术的学习者将其原本学习的功夫包装成太极拳，高谈阔论，松紧相间，示范一下好像也有太极功夫。这样造成许多真正喜爱太极拳学习者的困惑，无法辨别真伪。如果纯粹想学功夫，那其实无所谓，其他武术也可以学到功夫的，但如果要学真正太极拳的功夫，则非真松不能竟其功。

我一直强调，要松之前一定要有正确的结构，不然松可能带来伤害。结构正确了谈松，则松有"沉"与"空"两种感觉。"松沉"与"松空"看似两种完全不同的感觉，却只是松的层次上的分别而已。有一句太极拳松的形容是"三尺罗衣挂无影树，随风而动"，三尺罗衣挂树是指有一个重量下坠感，这种感觉就是一种松沉感；当树无影，衣随风而动之时就是一种松空的感觉。

也就是说，当肌肉、筋膜放松之时，肌膜重量会挂在稳定骨架之上，会有一种松沉的感觉，这是在骨架结构稳定的状态而论。当结构骨架带动筋膜开始流动变化之时，会有一种流动感，当筋膜流动无阻力且愈加轻柔之时，则骨架结构的重量就会随肌肉、筋膜流动而被带动起来流动，这时会进入一种轻灵及空的感觉，此为松空。所以不论是松沉或是松空均是对的，只是结构变化的不同，也代表着不同的层次。太极拳的松就是松，就是不用力，而非松紧相间的功夫。

松紧相间是可以练出功夫的，但已不是太极拳的功夫了。

松的陷阱

练太极拳讲求松,但松只是一个方法而非练拳的目的。许多人谈松,也尽量去松,但不知为何要松,就会变成像坐禅一样,天天坐禅,不知为何要坐禅,最后变成枯禅。

练拳要松,更要知道松的目的,不然只知道要松,却不知为何要松及如何才能正确松,松就变成了一个陷阱。如果只是直观地松下去,不但毫无意义而且还可能受伤。就像之前一直强调,松是要建立在结构之上的,如果没有注意这个要点,只知道松,就很容易走偏而变成松软。

偶见只知道松而不知结构的学习者在练拳或是推手时,软若无骨、拳不成形,却好像十分松柔享受,推手亦任对手推有似随风摆柳,如果能在被动及不动手的条件下做到"拳不成形、身体软若无骨及推手时似随风摆柳"的话,还算尚有体会,若是有主动意识,刻意在做随风摆柳则变成扭捏作态,一无是处。

主动意识似松柔无骨,这样形成难登大雅之堂的乱扭就什么也不是了,这种方式的练习者姑且不论。而若能够做到"被动"状态下的柔若无骨及随对方推而摆动，一般来说就已是凤毛麟角，算得上是十分厉害的太极拳功夫了，但这也就是太极拳松的陷阱。能够做到这般柔若无骨状态的习者，在松的体会上也有一个层次了，可惜的是没有结构，松柔变成了松软。习者也能自我感觉松沉的状态，但其实这不是松沉而是松软，终身研究也只得到一个更松软的推手层次而无法进化，无法进化成真正的太极拳散手武术功夫，就只能柔化推手。

虽然能够柔化推手也是难得一见的高手了，但其与猛力拼斗推手者一样会陷入死胡同，一样没法提炼出太极拳的散手功夫，这个就好像是太极拳推手的两个极端。虽然柔化推手是比较有太极味道的，可惜的是陷入了松的陷阱，以为这样是松柔，但不知已入松软之门。

最重要的还是结构问题，有结构的松柔和无结构的松软有什么样的差别呢？

一、松柔是球形结构变化的立体传导，松软则直接线性传导，所以松柔立体变化之中产生球形运作，松软就直接是线性传导而已。

二、松柔有中定的结构要求；而松软则无此要求，随形而变。

三、松柔的化有依来力产生束缚对方的效果，化拿合一；松软则只有化的效果，要反击则用另法。

四、松柔是一种训练内部空间，形成太极拳真正散手功夫的方式；松软则只能应用在推手之中，就只能用柔软来化开对方之力。

能够柔软化解对方之力，是一个十分难得的功夫了，也是充满太极拳趣味的推手方法。有很多致力于太极拳松柔练习者，并未注意结构的重要性，只一心练习松软功夫。在长时间的钻研之下，很可能就会习得这种松软的太极功夫，推手之中似乎也有太极味道，内心或许颇为自得。不过其心知肚明，这样的松软柔化推手是无法进阶散手的。这就是因为他们陷入了太极拳松的陷阱之中，因为太极拳的松柔并不是单纯线性拉拔传导，而是在结构变化中，形成的整体结构流动开合能量。

抬头而望，太多有志之士陷入松的陷阱之中而不自知，终其一生在推手松软游戏中度过。

丢与顶（一）

丢与顶这两个词一般来说是用在推手时的状态描述。丢指的是脱离，顶指的是抵抗，这两个都是太极拳练习推手时的毛病。

太极拳的推手非常强调"沾黏"，沾黏可以说是太极拳推手的根本，而沾黏首要注意的就是去除丢与顶的毛病。

顶是用力抵抗，比较单纯容易理解，而丢则比较复杂。仔细分析丢的状态，除了脱离外还包含了接触点自行移位、接触点重量改变等。

丢与顶虽是病，但却常见于现行推手之中。严格来说，如果只想要推手求胜负而不是想要练太极拳散手的功夫，那么丢顶不但不是毛病，反而是必须的方式。当对方的力量进来，可以力抗而顶之，不行则化开脱离找机会反击。角力、摔跤也都是这种方法，当只要推手拼胜负，那么丢顶反而是必要的技巧。

丢与顶使用在推手之中拉扯或许好用，但就变成了类角力及类摔跤功夫。如果碰到泰拳、咏春等近身攻击的武术，交手时丢顶就会成为靶子。因为丢之时，在双方之间会产生攻击空隙易被击打，而顶之时则易被借力使用。但公园里死命推手的这些爱好者似乎对此毫不关心，天天乐此不疲又丢又顶地牛推。

如果牛推只是开心玩玩，那么丢顶或许是必备的好方法，其实也不用特别学习什么太极拳，每个人小时相斗玩角力不都是这些方法吗？仔细看小孩相斗玩互推角力的方法和公园太极推手爱好者互推相斗的方法，手法其实都差不多。这些就是对抗本能，不用特别学习，爱玩下去拼就可以了，也不用练什么太极拳架了，在相斗中取得经验即可，小时候玩不够，成年了又在公园内玩得不亦乐乎。又或许在对抗之中找到了几个好用的手法，可以常胜，在此推手圈子内可能就是高手了。

对此现象虽出书写文章大声疾呼，但如蚊子叮牛角般无用，公园到处牛推丢顶的人。怕大家学不会丢与顶，又到处办推手比赛示范丢顶手法，一时间，丢顶成了主流手法，谁还会在乎拳论里强调的沾黏呢？对于太极散手的功夫就真的止于古代传说及电影之中了。

我辈之士如果对于太极拳的功夫有心学习者，对于沾黏手法的要求，对于丢顶之病的去除一定要十分认真对待。

丢与顶（二）

太极拳散手的特点在于近身的攻击，但只要是近身就具有一定的危险性。如何降低近身攻击时的危险，就是要有精熟的沾黏功夫，只要近身沾黏住对方，透过筋膜的控制让对方的所有攻击都好像沾了泥泞般的难以施展。所以说太极不懂沾黏者，不能散手。也可以说沾黏的功夫是太极散手的基础。

而沾黏的基础就是不丢及不顶。"丢"了表示控制对方的筋膜时产生了空隙，这个空隙会让对方有机会发动攻击而对自身产生危害性。"顶"了代表有给对方借力使力的机会。

看看现今太极拳发展的状况，就会知道太极拳散手的功夫面临失传的原因了。在推手的对抗中，只看到充满丢与顶的现象，难见沾黏之法。就算是专心致志练习沾黏也要多年练习才较能掌握沾黏的感觉，练习之间只要是有了丢顶之意，则沾黏就不可能练出来。练不出沾黏感觉就无法练出真正的太极散手，所以太极拳散手要求的条件高到令其几近失传状态。相较之下可能使用丢顶角力之法推手，再去学一些搏击散打之法凑合起来使用会容易很多，真的有不少人号称能太极散手者就是如此做的，但不管如何号称，这样凑合的功夫可能很厉害，但已不是太极拳的功夫。

当然只求功夫者，使用任何方式练习都是可以的，只是没有必要一定要挂太极之名。想来想去，这些人要挂太极之名的很大原因，实为太极拳人可欺，反正也没有什么人真正练出太极拳的功夫，外面三流散打、角力的功夫在散打界、角力界无法立足，披了太极拳外衣对付太极拳人就绰绰有余了。于是其他武术争先恐后地披上太极拳外衣，展示自己散手功夫来太极拳界招生，毕竟太极拳的学习人还是最多的，一时间，太极拳界就成了现今这般模样。谁还在乎太极散手的根本是沾黏呢？谁还在乎丢顶之病呢？推手场上狠命拼斗成了常态。

不管现今太极拳界的混乱如何，相信还是有很多喜欢真正的太极拳的人士正在苦寻道路，期待找出真正的太极拳的样子，为真正的太极拳再次发光努力着。

丢与顶（三）

如果不除去丢、顶之病，则沾黏无所成。无沾黏之法则近身散手具有危险性。太极拳使用沾黏来控制对方，使用内部空间来产生攻击效能，这二者不具备，那就不要谈太极拳散手。虽然一般理解丢、顶是在推手上，但其实广义地说在练拳上也有丢顶之分。

在推手练习上，顶就是力抗。但丢就比较复杂些，基本理解"丢"就是脱离，但不仅于脱离，丢除了明显脱离外，也包含了接触点重量变轻及接触点的滑动位移，判断的标准以是否产生对方攻击空隙为主。有些太极拳爱好者知道"顶牛"是病，所以也知道不能用力，但有时就陷于"丢"的陷阱之中。

先不论顶牛推手之人，就许多太极拳推手看似松柔功夫好的人，常常也会陷入了这两个丢的陷阱（接触点重量变轻及接触点的滑动位移）而不自知，以为只要还接触着就不是脱离不是丢。但并非如此，因为接触点突然变轻及接触点滑动，虽仍接触，但对方已可能产生有攻击空隙，那就具有危险了。这两种属于隐藏性的丢。

但是这两个方法却是很多推手好手常用的手法，以甲乙双方接触点变轻为例，因为未明显外在脱离现象，所以甲方也不知其实乙方已使用了接触点变轻隐形丢的手法，乙方可以利用这种隐形的丢创造两者之间发劲的空间，可以趁对方不备之时，突然发劲将对方打出。这种手法其实算是一种脱手发劲打对方了，只是对方不知而已。

这种突然发劲之法，是一种推手取巧的手法，非常好用，接手之时把自己之劲收于后，当接触点变轻时突然将劲发出。出其不意，常能达到发人出去的效果，一些推手好手常用此手法。因为看起来也没有顶牛，也没有丢，符合推手之意，显得十分厉害。

不能说使用这种方法是欺骗对手，因为可能就连使用者自己也认为是符合太极拳之不丢不顶的，这些都是长期推手摸索出的推手手法，觉得好用就愈用愈精，而大部分能使用这些方法的人都是推手教练级的了。

所以才称为陷阱，沾黏已丢而不知，使用者甚至还觉得这是十分好用的手法。这种隐形丢的手法只在推手的环境下去使用，不会有任何问题，但是使用久了一定会暗自疑惑为何练了这么久的太极拳，而且推手也很厉害了，仍无法进阶太极散手。简单来说，这种隐形脱离之法就是一种丢，既然是丢就无法练出太极拳完整的沾黏及练出太极内部空间，当然无法散手。就算是可能在一方之地已经推手称霸，一样无法进阶太极散手。

隐形脱离之丢让其无法练出太极散手功夫，可能就会是困惑其一辈子的问题了。

丢与顶（四）

如何去除丢、顶之病呢？就在于"合"。练习推手之际，不要想着求胜，只要专注和对方相合即可。人进我退，人退我进，保持和对方一致性的运作。有几个要点需要注意：

保持被动：本身不可有主动的意识，全部被动，全部以对方为主，全神注意对方的筋膜讯息，依其而动。

保持接触点感觉一致：检测自己是否能正确依对方的动态而动，要求的条件就是接手的重量是否能保持一致。其重量切不可忽轻忽重。能够保持与对方接触重量一致的方法就是不要有自主意识，完全被动，依对方而动。"被动"的要求不符合人的自主意识，需要长期专注的锻炼才能掌握。

保持结构不出圈：在推手时，结构是不能出以两脚为边所形成的太极圈的，如果出圈代表势有破。对方如有退的现象，则移动圈前进而非手伸出圈外。如果对方进逼，则我方双手碰到圈边之时必定转换，可动肩球、胯球、转腰球而化，切不可手被压扁而破势。最常见的是肘被逼退到身后而破势，则败势已成。

何谓肘退身后，就推手练拳时肘是在肩胛骨之前，最后能退的底限位置是与肩胛骨垂直位置，如果退超过肩胛骨则破势称为肘退身后。如遇对手进逼到此状况，我方就必须退肩胛骨的肩球来化解对方的攻势，而不是退肘闪避。

不求胜负：有胜负之心就必用力，有胜负之心就必有意识，这样就不能做到被动的要求。要做到高纯度的沾黏就必须做到无我，以对方为主，才能真正感受对方的全身筋膜动态，才能做到真正的沾黏，才能真正地控制对方。这是一个矛盾的现象，真正能控制对方的方式反而是以对方为主、被动、感受对方，而非主动想要控制对方。

沾黏的功夫是太极拳散手的必要条件之一。沾黏要能在对方毫无察觉之下渗透对方筋膜之内进而控制，重点是控制了对方，对方还不知道自己被控制了，直到对方要施力时才发现筋骨黏腻无从施力。如果对方能察觉被沾黏，就还不是真正的沾黏。

另外，检验沾黏功夫是否已成，也可以看接手时对方是否可以脱手打人。如果你和对方接触时，对方可以突然脱手发劲或脱手打人，则沾黏尚未成。如果沾黏功夫未成，太极拳切不可散手。而沾黏功夫的第一步就是练习不丢不顶。

除去顶牛的推手不谈，在合乎太极松柔推手的练习中，许多高手因为长时间只在推手的模式下运行，常常体会并使用隐形的"丢"却误以为得到发人出去的秘法，外表看好像也合乎松柔推手之法，但其实已脱离了沾黏真理，重点是他们自己也得意于此，根本不知以此方法推手是离沾黏越来越远，这些东西自家人玩玩可以，进入散手则遥不可及。这也就是前面所说的：

太极拳对于沾黏的要求之高，使太极拳散手几近失传。

刚柔并济

学习太极拳的人对于刚柔并济一词并不陌生。但认真推敲会发现，几乎所有功夫都是刚柔并济的，并不独存于太极拳之中。这个名词用于太极拳中，之所以很容易被接受，就是因为这几乎是所有武术的要求，和之前所说的松、紧之间的应用容易被接受是一样的原因。

有人说太极拳是武术，当然符合刚柔并济的理论。但回头想想，如果太极拳也和其他武术一样，那太极拳的武术特点是什么？跆拳道有腿，空手道有掌刀，搏击有拳，摔跤有摔法，咏春有打法，那太极拳有什么？推手？把人推出去的方法是什么？这个把人推出去的方法，除了好玩外，有什么实质性的武术作用呢？

太极拳讲的是刚柔一体而非刚柔并济，这其中的差别是对于刚及柔的解释不同。其他武术说的刚是指结构体，而柔是松开结构体，所以形成结构与松开结构互相搭配可以得到很好的武术效果。但太极拳的刚并不是指结构体，而是指空体，唯有空体才具有开合爆炸的能量。

太极拳是从结构体，然后变化流动结构体是为柔体，所以太极的柔体是多个结构体的流动所形成的，流动越来越轻灵而到达空体，这才是太极拳讲的刚体。故曰：至柔才能至刚，积柔才能成刚。

以一般武术刚柔并济理论而言，刚、柔是两个不同的东西且平等重要。刚指的是结构力，柔指的是走化技巧及蓄劲之法，这是两个同等重要的方法，所以就无所谓"至柔才能至刚，积柔才能成刚"的状况。

对太极拳而言，刚和柔是相同的东西，积至柔才能成至刚，这里的至刚并不是指一般武术的结构力，刚是极柔才能形成的，也就是柔的进一步演化而不是两个不同的东西。所以刚柔并济的理论在太极拳中并不适用。

如果认为太极拳刚柔的概念和其他武术相同，那么所练出来的东西就和其他的武术相同了。太极拳是一种很独特的武术，训练方式和其他武术也完全不同，用其他武术的方法来练太极拳，就算外形一样，练的也不是太极拳。但在这似是而非、短视频狂窜、信息轰炸的时代，要能找出练拳的正确方向，比之过往难上百倍。所以我在第一篇就强调，

"建立正确观念才是练太极拳最困难的地方"。

再谈刚柔并济

前面已经提过，太极拳并不强调刚柔并济或刚柔相济，而是讲刚柔同体或者至柔而后至刚。

其他拳术的刚柔并济一词，其中的刚指的是一种结构体，柔指的是放松肌肉的力量，所以它们的刚柔并济指的是形成结构和放松肌肉力量之间的交互使用。在应敌的过程中忽刚（硬或紧）、忽柔（软）之间来使用，以达到一定的效果。再仔细去思考，其实所有的武术都符合这样的刚柔交互使用，极少存在纯刚纯力量或者纯柔的单独使用，而这也是某些太极拳习练者强调松紧练拳的主要理论根源。

但就太极拳而言，结构体就是一个基础结构，并不是太极拳所谓的刚，而柔也不是放松肌肉力量。也就是说，其他拳术的刚柔和太极拳的刚柔在定义上是不同的，只是用的字相同，所以才容易让学习者误解。比如，稳健的结构仅是基础，却被其他的拳术当作刚体，如果学习者没有把这些分清楚，就会陷入拳术的混乱，就像现在太极拳混乱的情形一样。

太极拳的柔是无数个结构体在运作时所形成的立体性流动，这个流动演变到像水一般时就是进入柔体，所以太极拳的柔并不只是放松肌肉力量。当流动到像空气一般轻柔之时就是进入了空体，内部有极大的空间，这个才是太极拳的刚体。

再思考一下，外家拳所谓的刚是一种凝聚结构的实体，而太极拳的刚则是充满内部空间具有爆炸能量的空体，这两者是有多大的差异啊！然而对于刚的误解，使很多学习者认真地凝聚结构来对抗。当然在推手场上这样是有效果的，这可能也是大家在场上会变成拼斗的主因，自以为这就是太极拳的刚，再配上放松肌肉力量的自以为的柔，形成现在场上拼斗的状况。

对于刚柔理解的错误存在于绝大多数太极人的思想中，和一般武术理解相同的刚柔之意，使得现在太极拳和其他拳术没有什么差异了。也正因如此，几乎所有拳术都可以冠以太极之名，而太极拳的学习者根本没有办法去判别真伪。久而久之，这些挟着其他武术技巧的东西就好像变成真的太极拳了，太极拳到底应该是什么样子？

太极真意随着信息的爆炸快被淹没消失了。

鸿沟

结构体是固定结构体，而柔体是变动结构体。在结构体的阶段，稳定结构是主要的目标，使用肌肉、肌肉混合骨架、骨架等方式都是以稳定结构为主要目标，此时追求的就是"整劲"。

整劲一词对于喜爱推手的学习者并不陌生，结构能稳定代表着劲能完整，在推手之时，劲愈整者占优势。当然太极拳希望是放松肌肉，完全用骨架达到整劲的状态，但其实不管使用哪一种模式，只要结构稳定就能产生整劲的效能，所以太极拳用骨架形成的整劲，不见得比健身肌肉男或其他武术肌肉混合骨架的人所形成的整劲强，只是比较不消耗体力。

这就是结构体状态较量下的现实状况，结构体形成整劲，在这个状态下比的就是结构的稳定性，只要是结构稳定就会占上风。因为在结构层次就是固定式的稳定体，就会是两者的结构的对抗。所以追求推手胜负者会将结构愈收愈紧，就是结构密度增大，强度自然能增大。

但这其实是进入了一个盲点阶段，越紧实的结构越难流动，而柔体就必须是流动的结构，太极拳的真正能量来自结构体流动能量。而越稳定的结构在结构阶段的推手上越好用，却让结构更难流动。

在我初练太极的前几年，十分醉心推手，结构越来越稳定，其实现在回想起来就知道，那时我的结构是混合着肌肉力量和骨架的结构。当我推得风风火火时，我突然察觉我违反了太极拳的拳理。太极拳不是不用力吗？但我心知肚明我是有用力量的，当我决定不用力推手时，我发现我什么功夫都没有了，没有了肌肉绑骨架形成的结构，我变得软绵无力，什么人都推不赢，完全无法推手。当时的我陷入了很深的挫折感之中，最后决定不再推手，决心寻找真正不用力的推手。

很好用的结构推手反而是进入太极拳真正流动体的障碍，尤其是能有愈稳定的结构体的人，就会在推手场中是常胜者，这时候能够放弃结构变得一无所有是多么困难的事，但不放弃就是一辈子在推手之中打转无法进阶。然而，所有推手整劲高手几乎都无法舍弃这种常胜的优越成就感。

结构体是一种结构固定稳定形态，柔体是一种结构流动形态，要能流动必须先拆散结构，拆散结构的初期就会陷入一无所有的状态，这是一个矛盾的现象。从稳定结构到流动结构是进入了质的变化，要经历重重难关，甚至需要一些悟性，能顿悟这两者的矛盾现象才能突破。

从结构体到流动体是练太极拳的过程中真正的一条很难跨越的鸿沟。

面对鸿沟

再解释一下所谓的结构体。想象一下我们推车子、推人、推重物或抵抗对方的推力时的身体状态，一定是要把自己的身体结构稳定好，才能方便施力，才能抵抗外力，我们称这个可以使出力量推、可以抵抗外力的状态为结构体。

形成结构体稳定的条件不外乎肌、筋、骨三者配合。对于完全没有学习过武术的人，通常形成的结构是靠肌肉绷紧来完成，只用肌肉是很耗体能的，不但僵硬且不能持久。大部分的人凝聚结构将肌肉和骨架混合使用，而太极拳的要求是只用骨架结构。

我们把太极拳分成结构体、柔体、刚体三个层次。绝大部分的太极拳学习者都是停留在想办法完成结构体层次的路上，只要是还在研究整劲、太极拳的力学原理等，都是在结构体的层次内使用。只要是讲求各种发放技巧的，只要是手脚主动运作的，都是在肌肉、骨架混合的结构状态内。

而太极拳要求是纯骨架运作，就好像傀儡一般，都是被动运作。放松肌肉力量只用骨架是违反人的天生本能的，所以需要长时间练习才能掌握。但是要面对鸿沟进入柔体的状态前，就非要达到纯骨架的要求不可。唯有进入了纯骨架运作，像傀儡一般被动练拳，注意身体端正，注意虚实、流动、开合等体内能量带动身体练拳，手脚不乱动、全身一致运作等，如此练习几年，才有资格站在鸿沟前面，放弃一切执着、一切好胜心，潜心修炼等待质变后进入柔体的层次，而进入柔体层次，我们才真正踏入太极拳的殿堂。

但是放眼望去，多数人还执着于猛力推手、求胜负、使用一堆技巧手法，执着于发劲、执着于美姿太极，这些要短期求效果就是将肌肉和骨架混合使用最有效率，当然这样的确在推手及练拳上能快速达到一定效果，但是会永远困在肌肉混骨架的状态。

只要结构体还混合着肌肉力量，那么到达鸿沟前，面对鸿沟的资格都没有。

"靠"的故事

上课常常发生一些有趣的事。有一位廖姓学员非常有趣,他自十多岁起就练起家传的永春拳(其强调并非咏春拳而是永春拳)及柔道,其父亲是台湾桃园县警察局武术总教练。他在高中时接触了少林拳、空手道及跆拳道,上了大学又学习螳螂拳、八极拳,又学了八卦掌兼劈挂,其中尤其擅长螳螂拳及八极拳。就连太极拳也学了陈式太极、黄式太极、杨式太极、老杨式太极几种,推手也是有练习的。据其言,所有武术均是名家所授,并非随意寻师,且对于各种武术均刻苦练习,也喜爱找人切磋散手。

几年前,一位陈姓学员推荐他来我这里看看,学习太极拳,但他不为所动,而我这位陈姓学员却锲而不舍地持续邀请了四年。可能是真情感动,可能是不堪其扰,他终于答应过来看一下。

我还记得当时的情况,就在下课前约半小时,他从外面缓缓走过来。之后经陈姓学员一番介绍,我也客气地和他搭了下手。下课之后,我和陈姓学员说:"他可能并没有要来学的想法,只是被你烦了四年,现在在我下课前来聊一下,表示来过了，叫你不要再烦他了。"而事实上，在后来的一次聊天中也证实了当初他就是这样的想法。他说："我学了几十年的拳，还有什么武术没有见过，还有什么太极拳是值得我去学的呢？第一次来纯粹就是因陈姓学员的一番苦心。"

当时认为只是客气地拜访，却没想到，到了下次上课，他居然过来了，当时让我很惊讶。更没想到的是，他虽名为学太极拳，其实是来比武的。接下来的学习中，他对我上课讲太极拳不太上心，而是时时在旁边思考，然后就过来和我说，如果他出这几招散手我要怎么应付，然后就马上试散手；之后他又去旁边思考，不久又过来试一招擒拿，看我如何破解；不久又来试螳螂拳的连环手法，一手化五手，手手相连看我如何接招——真的就是标准的武痴，时时沉浸在比武的意识之中，是一种对武术技法的好奇及研究的专注心态。就这样在和他比武、散手的上课模式中过了近四年，其间他连前九招太极拳都还练不齐。

直到有一天，他突然过来问我，太极拳的"靠"如何施展，我就随意摆了个靠的姿势，他斜眼看了一下道："就这样？"我说："是啊！这样就够了。"他在旁边思考了一下，又过来道："那看起来八极拳的贴山靠厉害多了，非常威猛。"我不置可否地笑了笑，就去指导其他学员。

再一会儿，他过来说想要试"靠"的用法，我说如何试呢？他提出两人同时发靠劲，我同意了。其他学员习惯他常和我比试的情况，就围着看戏。他走近我肩贴肩，架式十足贴山靠就使出来，我随意站着与其并肩，就在他发劲的一瞬间，我才发出靠的劲，他突然腾空向后飞出，落地再急速倒退几步后倒下，滚一圈后再滚半圈才停下。旁边的学员都跑过去笑他说："你演得也太假了吧！老师都没有动，你自己就飞这么远。"但看他倒地起来后一脸惊恐，就知他并非演戏，大家也一脸讶异，不知怎么回事。他起来后的第一句话就问其他学员："老师的脚刚才有没有动？"其他人回道："老师根本就没有动啊！"

此后，每逢有空，他就一定会问："老师，我到底是怎么飞出去的啊？"我还是比了一下靠的动作，回道："就这样！"然后他总是摇摇头道："想不明白。"因为在他的认知中，我的脚至少要前进一步才能把他靠飞这么远，原地不动的掤劲开合就有这个效果是很难理解的。自这事之后，廖姓学员一改以往的学习态度，对我所授内容非常认真地练习，也鲜少再找我试散手了。放弃以前的功夫，专心练太极拳，让他各方面都有明显的进步。之后，他在社群内留下了感想：

热衷武术，年轻时常边走边打拳踢腿，多次踢破了裤子。看电影就爱武打片，回家后会照着操练……一次看了《猛龙过江》李小龙的踢法，回家努力炮制，侧踢一百次把膝盖都拉伤了！

曾与十八罗汉拳的高手彻夜畅谈，直至清晨切磋武学，印证自己所擅高于对手。

曾受挫于八步螳螂卫笑堂老师的弟子，自此努力学习螳螂武术，适逢机缘拜入八极螳螂门下。集训、冥静、导气通任督、练习拳技，时与人交手几无败绩。可是自己的脊椎也退化严重，究其原因可能与自己练八极拳过猛，加上自己的工作对脊椎的伤害皆大有关！目前颈椎已手术五次，换成人工关节，以往所学皆已散去。幸赖陈立帆师兄极力引荐，得以学习钟老师的太极拳。

刚开始去的时候，就当作养生，哪知上课时与老师一接手就定住了！我纵有万千手法，迅捷地反应，似已被知，以前苦训的技巧皆无从所现！

一日与老师谈"靠"，我与老师肩贴肩，站稳了，只觉老师微微一动，一股强大的力量突然袭来将我弹出，双脚似是离地，落地后力量不歇，让我直摔地上并翻滚了一圈才卸去其势！真的被吓到了！我服了！原来太极如此强大，钟老师所能超越我的经验与想象，此后我才认真地服膺老师所教，因为我知道这才是真正的太极拳。

他到底为何会飞摔出去呢？这种效果也出乎我的意料，当我们两肩将相靠之当下，我身体略合蓄劲吸收了他相当有架式的贴山靠，在其势尽之时，恰是我劲蓄满之初，丹田在此时的瞬间做了撑开的动作，从丹田往外撑开，虽然外形不动，但我内在做了这个动作，或许是时机合宜，在他靠我势尽结构瞬间会有僵化的同时，刚好承受到我开合的能量，才会产生如此的效果。所有过程看似只是随意地撑开身体，却达到了很令人震惊的效果。

身体的开合是在太极拳进入空体之时，自然运作的一种能量。

湿疹

十几年前，刚去中国香港开课没多久，有一天上课，一位妈妈带着十四五岁的女儿过来，她女儿得了严重的湿疹，除了头部，几乎全身皮肤都溃烂了，并且非常痒，抓了出血结痂，留下一层又一层的疤。这位妈妈问我："太极拳能不能治好这种湿疹？"会来找我是死马当活马医了，已经寻遍所有中西医无果了，想想也知道，来找太极拳连她自己也是不信的，只是无路可走了。严重的湿疹让女儿除了身体的痛痒外，还要承受在学校被同学嘲笑，其实来找我，我有点惊讶，也明白这位妈妈应该是寻遍所有方法而无果了。

第一次碰到这样的状况，我也不知道如何帮助这位小女孩，我们的太极拳是否能对她有帮助，我完全没有把握。看着这位妈妈急切的眼神，我只好说："我试试看。"以我浅薄的医学常识，我认为湿疹应该是体内有湿气吧！我安慰她："我们的站桩应该有排体内湿气的效果，可以试试看。"于是小女孩就留下来学习太极拳了。

她主要学习站桩，姿势上我对她要求十分严格，而拳架是跟着练习，我没有太纠正她，只是要求她每日回家一定要站桩半小时，隔周上两次课。就这样过了半年，她的湿疹居然大幅好转，手上看得到的部位已经几乎正常，身体其他部分也差不多好了。有这种效果我当然十分高兴，不过这时小女孩又正值课业压力期，课业压力一来就懒得站桩，不出几日就会复发，然后她又认真去站桩来治疗。我开玩笑说："你把站桩当作药丸吗？"如此这般，四五年后差不多稳定好了，她也就去澳洲读大学了。

这次的治疗我认为是站桩排除体内湿气治愈了她。事后又隔了一两年，我在中国台湾的学生带了一位朋友的朋友过来，是一位小学教师，也是患有严重湿疹，因为学生听我讲过上面的故事，当他知道朋友的朋友有这个疾病时，就告诉他或许可以试试太极拳站桩。这位病人年约五十，其实他已经不抱希望能治疗湿疹了，只是随便来看看。据他言，他自有记忆以来，湿疹就已经跟着他了，五十年来什么医生什么偏方都看过用过了，均无效果。再掀开衣服一看，其比之前的小女孩要严重许多，已经不知层层叠叠多少结痂的疤了，真可用体无完肤来形容。我也不知道严重到这个程度站桩是否仍有效，我把小女孩的故事再讲一遍给他听，告诉他或许可以来试试。

这位是成年人，比之前的小女孩有定性及有毅力多了，说要试就认真去做，每天坚持站桩一小时，过了一年，全身脱皮，变成像新生儿一般幼嫩的皮肤，他开心极了。"我说："你五十年的苦难终于过去了，只要持续站桩就可以了。"这次我仍认为站桩可以排湿毒，顽固湿疹也有效。但是站桩为何有效，我其实也不知道，初步判断是站桩时的大量冒汗可以排湿毒。

四年前，中国香港来了一位喜爱武术的女学生，练过咏春、搏击、跆拳，又来我这里学习太极拳。不论天冷天热，她总是穿长袖衣裤。一日，我问她："天气这么热，你怎么还穿得下长袖衣服啊？"她回答我，因为身体有严重湿疹。我就说："怎么不早说呢？有湿疹，站桩最好，多严重的湿疹都可以站好。从今天起，每天要站桩一小时。"

没想到隔了没多久就有新冠疫情了，和香港学生阻隔了三年，无法过去上课。终于在2022年11月恢复上课，在一次上课时我突然想起疫情前讨论湿疹的事，就向她询问了一下，结果她的湿疹早就好了。她只是想要来学太极拳的武术，没想到意外治好了湿疹，开心极了，现在非常认真地练习太极拳。

但是现在我却知道，应该不是站桩排了湿毒之故。三年疫情期间只能在台湾授课，我有一位学生叫林北溟，他的父亲林两传是台湾中医伤科泰斗级医生，一日上课休息中和北溟聊天，提到他父亲认为很多类型的皮肤痒其实是深浅层筋膜张力错乱造成的，顽固型湿疹就是其中之一。这个看似随意的聊天却让我有很大的感触，我马上想到了前面几位学生的状况，他们就是典型的顽固性湿疹。

我们的太极拳主要就是端正骨架和统合及流动全身筋膜，而站桩就是架正骨架后肌肉放松，进而达到理顺筋膜的效果。筋膜理顺了，张力就正常了，所以皮肤就不会受到刺激而不痒了，严重的湿疹慢慢地也就好了，我一直以为是站桩排湿毒的原因，其实更正确的是站桩理顺及放松了筋膜之故。

这就是教学相长，我终于明白为什么那么严重的湿疹会被站桩治好了。

附录：这是林两传医生在网络上发表的皮肤痒的文章，供大家做一个参考。

（林两传医生在中医伤科治疗上，独特的结构筋膜理论自成一派，享誉中外，是中医伤科界泰斗，从学者众）

谈痒

许多年前，曾经治疗过一个车祸病人，伤了什么不记得了，只记得他因外伤有一个疤痕，告诉我说，那个疤很痒，一直想抓它，非常困扰。

我仔细触摸了那个粗粗的结疤组织，发现上面的纤维并不平整，也就是纤维组织的张力并不平均，有些张力比较大的纤维，摸起来有突起绷紧感，使得整个疤痕表面呈现轻微皱缩。我试着把那些张力大的纤维挪平，居然绷紧的纤维是可以挪动的，慢慢整个疤痕表面变得匀称滑顺，治疗后病人告诉我整个疤都不痒了。尔后又治疗过好几个类似的例子。

我慢慢思考这个现象，原来皮肤外伤将愈时会痒，是因为纤维组织修复的过程，皮肤组织张力不均，轻微拉扯的关系，等修复完成重组修饰完毕就不痒了。

至于蟹足肿，很多会一直痒，应该也是因为增生太快，组织间张力不一的关系。有些蟹足肿在热或是运动流汗就痒，也是局部组织微血管扩张，张力改变所致。

于是又联想到，我们每个人都有身体痒的经验，常常偶尔会这里痒一下，那里痒一下。手可以够得到的地方好办，不自觉地抓两下就过去了，背痒抓不到的地方就难过了，会如附骨之疽般的，纠缠好一阵子才会消失，这种痒，除了抓搔，其他办法如吹、抚、拍，似乎都没有很好效果，因为抓搔可以较有效地改变皮肤组织微细张力。

有一次我的手被蚊子叮了，肿起，痒，我抓了几下，好点，一会儿又痒。手边有李晔医师送我的橡胶软式拔罐器（像大号的实验室吸管的橡胶头），我顺手拿来在肿起处吸拔了几下，居然就不痒了！而且就没有再痒起（当然也是痒了两三分钟了，而不是刚刚叮）。

我实在太惊讶了，不知从何而来的模糊常识里，一直认为痒是因为蚊子注入皮肤里的毒素所引起的，是化学性质的变化，皮肤中了蚊子唾液的毒。但是显然不是，中毒不会拔罐器吸几下就不痒了，是需要解毒的，如蚂蚁咬伤蜜蜂叮伤，是需要涂口水或撒泡尿来中合酸性。

于是我想痒应该还是皮肤微细张力改变所致。蚊子唾液里的抗凝血成分，引起免疫反应，肥大细胞破裂，造成局部水肿，使得张力改变而痒。所以痒的直接原因还是物理性质的改变，而不是想象中的化学性的毒性反应，因此吸拔后，皮肤间隙扩大，撑着的张力消失而不痒。

最近我市立医院的门诊，每诊百十来个人上下，觉得治疗最有效的，就是皮肤病的患者，不管是风疹湿疹莫名瘙痒，甚至不少是纠缠多年的症状，一概用上面的想法对付，就是表层微细筋膜张力改变。用这个思维方向治疗，非常有效。

张力改变主要有两类，一类是张力增加的，即组织液增加，以至于有膨胀感，不管是不是真有水泡水肿出现，只要脉里现水多之像（脉有鼓动顶指之感，重压不空仍顶指者。脉弥漫濡散者是湿不是水），表示水对组织有窜动顶鼓之态，这时就会用五苓散，屡有奇效。当然还要辨别水是因何而来，须同时解决水形成之因。阳不足（脉沉部鼓动无力）要加附子，气不足（脉的疏散布达无力）加参（五苓散加参谓之春泽汤），因郁而致者，郁在脉沉部用枳实，郁在中部用郁金，郁在浮部用柴胡（脾胃气虚的常是湿而不是水）。

张力改变另一类是张力减少的，即组织液存量不足的，微细筋膜松垮而痒，老人家的冬季痒就是这一类的，皮肤触摸干燥变薄，脉现血管与血管周边微细筋膜间变得有黏贴紧感，脉本身或细或宽，总有津液不足之象。当归饮子就是常用的方。

还有一种顽固的局部湿疹，痒及皮肤病变，只出现在特定局部，即使数年也不会变化转移的，常常是筋骨结构出现问题。因结构错位，使得深浅层筋膜错乱，无法还原，以至于一直作痒搔抓，而引起皮肤增生变厚变硬，不断脱皮。像我有个病人，就单独一个脚掌严重湿疹，反复溃烂多年，百药无效，身上其他皮肤都很好，检查就是骨架歪了该脚筋膜扯住，调整结构后才慢慢改善。这类病患很多，有的在脖子，有的在屁股，有的在手肘。如果湿疹只出现在特定部位，多年不愈，就要考虑结构性问题了！

湿疹后续

写了一些学生湿疹的故事,也意外引起其他学员的回响。我的香港学生许峻华是一个超级认真练拳的学生,也是在学院担任初级班的老师,跟我练拳已经有七八年了,若不是这次上课他提醒,我几乎已经忘记当初他来学拳时,也是一个严重湿疹患者,现在皮肤光滑健康。

在台中有一名学生叫李荣烘,他来练拳也有七八年了,在来练太极拳之前是练习八卦掌及形意拳,不过他对八卦掌情有独钟,特别下苦心去练习。当他来跟我练拳时,我一直和他强调放松的重要性。八卦掌最重要的就是撑拔拧转,全身要像拧毛巾一样去拧动。

结果在练习八个月左右后,他突然全身暴发严重湿疹,越来越严重,从脚底一直蔓延到头顶,只要是来上课,就会变得更严重,这是很奇怪的现象,他已经六十多岁了,从没出现湿疹问题,练太极拳一年多突然严重暴发。西医说是急性湿疹,中医说是牛皮癣,不过看了几次中医,中医又觉得好像不是牛皮癣,就是束手无策。他很紧张地来问我,当时我判断是在排身体的毒素,所以我说，这应该是一种排毒的现象，因排毒而产生了湿疹。对于湿疹已经有好几个治好的经验了，只要认真站桩就可以了。于是上课我就会特别要求他的站桩姿势，这样过了一年时间，他的湿疹完全好了，一点疤都没有留下来。

这件事情就过去了，我也没有放在心上，但这次写湿疹的文章，我就突然想到了他，再仔细分析，我认为可能是练八卦掌的原因。他十分认真地练习八卦掌二十余年，全身的筋膜不断撑拔拧动，不断地延展，这是一种主动性的拉拔拧转，就好像拧转橡皮筋一样，拧转到极致当然会有弹性及威力。但当我让他放松去练时，筋膜反而回弹产生错乱，进而产生强大回弹张力，就好像拧转拉紧的橡皮筋突然放松纠结成一团的现象一样。这样的回弹张力让他的皮肤表层受不了，就产生了严重湿疹，所以也才会每次上完课，回去就更严重。当然这只是我的判断，因为他那次的湿疹真的来得毫无缘由，配合林两传医生的理论，我觉得很有可能是这个原因。经过这次的转变，他对八卦掌及太极拳都有了很深的感受，进步了很多。

写到这里又让我想起多年前去香港教拳时遇到的一个小男孩。有一天，一位妈妈带着她的儿子来我上课的地方，她儿子有十五六岁的样子，其状况很特别，每隔15～20秒，其头部就会大幅震动一次，震动之大，我当时还担心他的颈部能不能承受这么大的颤动性摇动。这是一个十分聪明的小孩儿，但从小就为这个病症所困扰，这位妈妈说："是生产的时候伤到了颈部神经。小时候状况还不明显，慢慢长大越来越严重，已经严重影响生活及读书学习了，在同学之间难免被当作异类，也影响着孩子的心灵，所以孩子显得沉默而忧郁。

其间各种复健治疗都做过，但效果有限。因为她和我的一位学生的女儿是同班同学，在班亲会时，刚好我的学生就坐在这位妈妈的旁边，闲聊之下，我的学生建议来看看我们的太极拳教学对小孩是否有帮助，于是她就带着儿子来了。

也是首次碰到这种情形，看着无助的妈妈，我说："我们尽力去试试看。"接下来上课的日子，孩子就来练习，因为也没法儿练什么，也只能在旁边站站桩。不过他在站桩时，我就站在他的后面，轻轻抚摸他的颈部、背部，当他震动的那一刹那，我找到震动刚要开始时肌肉筋膜的起始收缩点。头部要大幅震动，一定是肌肉筋膜收缩造成的，而肌肉筋膜的收缩一定有前兆，一定有起始发动点。我轻轻触着这些点，告诉他，去体会内部的感觉，当这些地方开始紧张时，就放松它，从起始就阻断筋膜所引起的一系列反应。

这个孩子是相当聪明的，很快就掌握了我所讲的东西，不到半年就完全能控制这样的头部震动，接下来就展现他天才的数学及音乐天分。病好后不久就去美国读书，主修数学和音乐的大提琴及钢琴。他几乎是在跳级完成学业，又去欧洲知名的交响乐团担任大提琴手，而且利用其数学计算能力计算比特币。不出几年，他妈妈说，儿子已经比他们有钱了，现在全家已经移民英国居住了。他的妈妈和父亲或是感念太极拳治好儿子的病，或是觉得自己也需要练拳健身，所以在儿子前往美国读书后，换成他们夫妻来练习，直到移民英国为止勤练不辍。

经过多年的教学经历，发现骨架的不正和筋膜的紧绷扭曲是很多莫名疾病及疼痛的来源。

正骨架及放松延展肌肉筋膜，或许就是治疗这些病痛的一种好的方法。

结构、柔、柔体

对于任何武术或运动，结构都是一个非常基本的要求，在太极拳里也是如此。太极拳有自身结构上的定义，如涵胸拔背、沉肩坠肘、松腰落胯、虚灵顶劲，等等。符合这些要求者，其太极拳结构均稳定。

在练拳时，招式运转时除要保持定式结构稳定外，招式与招式之间的变化也要能时时符合结构稳定要求。能够保持结构运作时稳定而不破裂的运转，就是结构的稳定变化，这种结构的稳定变化就被称为结构形态流动。

流动体包含两种，一种是结构形态的流动，一种是结构内的流动。在拳架运转之中，这二种流动模式是交互不断产生的。当一个招式运转到另一个招式外形结束时，被称为结构形态流动结束，此时内部筋膜流动并未结束，必须等待外形结构结束后，此时内部筋膜持续流动延展到极致时，整个流动才算完整。当流动完整结束，要流动到下一招时，是内部筋膜往内流动再带动外形结构形态流动到下一招式，当形态流动到下一招式时，又会带动内部筋膜持续流动延展到极致，这样的结构流动才是饱满而稳定的，这样的招式与招式之间才不会有断裂。

以游乐园内的海盗船为例，当海盗船荡到最高点时，外形结构形态结束，但海盗船并不会马上就掉下来，我们会感觉自身重量仍持续上升，虽然外形上已经到了顶点，但我们会感觉内部持续在上升，其实在上升之中已有收合之势，这样才能到最后内部上升到一个极限不会无限上升出去，这个时候就是形开气合。接着内部的流动才会开始下落，内部刚开始下落时，船体是不动的，我们会看船体外形还在高点停顿状态。在内部重量下落合上形体之后，才会带着船体形态往下落，再进行另一次的外在形态流动及内部流动的配合。对太极拳来说，这个就是结构形态流动和结构内部筋膜流动的配合。

能够做到外在结构形态和内部筋膜流动的完整配合，一个招式的运转就算是完整了。当内部的筋膜流动能完全延展饱满之时，外形才是真正开展了。如果只有形态到达，而内部没有完全开展，那么形态就是外形到达定式而已，不算完整展开。当外形和内部能够正确流动配合之时，太极拳的流动体就能完整，这个流动体，我们称为柔体。

柔体之所以称为体，是因为有结构的边界极限时有收合能量的存在。和"柔"相似又不同，相似之处在结构定式之时，当内在筋膜要展开之时，柔体的外形不动，筋膜如气般展开，就会形成完整饱满状态；而柔在定式到达外形不动，筋膜要展开之时，外形会随之扩张开来，而无边际感。举例来说，柔体就好像篮球，当充气成圆时，继续充气之时，球体已达结构，不会再外张，只会越来越饱满。而柔就如气球，当充气成圆时，继续充气就会不断地扩张，由原本的球形结构再往外等幅地扩张出去。

柔和柔体的相似之处是：初期仍以结构为基础，仍有内部筋膜的流动。所以在推手的运用上是差不多的，以沾黏为基准，能够柔化，也有结构应付对手。而两者最大的差别就是，柔体筋膜的收合型流动让结构形成强大的张力，而柔则没有。强大的张力形成的开合是太极拳散手的根本，柔就无法聚合这个能量。所以太极拳要练出柔体才能有散手、推手的能力；而只练出柔，就只能有推手的能力。

结构是根本，形成柔或柔体则看练拳架时的要求，如果比较难易度，柔体比柔形成的难度大不止一倍。若只做到推手空灵的高手程度，那么练到柔就可以了，这已经是非常困难了。如果对太极拳的散手有所期望，则柔体就是追求目标。

练太极拳没有正确的目标及方向，空耗时间者多如牛毛。

化的时机

在结构的层次上，要推对方，必先凝聚结构，对峙双方以凝聚结构快又稳定者占优势。所以在摸手的过程中，并非随意拨动个样子，而是要在搭手的过程中，透过对方的接触点来感知对方的结构状态。一方面找寻对方运转时因结构的不完整而形成的破口；另一方面在找寻之中慢慢凝聚自身结构，在摸到对方结构不稳的破口时，以结构为基础，发劲将对方打出。

在搭手互相拨手运转之时，就要时时存心去感受对方的状态，不可漫不经心随意拨动。当然对方也在找我方的破口，所以就要时时注意自身结构的要求，避免产生破口。在那瞬间结构不符合松腰落胯、沉肩坠肘等结构要求之时，这时就会产生破口。当然产生破口对方不见得能发现，但总是让自己陷入被发出去的危机之中。

结构凝聚推人时一定是依照对方的结构来形成最佳状态，这有固定的历程，如果尚未感知对方结构之前，就无法凝聚相对应的对抗结构，就会在不断运转之中来找寻以感知对方的结构。所以知道了这种凝聚结构的历程，就要想办法不让对方感知自身的结构状态，只要对方无法感知我方结构，对方就无法凝聚结构，此时对方的感觉就是抓不到我方。抓不到我方的什么呢？就是结构，结构是什么？就是骨头的重量讯息，简单来讲就是碰不到我的骨头，就无法找出相对应的结构来对付我方。让对方感知不到我方结构使用的就是最基础的"化"的方法。

"化"在不同的层次有不同的解释。如果在结构的层次，就是属于最基础的化，就是利用杠杆原理、球形转动原理将对方之力偏离我方中心区域，而进入无法感知及施力的边缘，不断地带偏对方，使对方找不到我方的中心是让对方无法感知我方骨头结构的一个方法，这就是结构的"化"。

更进阶的"化"是在流动层次中，是把对方之力顺着我方筋膜而消散，对方会觉得力量好像消失了，被吃掉了，所以武禹襄对于流动的化用了"吞"这个字。结构的化，对方的力只是偏离并未消失，只是变得不好施力了；而流动的化，对方的力量好像消失了一般，有种摸不到东西的感觉。

当然最好是能练出流动的化，但结构的化做得好也是不错的，也能达到对方推不到的效果。要能让对方无法凝聚结构来推自己，就不能让对方感知我方的结构，也就是不能让对方摸到我方的骨头，时时让对方落空。

化的最重要的时机就在双方接触皮毛的刹那间完成化的运作。

如水附形

上推手课时，学生发问。

生：如果对方突然用力发劲推来，怎么办呢？

我：可以仔细分析一下，为何对方可以突然发劲。就是对方摸到了你的结构体，才能凝聚其自身的结构突然发劲。

生：但双方才刚搭手啊！都还没有开始就突然发劲了，根本来不及反应。

我：推手不是双方的手摸好了才开始的，在接触的那一刹那就开始了。在那一刹那，你就要将对方一接触我方皮毛时的重量融入体内而化开，如果做不到流动的化，那起码要能将对方的重量转开，一接触之始就转开了，那么对方就没有突然发劲的空间了。

生：老师上课常常示范，所以这个道理我知道啊！我也想这么做。所以我很仔细地听对方的劲，感受对方的重量，但有些人就是在我还没有感觉时，就突然发劲了。

我：你还没有感觉时，其实对方已经感觉到你了。很重要的原因就是你在

"想"，当你刻意去听及感受时，其实在内部就开始有细微的僵了。听劲是一种触感，要练习到不透过大脑去思考，由皮肤触觉自然去反应。

生：这有点抽象，不去思考，我怎么知道要如何去化呢？

我：全身内部要如充满水一般，只要有任何的重量接触，就要开始流动了，不能等接触了才想怎么流动。至于流动的状态，完全依照对方的接触而定，不能用自我意识去思考该如何流动，我们要完全处于被动的状态。

生：被动不是就会被牵制吗？

我：被动的基本要件是保持格体完整，在感受对方重量依对方重量变化之时，我们只要注意时时保持结构完整即可。你说的被牵制是因为结构不完整而散了，就会形成败势，从而被牵制。

在太极拳里有一个很经典的故事，就是太极高手能让鸟立于掌而飞不起来，这其实就是听劲的能力。当鸟要飞之时，必先双爪蹬地而起，如果爪蹬不到地，就无法展翅，这是鸟能飞的条件。所以如果在鸟将飞，爪将蹬之时，掌往下落，那么鸟就必定随之而落贴于掌，找寻下次蹬起而飞的机会。爪蹬之力微小，能够感受到就是听劲的能力，听劲要能做得好，必先从沾黏下功夫。

沾黏也不能有意念，就好像水附于形上，如树梢上的鸟一般，轻轻立于树梢，任凭风大，仍然轻轻地附在树梢摆荡，就好像鸟黏在了树梢般。但其实鸟只是用爪轻轻抓着枝干，感受着枝干的摇晃而随之起伏。这就是鸟的沾黏，也是鸟的听劲。

鸟并不会去思考如何沾黏及听枝干的力量，只是感受而随之摆动。

漫谈四两拨千斤

相信大家能朗朗上口的一句话就是：太极拳要四两拨千斤。似乎"四两拨千斤"成了太极拳的专有名词。主要是打手歌有"牵动四两拨千斤……"，拳论中有"四两拨千斤……"等句，加上武侠小说渲染，所以在普遍的认知上，四两拨千斤就是太极拳的独门功夫，就是不练太极拳的人也能来一句"太极拳要四两拨千斤"。

当然流传至今，因为太极拳的实战能力受到质疑，对于"四两拨千斤"之法也受到质疑，于是又有"要有千斤力，才能使用四两力"的说法。分析这种说法，应该是源于两者都是以千金力对抗，只是一方故意使用四两力欺敌，让对方落空而已。任何人提出的理论，基本上是以其所学为基础认知所提出的，没有什么是对错，都是对的，立足点不同，本来就会有不同的看法。

对于四两拨千斤提出不同意见的还有水性太极拳的创始者王壮弘先生。他认为不是"四两拨千斤"，而应该是"四两拔千斤"，王壮弘先生认为太极拳就是不用力，而拔有用力之意，应是利用杠杆原理以四两重量拔动对方千金重量。

使用的是重量而非力量，使用重量就不会用力了。

但不论是拨还是拔，基本上使用的仍是杠杆原理。拨有左右杠杆使用之意，拔有上下杠杆使用之意。能够成立杠杆原理的基本条件是两者在结构的对抗之中，也是两个完整的结构对抗，不管是拨还是拔，均是一方以小力或小重量利用杠杆支点来撬动另一方的大力或大重量。这两方均在一种结构状态之中，不是松散的状态，所以我们会将此归类为结构对抗，只是一方用了巧劲。

在结构的对抗中，不管是千斤力还是千斤重，必有其形成的原因，也就是说我方有四两的结构体让对方触摸到了，对方才有机会形成千斤之力。在之前的"化的时机"一文中提过，任何人要形成结构体，必须先感应对方的结构存在，才能凝聚本体结构与之对抗，这个感应其实只要对方有四两力的重量结构就足够了。就是因为我方有四两力的结构体让对方触摸到了，对方才会有千斤力的产生。

所以在讨论"四两拨千斤"或"以千斤伪四两来欺对方千斤"之时，应该要先反思的是，为何我方会让对方产生千斤之力的机会。若是我方空无一物，对方也无千斤之力可产生；如若我方处在流动水体状态，对方触之无物，自是处处落空而无法产生千斤之力。

或问，如果对方不触摸而是直接以千斤之力袭来如何？沾黏连随，如水沾之即上，千斤之力在他身上，我不承受，千斤之力就与我无关。千斤之力与我有关在于承受，就是以四两力承受了，虽然利用杠杆原理化解了，但还是承受了。千金力任他千斤力，不承受就是不存在，沾黏连随而上而击之。

借金庸倚天屠龙记中九阳真经二句"他强由他强，清风拂山岗；他横任他横，明月照大江"，"他自狠来他自恶，我自一口真气足"来表达这个意境。

太极拳之不用力（一）

和学生练习推手时，常常在一搭手时我就说："你的力量太大了。"学生总是沮丧地回答说："我都已经没有用力了，老师还是说我太用力了。

这是在练习推手时和很多学生常常出现的对话。不论是在练拳还是在推手时，我总是强调不用力，学生也尽量朝这个方向去努力，但好像不容易达到我的要求。为什么会这样呢？那就要从了解什么是"不用力"来着手。

不用力当然指的就是在练拳或推手时肌肉不要用力，肌肉的力量可分为两种：一种是意念产生的肌肉力，这里简称意念肌力；另一种是习性产生的肌肉力，这里简称习性肌力。只要是用意念去控制的肌肉力就是意念肌力，如拿一个物品、用力握一个物品、用力去推一个东西等所使用的肌肉力量，就是意念产生的肌肉力。另一种肌肉力量就是习性产生的肌肉力量，这种属于肌肉记忆力，如打网球、击球时，刚开始还思考着怎么击球，这时用的就是意念肌力，但经过长久的练习后，击球就不用思考了，身体会直接回击，这就是已经产生肌肉的记忆，也就是产生习性肌力了。任何技艺性的运作，如果还停留在意念肌力，一定是初学者，要能有高阶的技术一定要形成具有肌肉记忆的习性肌力。

就算是什么都没有练的普通人，日常生活中除了意念肌力外，也会产生习性肌力，这些习性肌力就形成了生活惯性。如果形成的习性肌力有偏差，就会慢慢地拉偏身体的骨架而产生一些莫名的酸痛，这些人就会是正骨师傅的常客。就算当场缓解了症状，但因为习性惯性因素，隔不了多久就又偏斜了，如果不正本清源地修正骨架及习性，那酸痛就无法根治。

随着年龄的增长，任何人都会形成一定的习性肌力，习性肌力已经连上神经系统，不用意念去操控，身体的神经系经会自行运作。而习性肌力的记忆并不全面且是有方向性的，如打高尔夫球的肌肉记忆就不适合在打网球中使用、卖油郎的倒油技术就不适合在打桌球上使用，等等，所以习性肌力经过长时间累积的反射动作是有局限性的。

在推手时，认为已经放松不用力的学生，其实放下的是意念肌力，而没有放掉习性肌力。我一直说的太用力也就是习性肌力太大，没有放下。但困难的是习性肌力不是意念可以控制的，这是在生活习惯或特意训练下形成的肌肉记忆，意念可以控制的就是意念肌力。甚至我们本身根本无法感知习性肌力的存在，不然自己审视一下内在，你能发现习性肌力的存在吗？习性肌力已经跳脱了意念的控制，和内在骨骼及神经系统连接在一起了。

既然连习性肌力的存在都察觉不到，那更无法操控其使用或不使用。所以在练拳或推手之时，能够放松的是意念肌力，已经根深蒂固在体内的习性肌力是无法放松的。每一个人都有这种习性肌力，尤其是长时间锻炼身体或从事特定运动或练习武术者，内部的习性肌力更强。

从某个角度来说，从事特定运动或练习武术者花长时间训练反而就是想要练出这种习性肌力，练不出这种习性肌力，其所从事的特定运动或练习的武术就无法进入高阶的自然反射动作。运动或技艺或武术如果不能练出自然的反射动作，还要使用意念控制肌力，那不论是在反应的速度上还是在运作的稳定上，都比自然反射者相差甚远，只能说还在初级班的程度。要经过长期训练的内化效果才能达到习性肌力自然运作的状态。

就从事特定运动或练习武术者而言，习性肌力的形成是必要的。但习性肌力还是肌力，就是力量。而且习性肌力会形成固定模式，形成摔跤的习性肌力，突发状况时一定会使用摔跤的方式而不会使用咏春的拳法；桌球的习性肌力就只能应付桌球的突发状况，无法应付网球的突发状态，这就是使用的局限性。现在的问题就是，习性肌力是从事特定运作必要的存在，却是太极拳必须去除的存在。

只要还有习性肌力，太极拳就不可能真正放松，所以太极拳的放松不用力真正要面对的是自己内在的习性肌力，意念肌力想放掉是可控制的，习性肌力是连存在都无法察知的，去掉才是真正困难的地方，但如果不去掉习性肌力，就无法成就太极拳真正的柔体甚至空体。

习性肌力是太极拳习练者真正要去面对的问题。

太极拳之不用力（二）

太极拳的不用力最重要的就是去除我们本身的习性之力。习性之力已经具有神经反射作用，是不透过大脑运作的自然反应，自身是很难察知其存在的。无法察知其存在就很难去除，所以太极拳讲的放松并不容易。一般人总以为把力量放掉就是放松，而这样做更多时候形成的却是懈、软绵，这并不是太极拳放松后要形成的东西。

正因如此，许多人在放松后，形成了懈及软绵，以致变得不堪一击，于是就开始质疑太极拳放松的理论，这才会有林林总总的松紧相间、九松一紧等等各种说法。不论何种说法，说穿了就是不相信完全放松可以练出功夫来，而实际上也是如此，如果完全放松后练成了懈，那的确是无用的，而用点力量来个松紧相间甚至干脆威猛练拳，发劲嘣嘣响好像更有用。

松紧相间及猛力发劲的确也是功夫，但不是太极拳的功夫。由于太极拳的真松已极难见到，所以世人普遍怀疑其是否真实及是否真可以用，因此松紧相间及猛力发劲方法好像成了太极拳功夫的救赎，大家好像终于找到了太极拳的功夫。但仔细想想其他武术其实也都是这样松紧相间及猛力发劲的，如果太极拳也是这样，那太极拳有什么特别呢？

太极拳会走到现今的尴尬境地，纯粹是对放松的理解错误之故。放松不仅是去除意识可控的肌力，更重要的是去除内部习性之力。但如前述，习性之力根本无从察知，如何去除呢？

去除习性之力必先端正身体。如果身体不端正，则附在骨头上的内部肌肉及筋膜一定会因为要维持身体不倾倒而暗暗绷紧着，这些肌肉筋膜不能放松，否则身体会如滩泥般垮在地上。这些肌肉筋膜是不需大脑支配自行会依需求而形成的，但这些肌肉筋膜不松，其他地方再松也终难成大器。

至于如何端正身体，本书已多有论述，不再重复细述。注意松腰落胯、涵胸拔背、尾闾中正、沉肩坠肘，最后要能感受到虚灵顶劲的状态。身体端正了，维持身体不倾倒的习性之力才能不被需求，才有进一步去除的可能。

要能去除习性之力，必须以骨头为主去练拳。既然不能用肌肉力，那放松之下骨架如何练拳呢？骨架没有力量只有重量，所以可以利用虚实及偏心轴的能量来带动重量的运转，骨架重量的运转再传递到筋膜带动整体的运作。所以在练拳的时候全身都要放松，只把意念放在骨架上，就好像自身只剩一个骷髅架，如傀儡一般，注意虚实及偏心轴旋转的能量带动傀儡运作。

因为筋膜是以螺旋的方式包覆着骨架，所以接下来，骨架在接受了虚实和偏心轴的能量启动运作后，是以螺旋的方式顺着筋膜的理路传递到指尖末端展开，再从末端收合回丹田中心，接着进行下一个运转。透过这样不用力的练习延展开合，习性之力就会慢慢去除。

当习性之力慢慢去除之时，身体的骨头和肌肉会有分离的现象，摸起来就像棉包铁般，也有人称此为骨肉分离现象。所谓练出骨肉分离的棉包铁，就是指摸在手上时，可以感受到此人整身的骨架如独立出来般，会突显出来，可以感受其骨头的分量及形态。

习性之力自身无法感受其存在，唯有透过正确且持续的练习才有可能去除，慢慢去除了习性之力，才能朝着正确的太极路径前进。如果骨架不正、用意念带动肌肉身体去练拳、执着猛力发劲等等，那么就是拳论所言："斯技旁门甚多"，"本是舍己从人，多误舍近求远"。

所谓"差之毫厘，谬以千里"，学者不可不详辨焉。

人不知我，我独知人

在拳论中有一句："人不知我，我独知人。"这是所有太极拳的学习者追求的境界。但如何能练到这个程度呢？没有定论。如何让人不知我呢？不知我什么呢？不知道我的劲吗？还是力呢？还是内部结构分配呢？我独知人，是要知道什么呢？对方的力量吗？对方的结构吗？

看似简单的一句话，仔细思考就会知道并不简单。前辈留了一句话说要做到这个程度，却没有解释，这让后人百思不得其解。当两个人搭手时，我方在感受着对方的力量、结构，判断其即将有的作为的同时，对方也在感受我方的结构、力量及即将有的作为，于是就产生了对抗。我知人同时人知我，就是对抗的本源。

接着在对抗中，就产生了拳论中"如意要向上，即寓下意，若将物掀起，而加以挫之之意，斯其根自断，乃坏之速而无疑"的方法，这个方法本质上就是欺骗对方，让对方误以为我要向上，当欺骗成功时，突然向下出其不意，则其坏会加速。这是在对抗形态中常见的模式：出其不意。此法在所有的对抗均适用，推手场上适用，擂台上散打适用，篮球场上适用，就是打牌也适用。"出其不意"欺骗对方，让对方误会我方即将有的行为，反其道而行，形成有效的攻势。

但是"出其不意"就是"人不知我"吗？这二者间好像有不小的差距。如果对方也"出其不意"引诱我呢？利用"出其不意"我们或许可以做到"人被我欺而不知我"，但如果对方也"出其不意"呢？我方就有把握做到"我独知人"吗？

并不是拳论记录的就一定是对的。"如意要向上，即寓下意，若将物掀起，而加以挫之之意，斯其根自断，乃坏之速而无疑"，这句话就非常有问题，所以拳论才会有后世借名而作之嫌。这句话的本质在于欺骗，在对抗中的确适用，但太极拳并不是要对抗，而是要融合。

有一篇有趣的神经医学研究著作，是由认知神经科学及脑科专家谢伯让先生所写的《大脑简史》一书（猫头鹰出版社），节录书评简介中一小段文章，标题是"超前意志、且可以预测意志的脑部反应"，内容如下：

最早以神经科学方法研究上述问题的科学家，应该是美国加州大学旧金山分校的神经生理学家利贝特（Benjamin Libet）。1983年利贝特发表一项惊人的实验，他要求受试者自由"决定"一个时间点举起左手或是右手，并根据一个秒表来回报该"决定"在自己心中出现的时间。结果他在脑电图中发现，举手的"意识意志"（conscious will）出现的一秒前（就是意识到自己"想要"举手的一秒钟前），大脑就已经出现相关的神经变化。

照理说，如果自由意志真的存在，那"意识意志"发生的时间点应该早于大脑生理变化才对，然而实验结果却完全相反，大脑的生理变化反而早于"意识意志"发生的时间点。如果"意识意志"的感受只是大脑神经变化的结果，那我们真的有自由意志可言吗？

这个实验结果一出，立刻引起了科学界和哲学界的震撼。科学界对实验方法有许多质疑和讨论，而哲学界则对实验结果的衍生意涵充满兴趣。

在这项研究发表后，热烈的实验复制和学术讨论从来不曾间断。2008年，德国马克士普朗克研究所的认知神经科学家孙俊祥，也利用了功能性磁振造影成功再现了利贝特的实验结果。

这个研究的内容大致是说，在我们产生行为的意识之前，身体的神经系统已经比大脑先一步运作了。也就是说当我们伸出左右手，用意识决定要握哪一只手时，我们内部的神经系统已经做出了反应，而此后大脑才产生意识去决定握哪一只手。

在之前文章中有说明，习性之力是和神经系统连接在一起的，所以我们可以说在意识做出行为决定之前，习性之力已经先行工作了，引导本体产生行为意识。我们自以为是自由意识产生的行为，其实是被自身的习性之力所控制着。身体如此，心灵也是如此。习性之力就是本身的执着，心灵的执着引导着心灵，身体的执着引导着身体。所以很多的心灵修炼都会有教导如何去除内心执着的方法，教导如何去除身体执着的方法却非常少。

太极拳教导的就是如何去除身体执着的方法。所以练太极拳也就是修身体的"道"。心灵的道由高僧大德去指导，我辈练太极拳，修炼的就是肉体的道。修的是不争、融合、无为、自然。

习性之力是一种执着，在运作之时会在人体的表皮产生微弱电流信息，是一种先于大脑意识的讯息，这个信息可以被仪器提前捕捉到，"我独知人"就是我们也要能捕捉对方的这个微弱信息。如果能够捕捉到这种微弱信息，那么我们甚至比其意识更早一步知道其即将有的作为，这个"如意要向上，即寓下意，若将物掀起，而加以挫之之意，斯其根自断，乃坏之速而无疑"由意识产生的欺骗就会失效。习性之力就是本能，真实地支配着身体，只要能捕捉到这个表皮信息，那么对方在我方眼中就一目了然，这才是真的"我独知人"。

那要如何做到"人不知我"呢？简单地说就是去除习性之力，不让习性信息在表皮上呈现。

只要去除了习性之力，在对方眼中就是空无一物了，这就是"人不知我"的状态。

人不知我

我们通过接触来感知对方的动态,接触以轻重分为感受到对方的骨、肉、筋、皮、毛五个层次,感应的灵敏程度也依此五个标准来区分。

要做到人不知我,要练习几个重点。

首先和对手接触运转之时,要能保持接触点的重量不变。如果接触时,感受到对方压到骨头,那就保持在骨的重量上去运转;如果在肉,就保持在肉的接触重量上去运转;筋、皮、毛均如此。如果一会儿感觉在肉、一会儿在毛、一会儿又在骨,那就是接触重量在改变。接触重量的改变就称为丢及顶,此时对方也能通过这种变化来感知我们内部的状态。

接触点能够在运转时保持相同的重量,不增不减,这时的运转就叫做相对的空。就好像两辆等速的车子,基本上感觉对方是静止的,因为速度一致时,相对速度就消失了。要能让对方觉得我们空了,就是在运转上和对方融合一致即可,这时候对方就无法察知我们内在的变化了。

当然就算如此,也有程度的分别,我们要尽量让接触点至少在筋的程度上,也就是所谓的触手轻柔，这时的运转才能显得轻灵、变化多端。古人讲"皮毛要攻"，意指在最好是对方接触到我皮甚至毛之时，这么轻的重量就要让身体能反应而运转应对了。

接着，轻灵不能刻意做，刻意做的轻灵会变成一个束缚，看似轻灵，实则毫无用处。所以要达到人不知我的另一个条件是"一切被动"。我们一方面要能和对方的运作融为一致，另一方面要注意这个运转都是被动的。我方所有的变化都是对方推动的，我方就像一个随意变化的球体，随着对方的推动而变化，运转之中又要完全保持接触点触感不变、等速而和对方进入一种相对运作的"空"之中。我们在对方眼中好像存在，推之又无物，毫无着力点，完全一致地运作。

再接下来，经过这些运转的训练，我们希望变得如水流一般流动。全身像水一般流动，将对方的施力导入这种流动之中，这时候对方就会陷入一种空荡无着力感。如水般流动最好在内部筋膜中传递，外在不明显，这也是利用前二者方法来训练我内部流动之法。内部如水一般流动能将对方的结构拆散，从一切被动运转中，转成一切主控运转。从被动中产生的主导，能让对方如坠五里雾中，这时才能真正做到"人不知我"的境界。

而"人不知我"仍是有程度上的分别，能练到骨的流动对于大部分人来说已经是做到"人不知我"了。但面对已经练至皮毛流动者，骨的流动仍然有些许的习性力可以轻易被察知。所以我们要不断精进自己，让自己能够进入皮毛重量的自然流动。

让习性产生的表皮信息几乎不存在，才是真正意义上的"人不知我"。

我独知人

在推手的实践上，除了要做到人不知我，也要做到我独知人。"人不知我"和"我独知人"是相关联的，必须在人不知我的条件下做到我独知人才有意义，而唯有我独知人的状态下，才是真正的人不知我。所以这两句话可以说是互为因果。

如何做到我独知人？首先就是要先做到人不知我。要做到人不知我，就如前文所言，做到和对方相对的空及去除习性力在表皮上的讯息，这样就能让对方无法感知我，才能做到人不知我。所以要做到我独知人的先决条件是人不知我，如果对方也知我，也就无所谓我独知人，顶多彼此都察知对方的动态而已。

要做到我独知人的第二点，就是要全身如流水一般，在接触对方的当下并不是伸手过去，而是要全身如水一般流动，内部松开来接触对方。就好像一团水蒸气一般包裹住对方，这就是武禹襄前辈所提四字诀中的"敷"，用非常轻柔的触感去包住对方，这样我们就能十分明显地感知对方的表皮信号。

武禹襄先生解释："敷者，运气于己身，敷布彼劲之上，使之不得动也"，敷是一种如空气般的触感，要去感觉的就是对方的意念力、习性力、结构力等等在表皮上产生的信息。先贤讨论太极拳中所谓的气，其实就是一种内部如水或更轻如水蒸气一般的流动感。当习拳有这种内部的流动感时，在内部流动下轻触对方不仅是感知其现有状态，更能感知对方本身都尚未察知，却即将产生的动态，这才是我独知人的本意。对方连自己将产生的动态都尚未在其意念中产生之前，我们已透过其表皮信息得知，这才是真正的"敷"，也才是真正意义上的"我独知人"。以水蒸气般的流动敷于其身，掌控其内部所有动态信息。

故要能做到我独知人，习拳一定要能练出内部如水蒸气般的弥漫流动才行。

一个散手的故事（一）

二十几年前，我的第一本繁体书刚完成，正愁找不到出版社出版。一日，应友人之约晚上聚餐，在友人家中酒足饭饱聊天之际，友人忽然提及他的弟弟从国外比赛回来了。是搏击比赛，这个话题引起我极大的兴趣，于是详加询问，但实情友人也不甚清楚，因为友人只是一名教师，对武术完全没有兴趣。友人也并不清楚我有练太极拳。

问不出个所以然来，我提出去他弟弟家拜访的请求，因为他弟弟家就在隔壁。见我请求，于是带我去拜访他的弟弟。对于当时练了二十年左右太极拳的我，也写了一本书尚未出版，也开始教拳了，我知道太极拳应该能散手，但实际上根本没有机会碰到，到处也只有推手，没有散手的机会。所以有此机会，我想要去拜访了解散手的情况，当时没有预设什么立场，也只是想去聊天，看看国外搏击是怎么回事，又刚好碰到搏击手，而对方有点儿交情肯真心交谈的机会是很难得的。

见面泡茶聊天，因为所谈全都是武术，友人坐一下就觉得索然乏味，于是就起身回去家中和其他的聚餐的人聊天了。剩我和其弟泡茶聊天。其弟当年年约五十，也是好武之人，国中毕业就不读书了，整天练武，到处比赛，台湾比不够，就跑到国外打，而且还是地下拳击，俗称黑拳。连年征战，得过冠军。黑拳是十分残忍的搏击，基本上场一定是有一方倒了才停止，而且死残严重，所以被明令禁止，但仍制止不了这种赌盘可观的自由搏击走入地下化。

对于黑拳我更是只有耳闻没有亲见过，兴致更是高昂，频频询问。原来他们一年有十个月在国外比赛，是赛事结束，回台休息两个月。这次参赛的是他的儿子。早年他除了自己参赛外，从儿子两岁起就训练，准备让儿子接他的衣钵，今年十七八岁，这次参赛拿了冠军。他还展示比赛的照片及冠军腰带给我看。我转头看他儿子，正摊坐在椅子上，看着学员练习打击。

他们家独栋四楼房子就是一个训练场，客厅四周墙壁就当擂台四周，地上铺上软垫就是训练场了，楼上三楼、四楼有学员宿舍，他们自己住二楼。此时正有五六位学员正在做打击训练，他儿子是教练，他则是总教练。年约五十的他因长年黑拳的搏击导致脑部伤害，眼睛视力大损，得眯着眼看人，耳朵听力也受损，得大声讲才听得到。这都是擂台搏击手常有的问题，就是因为脑部常受重击导致视力、听力受损。

他说本来有六名美国大兵千里来此训练搏击，但前几天因为伊拉克战争被招回去参战了。又说上个月有一名泰拳的选手，特别闻名来此学习黑拳的自由搏击，结果就在这个简陋的擂台场上和他儿子先试手，才一个回合，那个泰拳手就左右各断三根肋骨，在他要倒下去之时，再补两脚断了左手及左腿，现在还躺在医院。他说时自得，但我心中却想，人家是来学习的啊！不想教就拒绝把人赶走就好了，有必要断人肋骨、手脚吗？我实在很难想象他们这种在黑拳中讨生活的人的心态。

他也在埋怨台湾的搏击环境，他说他们是被逼去国外打黑拳的，因为他训练的选手在台湾的自由搏击比赛中无立足之地，起因是他曾经连着五年派学员参赛，派出的所有选手连续五年全部冠军，此后只要比赛有他们参加，其他团体全部拒赛，所以他只好被迫远走国外比赛。我边听他说也不时转头过去看学员的训练，我看到每个学员前都有一个搏击训练的假人，看这些学员在攻击假人之时，我完全没有意识到那是个训练假人，我觉得那些假人好像是这些学员的杀父仇人，因为攻击时那种全身的攻击及带着浓浓的杀意，我看只差没有用嘴巴去咬了，什么招式都来了，见到杀父仇人差不多也就这样拼命了。但这只是日常训练啊！难怪连年得冠军，上了擂台场，光这种要杀人、要拼命、要同归于尽的打法，大概对手气势就消一半了，逃都来不及了，还打吗？扎实的搏击训练再加上这种不怕死的打法，应该很少人能招架。

见我目瞪口呆地看着学员的训练，他解释到，这种训练是必需的，因为黑拳的场子里，十分残酷，上了场不是你倒就是对方倒，所以上场就是拼命了，只要心中动念而手下留情，可能死的就是你。在未确定对方没有反击能力前，就是要打到对方趴下，就是死了也无妨。他说要怪就怪泰拳的那人学艺不精，只要上场了，亲兄弟也要打趴。

在中国台湾有这种专以黑拳搏击为生的家庭，真是十分令人意外啊！因为我只熟悉太极拳界，对搏击不熟更不用提神神秘秘的黑拳了，对于黑拳的国外比赛场地状况等，他倒是不愿多提，只是含糊带过，可能对我们这种外人他不愿多提比赛细节，只拿出照片来看。毕竟对这种黑拳各国政府都是不允许的，比较神秘些。就在他高兴自得地说着各种事迹时，我突然开口道：我能不能和你儿子打一场？此言一出，全场静默，他拿着茶杯到口的动作突然停了下来，盯着我看，觉得应该听错了，我就再说一次。

他放下茶杯看着我，确定我并不是开玩笑的，想了一下，就招手叫他儿子过来说："准备一下，他要跟你打一场"（一手指着我）。看到他儿子，我有点儿后悔了，刚才摊在椅子上看不太清楚，走过来后才发现壮得像一只熊。他身高矮我一些，但体重有一百零五千克，我那时才七十千克，整整重了我的二分之一。整个看起来宽度是我的一倍，厚度也差不多一倍。十七八岁最年轻力壮的时候，浑身肌肉。而我三十七八岁了，像个文弱书生，看不出什么肌肉，就是第一本书上照片的样子。而且我肚子还撑得要死，如果知道要比武，刚才应该不能吃那么多的，还喝了酒。

听到要上场，学员很快地拿护具过来给我穿上，可能常常有这种事，所以学员就自动自发地准备，教练根本没有指挥什么。我看他在儿子面前嘀咕着，好像说着：别出人命。因为在他们眼中，这种比赛是属于秒杀的比赛。穿戴护具到一半的我突然发现对手并没有要穿护具。我就开口问："他怎么没有穿护具呢？"他有些不耐地回答："我儿子没有在穿护具的"，我接着说："如果他没有要穿护具，那我也不要穿，这样才公平"。

帮我绑护具的学员停手了，大家都停手了看着我，他儿子一脸不在乎样儿，而他更是瞪着不知死活的我，不知该说什么。但眼神很清楚：戴护具是保护你不要伤这么重，如果要找死，他也没有办法了。学员撤走护具，拿了一个半截的手套给我，就是骑摩托车常戴的那种指头穿出来的半截手套，不过明显比较厚实一些。整理完毕就上场了，两人对立，裁判是一位长得清秀的女生，后来据说是儿子的学员最后变女朋友了。

上场了，两人对立，等裁判说开始。这时对方举起双手摆出搏击姿势。在这么严肃紧张的时刻，我的脑中居然浮起一个想法在挣扎：就是我要不要跟他摆一样的姿势呢？我是练太极拳的啊！摆这个姿势会不会丢脸呢？我没有上场打过，这样摆是不是必要规则呢？我是不是要问一下呢？都要决斗了，我还在胡思乱想。犹豫之中，我摆出了和对手相同的姿势，裁判一声令下。

只听到开始一句，我人就被抱浮起来了，我头上一阵刺眼，原来我头都快撞到天花板的吊灯了。我完全没有看到对手的动作，他就把我整个人举了起来。从小腿地方抱起，我的膝在对方的胸前，我伸直手，只有小指头可以够得到他的肩上，且还只能有一只右手小指头可以够得到，我整个人完全腾空，有种可以换灯泡的感觉。紧急时刻的我，谨记着拳论所言：立身中正。所以我努力着保持身体正直，拼命伸长右手，用小指头这一节黏着他的肩。我直觉他想把我丢出去，让我摔在地上，但我哪有这么容易被丢出去，一根小指头也黏死你。感觉上他动腰丢了几次，但我用听劲，用随风摆柳的功夫，在他要施力的那一刻，顺着他的力晃一下又黏回来，还是保持刚才的姿势。几次之后，他似乎也有些乏力了，七十公斤对他来说不重，但举上一分钟也够受了。在察觉他似乎有点儿乏力手略松之时，我腰一扭，膝盖一施力，就将他直直摔到地上，膝盖撞击他的胸，但这么厚的胸，对我的膝撞根本不当一回事。倒是他的肩撞地似乎有些痛，毕竟重量重的人怕摔。

插个话题，当时我一直觉得对手将我举这么高是想将我丢出去。比赛完后，对手爸爸就说，这是他儿子的绝技，一击必杀。但当时的我纳闷，被从这么高丢出去是有些痛，但还不到一击必杀的程度吧！心中虽疑惑，但没有问出口。而在几年后的太极拳课上，提及当年这场比赛，有一名曾学过摔跤的学生说，当时对方的确是想要我的命的。因为使用这招时，对手被抱到空中无着力点时，心里一定慌，此时会弯腰抱他的头，而他就是要等我弯腰抱他头时，他也弯腰向下将我从空中摔下，我就会像甩软鞭在地一样，背部先着地，之后撞击后脑，在摔跤上，这个称为"炸弹摔"。顾名思义，就是我的头会像炸弹一样炸开。使用这招，我轻者当场昏厥；中者颈骨断裂，终身残废；重者当场毙命。这么高的地方摔下来，看来他真的是想要我的命了。原来我刚才拒绝护具时说：这样才公平，他看似蛮不在乎，但心中已是非常不爽，可能以为我在轻视他吧！我想我是疏忽了他的感受。他刚拿冠军回来，还要奉父命跟这个老头子打（对他来说，我的年纪就算老头子了），我还在他面前东说西说的。这些是我事后的分析，当场的我根本想不到这么多。只是傻傻地以为只是切磋而已，不会有什么事的，甚至当时的我并不认为我会受什么伤，我们在外面推手切磋不都这样吗？就算推得再激烈，也不会有什么事的。老祖先的拳论："立身中正"，无形之中救了我。

浑然不知鬼门关走一遭的我，很快地站了起来，还拉了他一把。这时原本瘫坐在四周的学员包括对手的爸爸，全都突然坐直了身，妈妈喊暂停冲到二楼拿摄影机。我那时并不觉得有什么特别的啊！就是对方摔一下而已，有需要这么大惊小怪的大阵仗吗？摄影机架设完毕，二人又重新站上擂台上，我还是摆了一个和对方相同的姿势。

裁判一声开始，见鬼了，我又浮起来了，跟刚才完全一模一样。我完全没有看到对方的动作。太极拳的七寸靠我也会，但是我们是插入对方的裆下，用肩将对方挑起而摔出。速度也快，但要做到无影无踪的，我还没有见过。而且他并不是用肩而是用手抱起我的小腿，这个速度、这个腰力实在惊人。这么多年了，我还是没有想明白他到底是怎么在一瞬间就把我抱起来的。我曾想会不会是这个女裁判偏袒男朋友，开始时的手掌遮了一下我的眼，不然怎么听到开始，她手才一放下，我就浮起来了呢？但是不合理啊！二人完全没有理由需要联合起来骗一个看起来文文弱弱的书生啊，又不是正式擂台比赛。

当下不及多想，反正我又是浮了起来，头又快碰到吊灯了。伸直了右手，也是只有小指可以碰到他的肩。他又用这一招，可能以为我刚才是吓傻了忘了弯腰抱他的头吧，以致绝招使不出来。但他不知我心中可是一直默念着：立身中正。我没想过要去弯腰抱他的头。还是相同情况，我还是小指死黏着他的肩，用随风摆柳的功夫一直在他用腰力想将我丢出时卸掉他的力。第二次被抱起来，其实我的心已没有这么慌了，倒是有点儿轻松自在地随着他的力量摇摆。不久，他还是有点儿松开了力量，我的双膝又是一扭，他又被我摔到地上了，一样左肩先着地，我的膝盖一样跪撞其胸口。我站了起来，也拉了他一把。此时第一局三分钟的时间刚好到了。

一个散手的故事（二）

第一局结束，本想休息片刻，但对手却希望继续，不用休息。他看起来有点儿急了，因为这是他的场子，周遭都是他的学员。一场看起来应该被秒杀的比赛，居然第一局结束，他还略占下风，绝招也被破了，年轻气盛的他应该有点儿感觉面子挂不住了。因为第一局我都是被举着，所费力气也不多，所以也就同意马上进行下一局了。

第二局开始了，他舍弃之前的绝招，准备用他的优势来跟我决胜负了，他一直维持着搏击姿势，双手护着脸，慢慢走向我，一只大熊这样逼过来实在很有压力，我完全没有搏击的经验，一时间也想不出我有哪一招可以用。太极善于近攻，不擅远打，八劲中好像没有哪一招可以用得上。人家是书到用时方恨少，我是拳到擂台恨招少。我慢慢被对方逼着退后，我当然可以出手，但从没有出重手打过人的我，觉得有点儿为难。我们就在场上绕圈圈一进一退。最后我终于被逼到贴到墙壁了。

我后背一贴到墙，他就发动攻势了，左右开弓，拳像雨点般落下，我只能使用掤劲加截劲，勉力支撑着从左右不停飞来的重拳，好在左右交换的拳，我慢慢也抓到弹开的节奏了。但我根本无地可退，也不敢使用其他劲法，我如果用肘劲去刺他一下，我的脸可能马上中十拳，我的头可没有掤劲能够弹开他的拳。就这样不知他打了多少拳，我好像沙包一样任他攻击而没有还手余地。有点儿风雨飘摇一叶孤舟之感。终于百密而一疏，我的右手挡偏了一下，他的左拳滑进来击中我的右脸颊，一个比我拳头大一倍的大拳头重重地打了进来。

"眼冒金星"，真的是眼冒金星耶！我心里突然这样想着。真糟糕的是在这么危急的状态下，我居然还胡思乱想，我想着：这就是眼冒金星啊！真的是眼中突然一阵星星闪烁，真是没有体验过。这还是他的左拳，又被我挡了一半的左拳，我就眼冒金星了，如果真的打实了，可能马上趴到地上昏迷不醒。好家伙，来真的，只是切磋嘛！干吗出这么重的拳，我还是你伯伯的朋友啊！我心中涌出一股不满，用推人劲直直地推开他。他退了几步，又要走向前来继续攻击，这时时间刚好到了。我这一局真是痛苦，用尽全身力气挡拳，还被重重打了一拳眼冒金星。此时的我口干舌燥、全身乏力且略带恐惧。

"不打了！"我当场宣布。我是来切磋的，又不是来拼生死的，苗头不对还不撤是傻子。我下场和总教练爸爸说："打两局，一局我赢，一局你儿子赢，两人平手，握手言和，喝茶聊天"。所有的人都看着我，没有人搭腔。这时总教练说话了："没有人这样比的，要比最少也是三局，最少也还要比一局"。我环顾一下四周，全部人都点头称是。我面有难色，但好像骑虎难下了，不答应打这最后一局，我可能走不出这个大门了。

"那我有个条件！"我于是开口说：我要喝口水，渴死了，打半天没口水喝，肚子撑又喝了酒，口特别渴。另外我要打一趟太极拳。见到我同意打第三局，总教练满口答应，于是我先慢悠悠地坐下来喝杯水，其实是争取一下休息时间。但水还是慢慢喝完了，我拍拍裤子站起来，走向场中央，他们围坐四周，看着我慢慢地从起势开始打一套太极拳。跑不掉了就面对吧！我尽力调整自己的气息，稳定自己的心神，把自己拉回平时练拳时的状态。这时我反而安静了，刚才的比赛太快了，我几乎忘了自己的太极拳。慢慢地练，终于一趟拳还是练完了。我环顾四周，只见大家一脸茫然，他们实在很难理解这种慢慢摸鱼的拳，有什么威力。练拳结束，我恢复了平静，第三局开始。

裁判喊开始，我决定不再摆什么搏击姿势，就松松地站着，两手垂立。见到我这样子，对手好像也觉得有点儿奇怪，他一样摆着搏击姿势，双拳距约一个拳头，放在脸前。刚开始绕着我转，好像想看清楚我在打什么主意，一会儿，发现我仍静静站着，他决定采用第二局的策略，开始向我逼近。当他一踩进我的范围内，我一剑刺入，从他的拳头缝中刺入，直中他的左眼。我二十年来天天刺三百下重木剑的效果出现了，我以手当剑，使用剑法直刺而入。而且我这次并未有在意什么"点到为止"了，他上一局打我这么痛，怎可能再留手。一剑刺中左眼，我手并不收回，略曲再打，使用震劲，手不收回，连续快速击打六拳，他才惊觉地后跃，我看到他的左眼马上肿一大包。

我想他一定也想不清我为什么能打中他的左眼，而且连续击中，因为他已经有拳头防守了啊！就像我想不透他如何举我起来一样，对他而言将是一个谜。他一后跃，马上又冲进来。又来了，我又被举起来了，今天被举三次了，三次都没有看清楚对方是怎么举我起来的。这真是他的绝技了，快如鬼魅，当他左眼被我击中，急退之下，可能没有思考，就反射动作地使用最拿手的绝技了，一样的状况，我被举在空中，右手小指头黏着他的肩，还是随风摆柳的方法，但因为我已经被举到有点儿熟悉了，反而有空观察一下四周。我发现女裁判站在她男友的左边，一脸专注，当察觉对方力尽略放松时，我就一个扭腰，稍微转一个方向，让对手倒向女裁判，只听女裁判惨叫一声，结果三个人叠在一起，女裁判在最底下，接下来她是男友，最上面是我，我一下跃起，留下他们两个。因为二人倒地，一时也没爬起来。等他们爬起来站定，时间也就到了。

三局结束，决定不再打了，总教练亲切地过来拉着我的手，拉着我去看四周的挂照及奖牌之类的东西，然后再很认真地问我：你是练什么拳的啊？我一开始入门聊天就说过我是练太极拳的，刚才还打了一套拳呢！原来他是听而不闻，视而不见，在他心中也许太极拳是不具有技击能力的功夫。重新坐定喝茶，此时总教练儿子过来了，用卫生纸捂着肿起来不断流出泪水的左眼，很诚恳地邀请我再打一场。我也很诚恳地拒绝了。我说：你刚才状况最好，已经打成这样了，现在你左眼肿到看不见，左肩旧伤又再伤，再打也不会比较好。其实我自己的右脸颊也热热地隐隐作痛中，只是外表看不出来，从外表来看，他是比我惨多了。

反正我铁了心了，不可能再打，因为我知道再一次上场，就是生死搏斗了，一定要有一方送医院了。现在这样不是最好吗？我只是要切磋，可没有要拼生死。他的肩伤是之前比赛时受伤的，回来休养后，好不容易恢复了，现在这一场又伤了。再坐一下，看时间也晚了，就告辞回家。

两周后，我的右眼眶一整圈黑色，当初被击中的瘀血出来了，真是深层，两周后才浮出，就只有一个被挡一半的左拳啊！很难想象真的一拳打实了，我会怎样。又过了三个月，台南市举办了一场全国的散手搏击水上擂台赛，我抽空去看一下，到了场地，远远看到一个体格壮硕的男子三步并两步地跳上观看台，那台阶也有十来阶的，真是灵巧。我走近一看，原来是总教练他们一家人也来看。我转头看向这位年轻教练，发现他更壮了，教练妈妈说，自上次比武后，他更苦练了，三个月又重了五千克，现在是一百一十千克了。但不是应该出国去比赛了吗？怎么还在台湾呢？我没敢问，害怕是因为上次肩伤而受到影响。然后教练妈妈突然说上次比武后，得到一个重要的结论，还停顿一下才说：以后绝对不再打没有奖金的擂台赛。打黑拳擂台赛，输了也有钱拿的，但上次和我打，什么都没有，还受伤，亏大了。原来钱就是重要结论。

这次比武，也让我意识到我自己的不足，当然也是规则的不熟悉对我有所影响及一直都是"点到为止"的散手练习也变成了攻击的阻碍，在对方绝招尽出下，我赢得有点儿勉强，也很惊险，之后我也更加努力地练拳，我知道我能掌握的技巧愈多，临场更有发挥之地。在多年后的今天回头看，知道学习是有历程的，在当时，那时我的程度是在掤劲完成后的滚动球体，所能理解及使用的，均围绕着格体及滚动的球体应该会有的东西。当然会的劲道就是基本八劲那些，而那时震劲才初体会，还不是很能应用，幸好在应敌时起了作用。而随风摆柳的功夫让我在被抱到空中时，能保护自己不至于重伤。而剑形攻击在搏击时发挥了意想不到的效果，就是以手代剑，也就是本书第三篇所提到的剑形。

如果没有这场比武，我可能觉得掤、捋等等八劲就很好用了，比武过后，我更加深入去体会太极拳的内在，所以很快地从滚动进到传递延展的球体到进到伸缩的球体，所以才有游身劈掌的出现。在几次的交流散手中，游身劈掌往往让对手只有抱头而已，完全没有反击能力。游身劈掌就是已经进入传递及伸缩的球体，而对于穿透劲、冲击劲及本书所言的各种劲及手法，也在之后的日子里渐渐清晰且能掌握。我常提，完成掤劲后就是要走自己的路了，这些是我完成掤劲之后所走的路，可以提供参考，但不必然一定和我相同，我也一直这样告诉我的学生。

一场比赛对我影响很大，在擂台上的那种压力，虽然我一直强调是切磋，但在场上是可以闻到生死的味道，并不是仅仅只有搏击切磋而已，那种全神的专注、生死的压力，让我对这场比武纵然是经过了一二十年仍历历在目，所有细节仍清清楚楚，好像几日前才发生似的。尽管很少去回想，但只要想到，当日情境就重现脑中。就是还搞不清楚，他到底是如何将我举起的，还连续三次。而更重要的所得是那天散手时，看到他们训练攻击的气势，对我也很有影响，在之后散手交流时，常常展现出那种无惧、勇于搏斗的精神，并不是只有试试的出手，静如处子，动如脱兔，不出手则已，一出手则雷霆万钧之势，就是受他们的影响。

写到这里突然想起当年这个家庭，去电友人询问他弟弟家的近况，经过了这些年，总教练已经退休，这几年的连续小中风，已让他不良于行。而教练也早已退役，不去打黑拳了，只是在家当教练，三十多岁了未结婚，当年那位清秀的小女生裁判不知花落何家了。外家拳就是这样，年轻时勇猛无比，但衰老很快，到老也伤痛疾病缠身。我仍在精进不已，体格也有很大变化，有了第二次脱胎换骨，从文弱书生强化到壮硕的体格。但我很感谢他们，让我醒悟察知自己的不足而不敢松懈，在太极拳这条路上奋力迈进，将所有经验和学生分享，能让所有学生都有很大的收获，教学相长，是我最大的欣慰。